公認心理師の基礎と実践 17

野島一彦・繁桝算男 監修

第2版

# 福祉心理学

中島健一 編

# 巻頭言

## 心理学・臨床心理学を学ぶすべての方へ

　公認心理師法が2015年9月に公布され，2017年9月に施行されました。そして，本年度より経過措置による国家資格試験が始まります。同時に，公認心理師の養成カリキュラムが新大学1年生から始まります。

　現代日本には，3万人を割ったとは言えまだまだ高止まりの自殺，過労死，うつ病の増加，メンタルヘルス不調，ひきこもり，虐待，家庭内暴力，犯罪被害者・加害者への対応，認知症，学校における不登校，いじめ，発達障害，学級崩壊などの諸問題の複雑化，被災者への対応，人間関係の希薄化など，さまざまな問題が存在しております。それらの問題の解決のために，私たち心理学・臨床心理学に携わる者に対する社会的な期待と要請はますます強まっています。また，心理学・臨床心理学はそのような負の状況を改善するだけではなく，より健康な心と体を作るため，よりよい家庭や職場を作るため，あるいは，より公正な社会を作るため，ますます必要とされる時代になっています。

　こうした社会状況に鑑み，心理学・臨床心理学に関する専門的知識および技術をもって，国民の心の健康の保持増進に寄与する心理専門職の国家資格化がスタートします。この公認心理師の養成は喫緊の非常に大きな課題です。

　そこで，私たち監修者は，ここに『公認心理師の基礎と実践』という名を冠したテキストのシリーズを刊行し，公認心理師を育てる一助にしたいと念願しました。

　このシリーズは，大学（学部）における公認心理師養成に必要な25科目のうち，「心理演習」，「心理実習」を除く23科目に対応した23巻からなります。私たち心理学者・心理臨床家たちが長年にわたり蓄えた知識と経験を，新しい時代を作るであろう人々に伝えることは使命であると考えます。そのエッセンスがこのシリーズに凝縮しています。

　このシリーズを通して，読者の皆さんが，公認心理師に必要な知識と技術を学び，国民の心の健康の保持増進に貢献していかれるよう強く願っています。

2018年3月吉日

監修者　野島一彦・繁桝算男

# はじめに

　本巻は，公認心理師をめざす学生がその養成カリキュラム「福祉心理学」で『学ぶべき内容』を網羅した教科書として構成されている。したがって，公認心理師になるにあたっての必要な福祉心理学関連の法・制度・用語等はもちろんのこと，福祉分野における心理支援のあり方について真に実力のある実践家となるために実践事例を通して学び，考えていただく内容としている。
　本巻は，全14章の全体を通して法・制度等解説と実践事例の紹介を盛り込んでいるが，大きくは第Ⅰ部「福祉対象者への心理支援の必要性とあり方」は総論編，第Ⅱ部「福祉心理学的心理支援の実際」は実践編として濃淡をつけている。
　第Ⅰ部第1章と第2章は総論編の中でも総論に位置づけられる。第1章では我が国の福祉の歴史と現在の制度の概要を学び，福祉対象者への心理支援の必要性・重要性および課題を巨視的な視点で学んでいただく。第2章では第1章を受けて各福祉分野における心理支援の必要性・重要性および課題を個別に概説しており，理解を深めていただく。この2つの章を通して福祉分野全体を俯瞰的に捉えつつ必要な心理支援とはどのようなものかについて考えていただきたい。第3章から第6章は，「第3章　暴力被害者」「第4章　高齢者」「第5章　障害児者」「第6章　生活困窮者」についての心理支援総論を分野別に詳しく紹介している。福祉分野は幅広く，支援対象者もさまざまである。したがって，支援が必要な内容もさまざまではあるが，一方で人間としての共通性・人が安心・安定して生活することの共通性はある。学習を通して，読者それぞれの理解・思いを深めていただきたい。
　第Ⅱ部は第Ⅰ部を受けて，では「福祉心理学」を学んだ読者は実際にどう考え何をしたらよいのか，の参考となる実践内容を多く含んだ構成となっている。第7章と第8章は第3章，第9章は第4章，第10章は第6章，第11章は第5章と絡めながら学習するとよいかもしれない。第12章は，福祉分野における家族・職員への心理支援の実際を紹介している。公認心理師は支援の質を深めるだけではなく，幅を広げる視点も重要である。第13章と第14章では福祉・介護分野での多職種協働を各種実践事例を含めて取り上げている。職場において孤立しない

はじめに

ことは公認心理師自身にとって必要なことであり，支援対象者にとってもきわめて重要なことである。

　福祉分野における心理支援については，これからの発展が期待される。従来型の白衣を着た相談室カウンセラーというスタイルでは対応できない分野も多い。しかし，福祉職・介護職のお手伝いに埋没してはいけない。支援対象者の生活全体を視野に入れつつ生活に介入しつつ，しかしながら心理専門職としての『専門性の旗』はきっちりと揚げた業務のあり方を開発していくことが今後の大きな課題である。

　そして，支援対象者本人に対しては，生活の場にとどまらない環境軸および，将来を見据えた時間軸を持って支援にあたっていただきたい。また，本人のみならず，家族に対する支援，福祉施設等の職員に対するストレスマネジメントも大きな役割となる。

　本シリーズ・本巻で学び公認心理師となり実践現場で活躍することになる読者諸氏の臨機応変・創意工夫・初志貫徹に期待するところである。

2024年9月

中島健一

# 目　次

はじめに　4

## 第1部　福祉対象者への心理支援の必要性とあり方

### 第1章　社会福祉の展開と心理支援 …………………………………………… 11
大迫秀樹

　Ⅰ　社会福祉の展開——福祉の定義・歴史・理念と現在の施策の概要　11／Ⅱ　心理支援の必要性——福祉心理学の概要と生活支援の重視　18

### 第2章　総論：生活を支える心理支援 ………………………………………… 23
片岡玲子

　Ⅰ　福祉と人々の生活　23／Ⅱ　福祉の制度と心理職　24／Ⅲ　児童福祉（こども家庭福祉）と子育て支援　25／Ⅳ　障害を持った人たちの支援　29／Ⅴ　生活困窮者の生活支援　32／Ⅵ　高齢者の生活支援　35／Ⅶ　不登校・ひきこもりの福祉的支援　36／Ⅷ　地域福祉における心理支援　36／Ⅸ　予防的視点と今後の公認心理師の役割　37

### 第3章　暴力被害者への心理支援 ……………………………………………… 40
米田弘枝

　Ⅰ　夫婦間暴力　40／Ⅱ　DVとこどもの虐待　47／Ⅲ　その他の暴力　48

### 第4章　高齢者への心理支援 …………………………………………………… 53
加藤伸司

　Ⅰ　高齢者の現状と生活課題　53／Ⅱ　高齢者福祉関連の法律と制度　54／Ⅲ　高齢期の認知症　57／Ⅳ　高齢者福祉領域における心理的支援の重要性　63

### 第5章　障害・疾病のある人への心理支援 …………………………………… 69
白石雅一

　Ⅰ　障害・疾病のある人への福祉的支援と心理支援の必要性　69／Ⅱ　事例から見る福祉心理学の実践　71／Ⅲ　本人への発達支援と親子関係の調整　76／Ⅳ　福祉サービス等の併用と効果　81／Ⅴ　事例のまとめ　84

## 第6章 生活困窮・貧困者への心理支援 …………………………………… 86
中島健一

　Ⅰ　生活困窮・貧困の背景と問題　86／Ⅱ　生活困窮・貧困の実態と心理支援　87／Ⅲ　公認心理師の役割と期待　99

## コラム　外国にルーツをもつこどもたちは幸せだろうか？ ………………… 102
松本真理子

## コラム　多文化を知る帰国子女だからこその悩みとその支援 ……………… 104
松丸未来

# 第2部　福祉心理学的心理支援の実際

## 第7章 児童虐待への心理支援の実際 ………………………………………… 109
松﨑佳子

　Ⅰ　増加しつづけるこども虐待相談件数　109／Ⅱ　児童虐待問題における児童相談所の役割　111／Ⅲ　児童相談所における心理診断・支援　112／Ⅳ　児童福祉施設入所や里親委託時の支援　115／Ⅴ　地域で家族を支援する，こどもは地域の一員として育つ　121

## 第8章 こどもと親への心理支援の実際 ……………………………………… 123
増沢 高

　Ⅰ　日本における「子育て支援」施策の展開　123／Ⅱ　すべてのこどもと親を対象とした子育て支援　125／Ⅲ　ひとり親家庭等への支援　128／Ⅳ　要保護・要支援ケースへの支援　133／Ⅴ　社会的養護におけるこどもと親への支援　137

## 第9章 認知症高齢者の心理支援の実際 ……………………………………… 140
下垣 光

　Ⅰ　認知症とは　140／Ⅱ　認知症による症状の特徴とさまざまな心理問題　142／Ⅲ　認知症高齢者の心理支援の実際　143

## 第10章 ひきこもり・自殺予防の心理支援の実際 …………………………… 152
徳丸 享

　Ⅰ　ひきこもりの心理支援　152／Ⅱ　自殺予防の心理支援　159

## 第11章 精神障害者への心理支援の実際 ……………………………………… 166
大塚ゆかり

　Ⅰ　精神障害者を支える制度とサービス　166／Ⅱ　精神障害者の困難さへの理解　169／Ⅲ　クラブハウス活動　171／Ⅳ　就労に至ったAさんの事例　173／Ⅴ　公認心理師に必要な基本姿勢　175

第12章 家族・職員への心理支援の実際 ……………………………………… 181

　　　　　　　　　　　　　　　　　　　　長野恵子・利光　恵・藤岡孝志

　Ⅰ　福祉対象者の家族への心理支援（長野・利光）181／Ⅱ　福祉施設職員等への心理支援——共感疲労とストレスマネジメント（藤岡）187

第13章 福祉・介護分野での多職種協働（IPW）と心理職の位置づけ … 195

　　　　　　　　　　　　　　　　　　　　　　　　　　　　　　　城戸裕子

　Ⅰ　多職種協働に関わる専門職とその役割　195／Ⅱ　多職種協働とチームアプローチ　200／Ⅲ　多職種協働における公認心理師の役割　203

第14章 IPW実践事例報告 ……………………………………………………… 207

　　　　　　　　　　　　　川瀬里加子・中村考一・平井裕一・牛山卓也・太田裕子

　Ⅰ　療養病床でのIPWの実際と工夫（川瀬里加子）207／Ⅱ　特別養護老人ホームでのIPWの実際と工夫（中村考一）209／Ⅲ　児童養護施設でのIPWの実際と工夫（平井裕一）212／Ⅳ　障害者生活介護施設でのIPWの実際と工夫（牛山卓也）214／Ⅴ　母子生活支援施設でのIPWの実際と工夫（太田裕子）216

コラム　性的マイノリティの人々への心理支援——性的指向，ジェンダーアイデンティティの理解を基盤に ………………………………………………………… 219

　　　　　　　　　　　　　　　　　　　　　　　　　　　　　　　大賀一樹

コラム　保育所や幼稚園での「不適切保育」に対して私たちができること ……… 221

　　　　　　　　　　　　　　　　　　　　　　　　　　　　　　　原口喜充

　索引　223
　付録　大学及び大学院における必要な科目　226

# 第1部
## 福祉対象者への心理支援の必要性とあり方

# 第1章 社会福祉の展開と心理支援

大迫秀樹

**Keywords** 社会福祉, 福祉心理学, ウェルビーイング, 生活支援の重視, 多職種連携

## I 社会福祉の展開──福祉の定義・歴史・理念と現在の施策の概要

### 1.「福祉」という言葉の意味

　現代社会においては，そこに生きる私たちが安心して暮らせるように「福祉」の重要性が唱えられている。この「福祉」という言葉は，一般的によく使われる言葉であるが，我が国において，福祉という言葉が用いられるようになったのは，戦後の日本国憲法の条文に使用されてからである。すなわち，日本国憲法第13条（幸福追求権）において「すべて国民は，個人として尊重される。生命，自由及び幸福追求に対する国民の権利については，公共の福祉に反しない限り，立法その他の国政の上で，最大の尊重を必要とする」とし，また，第25条（生存権）において「すべて国民は，健康で文化的な最低限度の生活を営む権利を有する。国はすべての生活部面について，社会福祉，社会保障及び公衆衛生の向上及び増進に努めなければならない」と記してあり，「福祉」，あるいは「社会福祉」という言葉が正式に用いられた。これは，英語のウェルフェア（welfare）という用語を訳する際に，この語源が「幸せな（well）生活（fare）」を意味していたことから，「福祉」という言葉をあてたとされる。この「福祉」という言葉の「福」には〈しあわせ〉，「祉」にも〈さいわい，しあわせ〉といった意味がある。つまり，「福祉」という言葉の意味は，広く「人びとのしあわせな心の状態や生活をつくる」ということを指しているのである。

### 2．社会福祉の歴史的展開

　さて，福祉という言葉が使われるようになった経緯について述べたが，実は，

日本国憲法に福祉という言葉が用いられるようになった背景には，現実的には，次のことが存在する。もともと，憲法ができた時代というのは，第二次世界大戦が終了し，多くの病気や怪我を負った軍人や戦災で親を亡くした孤児，夫を失った未亡人などが存在し，世の中には，幸せな状態からはほど遠い人たちがあふれていた。そこで，福祉実現のために，国・社会をあげて公共政策として推進していく必要性があった。このような考え方のもと，日本国憲法を基盤として，社会福祉に関する法律である社会福祉事業法（のちに，社会福祉法）を中核として，社会的に弱い立場にある人，すなわち，児童，障害者，老人，女性など，あるいは，暴力，貧困，疾病などに苦しんでいる人たちを主たる対象として法律が作られた。具体的には，身体障害者福祉法，児童福祉法，精神薄弱者福祉法（のちに，知的障害者福祉法），老人福祉法，母子福祉法（のちに，母子及び父子並びに寡婦福祉法），生活保護法などが1960年代までに，次々と施行されていった。それにより，対象者へのさまざまな福祉サービスが実施されるようになり，国民の福祉の向上に向けて前進がはかられていった。このような内容のことを指して，一般的には社会福祉と言う。

　福祉という言葉は，一般的には，人びとのしあわせな心の状態や生活を作ることだと述べたが，実際には，さまざまな事由により，そのような状態にあることが難しい人々（社会的弱者）が存在するため，政策としての制度等を通じて，そのような人たちの福祉を実現していくことが必要である。それゆえ，実際上は，後者のいわゆる社会的弱者と言われる人々を対象とした社会福祉の意味だと理解して捉えることが多い。つまり，福祉と言う場合，多くの場合，社会福祉のことを指し，広い意味での「幸せな生活」を理念としながらも，現実問題として，社会的弱者を中心に，社会制度としてすべての構成員に福祉を保障する仕組みとその実践だということができる。なお，前者の広い意味でのしあわせな生活を理念とする考え方のことを「理念・目的型の社会福祉」と呼び，これに対して，後者の現実問題を解決する制度や実践のことを「実体概念的な社会福祉」と呼ぶことがある。

　なお，社会福祉は，現実の現代社会の特徴や課題等とも深く関連しながら，柔軟に制度を変えていく必要がある。1960年代までに作られた社会福祉制度も，近年は，次に述べる少子高齢化の進展などを背景にして，2000年前後には，社会福祉基礎構造改革と呼ばれる一連の法改正が行われて，我が国の社会福祉施策は大きく転換してきている。

第 1 章　社会福祉の展開と心理支援

## 3．現代社会の特徴と社会福祉をめぐる基本理念

### ①現代社会の特徴
#### 1）少子高齢化社会

　現在社会の特徴としては，少子高齢化の問題が挙げられる。我が国の人口は，2021（令和 3）年 10 月現在で，1 億 2,550 万人となっており，近年はほぼ横ばいからやや減少に転じたが，今後はさらに人口が減少し，20 年後の 2045 年頃には，1 億 0,642 万人になると推計されている。このような人口減少社会とともに，わが国の大きな課題は，人口構造としては急速な高齢化が進んでいることである。国連の定義では，65 歳以上の人口が全体の 7％を超えた社会を「高齢化社会」，14％を超えた社会を「高齢社会」と言う。我が国が「高齢化社会」を迎えたのは，1970（昭和 45）年であり，「高齢社会」に突入したのは，1994（平成 6）年である。2021（令和 3）年 10 月現在では，高齢化率は，28.9％にまで達している。人口の高齢化は，年金，医療，介護などの社会保障の問題の他，認知症などの病気の問題も発生する。一方で，少子化も進んでいる。我が国が高齢化社会を迎えた 1970（昭和 45）年の 15 歳未満の人口が総人口に占める割合は 24.0％であったが，2021（令和 3）年 10 月現在では，11.2％にまで減少している。その主な要因としては晩婚化・未婚化の進展，女性の社会進出にもかかわらず育児と仕事の両立環境が未整備であること等に伴う出生率の低下が考えられる。合計特殊出生率[注1]は，第 2 次大戦後の 1947 〜 1949 年は第 1 次ベビーブームと呼ばれ，4.3 を超えていた。その後の第 2 次ベビーブームを含め 2.1 程度で推移していたが，1989（平成元）年には，それまでの最低であった丙午（ひのえうま）の 1966（昭和 41）年の 1.58 を下回る 1.57 となり，少子化対策の必要性が強く認識されるきっかけとなった（1.57 ショック）。その後，2005（平成 17）年に 1.26 という最低を記録して以降，やや上昇し 1.4 程度となったが，2023（令和 5）年に 1.20 となり最低記録を更新した。人口置換水準[注2]である 2.07 を大きく下回ったままの推移となっている。少子化の進展は，将来の労働力人口の減少やそれに伴う経済的な損失の他，社会保障の担い手の不足，地域社会の活力減退，こども同士の交

---

　注 1）その年次の女性の各年齢（15 歳〜 49 歳）別の出生率を合計したもので，1 人の女性が一生の間に産むことになるこどもの数の平均を表す。
　注 2）人口を維持するのに必要な合計特殊出生率のことをいう。この数値を上回っていれば理論上人口が減少することはないが，下回っていれば人口が減少することとなる。ただし過去の出生率の影響等を受けるので，直ちに人口が減少に転じるというわけではない。

流不足による社会性発達への負の影響などさまざまな問題を引き起こすと考えられる。

### 2）貧困と格差

もう一つの大きな課題は，貧困と格差である。近年，世界規模での経済危機などの影響により，日本経済を巡る環境は厳しさを増し，リストラや合理化による人件費抑制によって正規雇用は減少し，代わりに非正規雇用が増加するなど，雇用・就業環境は大きく変化している。このような理由によって雇用が不安定となり，低賃金，失業などを直接的な原因として，いわゆる，貧困と格差の問題へと結びつくことが多くなっている。高齢者世帯，傷病者，障害世帯等に加えて，失業や倒産等による収入の減少により，生活保護を受給する人が増えているのである。このため，経済格差が広がり，相対的貧困率[注3]も上昇傾向にある。この影響は，特に母子家庭などの子育て世帯を直撃し，「こどもの貧困」といった問題が生じている。このため，2014（平成 26）年には，「子どもの貧困対策推進法」（略称）が施行されるなど，その対策が行われている。

## ②現在の社会福祉の基本理念

### 1）ウェルビーイング（Well-being）

福祉についての考え方として，最初にウェルフェア（Welfare）について述べたが，実はこの言葉には，救貧的・慈恵的・恩恵的な保護を中心としたサービスに限定するという意味合いがある。これに対して近年の福祉の考え方としては，ウェルビーイング（Well-being）へと重点が移行していきつつある（網野，2010）。Welfare も Well-being も日本語に訳するとどちらも「福祉」となるが，ウェルビーイングとしての福祉には，近年，人権に対する意識が高揚してきたことに基づいて，個人を権利主体として認め，より積極的に個人の権利を尊重し，自己実現を社会的に保障するという意味が込められている。自立支援の考え方とも関係が強く，社会福祉の理念を理解する上で，非常に重要な概念である。

### 2）ノーマライゼーション

ノーマライゼーションとは，1950 年代以降，北欧において活発になった考え方で，知的障害，精神障害のある人たちの生活が施設中心にあるのではなく，地

---

注3）その国の所得（等価可処分所得）中央値の一定割合（50％にすることが一般的であり，これを貧困線と呼ぶ）以下の所得しか得ていない世帯員の割合のこと。日本の場合，2015（平成 27）年の時点で，相対的貧困率は 15.6％，こどもの相対的貧困率は 13.9％である（厚生労働省，平成 27 年度「国民生活基礎調査」）。

域社会の中で暮らすことができる社会がノーマルであるとしたものである。これは，障害のある人たちを施設に隔離するという考え方ではなく，すべての人が同じ地域社会の一員として，人種や性別，さまざまな障害や家庭の状況などによって，差別や排除されることなく，あるがままの存在で受け入れられ，その人がその人らしく生きていくために必要な生活条件の整備などを通して社会や環境や仕組みを作り替えていくという共生社会を目指した考え方である。元々は，障害者に対する福祉支援の過程で生まれた考え方だが，広く高齢者福祉や児童福祉領域でも用いられ，社会福祉を支える重要理念となっている。また，脱施設化，社会モデルへの転換，地域包括支援の考え方等にもつながっている。さらには，個人の意志を尊重しつつ，エンパワメントにより自立支援を促すという考え方とも関連が強い。なお，福祉領域から発展したノーマライゼーションの考え方は教育界にも影響を与え，障害があることによる完全な分離教育から，障害があることを前提とした上で健常児の中に統合し一緒に教育するインテグレーション，そして障害ラベルを撤廃した上で各々の特別な教育ニーズに対応して教育を行うインクルージョンへと発展している。

## 4．現在の社会福祉施策の概要

① 「制度的福祉」と「臨床的福祉」

　1）「制度的福祉」

　社会福祉の実際としては，まず，福祉対象者（社会的弱者）に対して，課題の解決に向けて必要な福祉サービスを提供しなければならない。これは国や地方公共団体が法令や財源に基づいて，制度として行う福祉サービスであることから「制度的福祉」とも言われる。制度的福祉は，実体としての社会福祉ととらえるとわかりやすい。援助対象や法的根拠から，児童福祉（児童福祉法），母子・父子・寡婦福祉（母子及び父子並びにおよび寡婦福祉法），身体障害者福祉（身体障害者福祉法），知的障害者福祉（知的障害者福祉法），高齢者福祉（老人福祉法），精神障害者福祉（精神保健及び精神障害者福祉に関する法律），公的扶助（生活保護法）などに分けられる。提供される福祉サービスの内容としては，給付型サービス（現物給付や金銭の給付），利用型サービス（地域住民が自主的・選択的に利用する），通所型サービス（通所して必要な援助を受ける），入所型サービス（入所して必要な援助を受ける）に分けられる。また，福祉サービスの供給場所から，在宅福祉サービス，施設福祉サービス，地域福祉サービスという形にも分けられる。

　わが国の福祉法制度体系は，きめ細かく整備された内容を持っており，制度的

福祉の構成原理としては、同一条件下にある人は同一のサービスが公平・公正・平等に受けられることが原則である(「同一与件同一サービスの原理」と言う)。しかしながら、基準の画一性のため、個人の実状に即した柔軟なサービスが提供できなかったり、あるいは真にサービスを必要としている人に必要なサービスを提供できなかったりという課題もあった。このようなことを踏まえて、特に、障害児・者の福祉においては、措置制度からサービス利用者の意思を尊重するために支援費制度に移行するなど、柔軟な体制が取られるようになり、既存の法律の見直し、改正等により、時代の変化に即した対応が行われている。

2)「臨床的福祉」

一方で、福祉対象者本人とその家族・集団・地域社会等に対して「具体的な問題の解決」のための援助が求められる。すなわち、実践としての社会福祉である。この分野のことを「制度的福祉」に対応して「臨床的福祉」と呼ぶ。その際には、個々の対象者の実状を正しく理解し、それに即したさまざまな社会資源を活用することによって、弾力的で総合的なサービスを提供することが重要となる。当然その際には、心理的なニーズ等にも十分配慮することが必要である。

そのための実践方法としては、大きく2つに分けて考えることができる。1つ目は、福祉専門職が心理学の技術を取り入れながら援助における専門性を発揮することである。また2つ目としては、臨床心理学の専門職が社会福祉の領域でその専門性を発揮することである(十島, 2004)。前者に関して、そのための専門的な方法が、社会福祉援助技術(ソーシャルワーク)である。社会福祉士(ソーシャルワーカー)などの福祉の専門職が、個々の対象者の個性、特徴や実状に適合した社会資源と結びつけていくことによって、個人の社会生活機能の改善をはかり、最適なQOL(生活の質)を提供していくことである。個人の実状に即した柔軟で総合的な福祉サービスが受けられることが原則である(「個別与件個別サービスの原理」という)。一方、後者については、公認心理師、臨床心理士などの臨床心理学の専門職が、社会福祉分野において心理学的援助を行っていくことである。

この2つは重なり合う部分も多く、密接な関係があるが、あえて言うならば、前者の社会福祉援助技術においては、相談援助活動により、対象者の福祉ニーズを把握し、生活の質(QOL)の向上をめざしながら、制度で定められた最適な社会資源と結び付けていくような支援を行っていくことに重点が置かれており、また、後者の臨床心理学的援助においては、必要な社会資源を考慮しつつも、対象者の心理的ニーズ、例えば、不安や無気力等、主として情動や感情をベースにし

第1章　社会福祉の展開と心理支援

た課題の解決をめざしながら，心理アセスメントや心理ケアに重点を置いて支援を行っていくこととなる。ただし，この臨床的福祉に関しては，社会福祉の歴史的展開において，制度的福祉の整備とともに発展をしてきた経緯があるため，どちらかというと，それと密接な関係を持つ社会福祉援助技術に重点が置かれ，例えば，バイスティック Biestek のケースワークの7原則[注4]なども比較的早くから確立された。一方で，後者の心理職による社会福祉現場の参画については，比較的最近になって増えてきたという背景があり，実践および理論的な整理等もまだまだ不十分である。それを踏まえると，今後公認心理師が果たす役割としても，非常に大きく，かつ重要な領域だと言える。

② 福祉領域に関する近年の重要な関係行政論等

　福祉領域を全体的に見ると，ウェルビーイングやノーマライゼーションの理念をベースに，権利擁護，自立支援などが近年の重要なテーマである。あわせて，社会モデルへの転換，地域での包括支援なども重要なキーワードとなる。これらを具体化した条約や法律等に関して重要なものは，児童領域では，1989（平成元）年に国連で採択，1994（平成6）年に日本で批准された子どもの権利条約である。児童の意見表明権などを認め，児童を能動的な権利の主体ととらえており，それまでの受動的な権利を受ける客体としての児童観を大きく変えた。それを受け，児童福祉法にも，自立支援の概念が盛り込まれた。障害領域では，2003（平成15）年に措置制度から支援費制度に移行した後，障害者自立支援法の施行（2006［平成18］年）経て，障害者総合支援法（2013［平成25］年）の施行に至っている。この流れに関しては，2006（平成18）年に国連で採択された障害者権利条約とその具体化を目指した障害者基本法の改正（2011［平成23］年）の背景にある障害の医学モデルから，環境との関係を重視した社会モデルへの転換などへの理解が重要である。また，2005（平成17）年には，これまで支援の対象から外れがちだった発達障害を対象として発達障害者支援法も施行された他，2016（平成28）年には，障害者差別解消法も施行されている。さらに，高齢者領域では，2000（平成12）年に施行された介護保険法により，介護が必要にな

---

注4）バイスティック（Biestek, Felix. P.）は，アメリカのケースワーカーで社会福祉学者である。彼が 1957 年に「ケースワークの原則（*The Casework Relationship*）」（邦訳 1965）にて，唱えた基本7原則：①個別化の原則，②意図的な感情表出の原則，③統制された情緒的関与の原則，④受容の原則，⑤非審判的態度の原則，⑥クライエントの自己決定の原則，⑦秘密保持の原則は，最も基本的なケースワークの理論として非常に良く知られている。

った高齢の生活を支えることが記された。今後増加が見込まれる認知症に対する国家戦略として2015（平成27）年に出された認知症施策推進総合戦略（新オレンジプラン）も重要である。

　一方で，権利養護や自立支援の観点から，それを著しく損なうものである虐待問題への対応はいずれの領域においても非常に重要な課題であり，児童領域では，児童虐待防止法（略称）が，2000（平成12）年に成立・施行されるとともに，児童福祉法も法改正がなされた。2011（平成23）年には，民法改正により，親権の規定が見直されて，それまでの親権喪失制度に加えて親権の一時停止制度が制定されるなどしている。障害領域では，2011（平成23）年には，障害者虐待防止法（略称），高齢者領域でも2006（平成18）年に高齢者虐待防止法（略称）が施行されている。こちらでは，児童領域とは異なり，虐待の禁止，防止のみならず，養護者，介護者に対する支援の必要性も謳われていることに留意が必要である。

## II　心理支援の必要性——福祉心理学の概要と生活支援の重視

### 1．福祉心理学とは

　福祉心理学とは，福祉に関する問題を心理学的に研究する科学，あるいは福祉を必要とする人々に対して心理学的な技法を使って介入，支援を行っていく学問ということができる。ただし，福祉という言葉のとらえ方により，広義の意味と狭義の意味でとらえられる。

① 「しあわせ」の探求，実現に重きを置く考え方（広義の福祉心理学）

　先に述べたように，「福祉」という言葉の意味は，広く「人びとのしあわせな心の状態や生活」のことを指している。それゆえに，この点に重点を置くならば，広義としての福祉心理学は，すべての人におけるしあわせな心の状態を願い，そのような心持ちで生活をすることを心理学的に解明したり，援助したりする学問だと言える。平野・坂原（2009）は，福祉心理学の対象者は，広く生活者全体であるとし，その目的はすべての生活者が幸福に生きるための幸福感の形成を援助することであるとする。また，宮原英・宮原和（2001）は，21世紀には，人間が安心して，安寧に，心豊かに暮らすことのできる社会の実現が望まれており，こころ豊かな人間の幸せを実現する心理学のことを指しているとする。

　このような立場では，例えば，学校での問題によって，不登校になり，しあわ

せではない状態である児童生徒がいるならば、幸福感を取り戻すためには心理学的な援助が必要であり、福祉心理学の対象になると考える。領域を限定せず、幅広くとらえる考え方である。

②福祉分野（いわゆる社会的弱者と呼ばれ福祉ニーズのある人たち）を対象とするという考え方（狭義の福祉心理学）

　一方で、社会福祉という概念を基本にするならば、対象者は、いわゆる社会的弱者と呼ばれる、児童、障害者、老人、女性など、あるいは、暴力、貧困、疾病等の影響を受けている人たちが主であり、特別な福祉ニーズを持つ要支援者だと言える。支援のために、「制度的福祉」のシステムが整備されており、それに基づいて種々のサービスが提供されるが、制度を個々の対象者に適切に提供するために、実践としての社会福祉が必要となる（「臨床的福祉」）。その際には、個々の対象者の実状を把握し、心理的なニーズ等にも十分配慮しながら、社会資源の活用により適切なサービスを提供することが必要となる。その実践方法として、福祉専門職が心理学の技術を取り入れながら援助での専門性を発揮することに加えて、心理の専門職が社会福祉の領域でその専門性を発揮することについては先述したが、特に、このような点において心理学的な知見や技術を適用し、応用していく学問が福祉心理学である。つまり、福祉ニーズのある人への支援を行っていくために心理学を活用していく学問だということができる。福祉領域に限定してとらえる考え方である。実際には、広義の意味も含めて理解した上で、これらの現実問題に対応していくことが必要だと考える。

## 2．福祉心理学の展開

　福祉心理学は人々の主体的な意識や内面的な心のあり方を重視する時代にあって、現在では、心理学における重要な分野となりつつあるが、その学問的発展の歴史は比較的浅い。もちろん福祉問題に関する心理学的研究は以前より行われ、学会での研究発表も行われていたが、内容は福祉に関するものだとしても、研究題目には福祉という言葉は用いられず、領域としても確立していなかった。しかし、平成4（1992）年頃から、『福祉心理臨床』（網野・乾・飯長，1992）や『福祉心理学入門』（岡田，1995）、『福祉心理学』（佐藤・山根，1998）などの書籍が刊行されるようになった。また、福祉心理学関係の研究者は、それまで関連学会である教育心理学会や特殊教育学会などで研究発表を行っていたが、平成15（2003）年になって、はじめて、福祉心理学に関する研究者によって、日本福祉

心理学会が設立されることとなったという経緯がある。

このように福祉心理学は比較的新しい学問領域と言えるが、その背景はどのようなところにあるのだろうか。戦後、制度的福祉が整備され、それに伴う臨床的福祉の実践も、限定的な範囲であったが、行われてきた。例えば、児童相談所における心理判定員、情緒障害児短期治療施設（現在の児童心理治療施設）における心理療法担当職員の配置などである。ただし、1970～80年代頃までは、わが国は発展途上にあり、物質的な豊かさを求める時代であって、人間の内なる心理面での豊かさを求める意識や、個人の主体的な権利等に関する意識は必ずしも高くはなかった。その中で、1980～90年代頃になると物質的な豊かさが一定の水準に達し、心理面での豊かさを求める時代となり、人間の内面的な心理に強い関心が向かうようになってきた。また、子どもの権利条約等、国際条約の影響なども受けて、個人の主体的な権利に対する意識が高まってきた。あわせて、少子高齢化という社会構造の変化も大きく認識されるようになった。さらには、1995年には、日本で阪神淡路大震災といった大規模な自然災害や地下鉄サリン事件等の出来事が発生し、被災者・被害者の「トラウマ（心的外傷）」の問題とそれへのケアの必要性が、広く一般市民にも知られるようになって、心理学の果たす役割の大きさへの認識が非常に高まることとなった（西澤、1999）。時を同じくして、全国の大学で心理学科等を設置するところが増加し、あわせて教育領域における心理職の導入として、1995年にスクールカウンセラー制度が始まった。そして福祉領域においても、特に、虐待を受けたこどもの心の傷つきに対して、心理学的な視点からの理解が進み、それと相まって、児童虐待の相談処理件数も増加してきた。これらを背景に、被虐待児に対する心理的ケアの重要性から1999（平成11）年度にはじめて、児童養護施設（当時全国に約550カ所）に、心理療法担当職員を配置することが可能となるなど画期的な変化があった。また、児童相談所の心理判定員が、心理支援も重視する視点に沿って児童心理司へと名称・機能変更となった他、情緒障害児短期治療施設の設置も推進された。一方、高齢者領域での認知症の問題への対応、障害領域における主体性の回復、発達障害に対する理解と対応、あるいは支援者による虐待の問題などへの対応でも心理学の重要性が増している。現在、福祉領域で働く心理職が急速に増加しており、福祉心理学に対する期待と役割、必要性は非常に高まっていると言える。

## 3．生活支援を重視する福祉心理学

福祉対象者への支援を行う際には、基本的には、臨床心理学で培われた技法を

使用していくこととなるが，従来は，福祉ニーズとは直接的には関係なく，不登校・ひきこもり，非行・犯罪，児童虐待，発達障害，神経症や心身症，および，うつや双極性障害，統合失調症等の精神病圏の課題等により，心の問題を抱えて不適応状態に陥っているクライエントとその家族に対する心理的な援助に関わってきた。これに対して，福祉心理学では，福祉ニーズのある対象者に対して同様の援助を行っていこうとするものである。ただし，技法としては臨床心理学ベースのものを主に使用するが，対象者の特性から従来の臨床心理学的なアプローチとは変化していく必要がある。従来型援助の基本は，外来による相談型の方法を主体としており，相談意思のあるものが定期的に来談し，一対一が保証された空間で心理面接を受けるというものであった（個別心理療法の場合）。ところが一方，福祉ニーズのある対象者の場合は，この方法の適用が困難な場合も少なくない。例えば，被虐待児に対する入所施設での支援においては，まず，対象者における心理面での安定の前提となる，生活場面での安全感・安心感の形成が不十分であり，相談意欲が乏しいことも少なくはない。このため，生活における心理支援等がより重要であり，従来の臨床心理学が適用してきた外来相談型の方法では対応が難しいことが少なくない。さらには，現在の社会福祉の考え方が利用者の主体性の尊重へと変化し，診断主義（医学モデル）から環境を重視する生活モデルへ変化したことなども加わって，福祉心理学ではより生活臨床的なアプローチを行っている。対象者の生活場面を重視し，生活場面でのアセスメントを行ったり，タイムリーな支援を行っていくことや，生活場面に関わっている職員に対するコンサルテーションなどの支援を行い，生活場面での援助の質を高めていくことなどが非常に重要である。

### 4．多職種連携・アウトリーチの重要性

　従来の臨床心理学的アプローチで重視してきた個別面接を中心とする方法は，ある意味，密室内で完結しようとする傾向があるという課題を抱えていた。これに対して，福祉心理学的なアプローチでは，生活支援を重視するため，例えば，入所型の施設であれば，その効果を高めるには心理職と生活担当職員（保育士等）が連携するなど，職場内での職種を超えた幅広い協働関係のもとに，いわゆる統合的なアプローチを行うことが必要である（大迫，2014）。さらには，必要に応じて，対象者と関係する医療領域，教育領域をはじめとして，司法領域や産業領域との連携が求められることもある。特に，生活支援を重視するならば，対象者の生活が営まれる地域の力，また，入所施設での支援においても，施設が位置す

る地域や家族の生活する地域の力を必要とする。それゆえに，当然，対象者の地域を含み，関わりのあるさまざまな専門家による多職種連携と，それらに基づく統合的なアプローチが必要だと言える。そう考えるならば，公認心理師は，いわゆる待ちの姿勢ではなく，積極的に，自ら地域に飛び出し，対象者との関わりを求めたり，他の職種との連携を大いに模索するというアウトリーチの姿勢が求められることも忘れてはならない。

◆学習チェック表
☐ 社会福祉における制度的福祉と臨床的福祉について理解した。
☐ 現代社会の課題である少子高齢化・貧困の問題について理解した。
☐ 近年の社会福祉の理念の変化や関係行政・法的制度等について理解した。
☐ 福祉領域における生活支援を重視した心理学的なアプローチについて理解した。
☐ 多職種連携によるチームアプローチの必要性について理解した。

より深めるための推薦図書
　十島雍蔵編（2004）福祉心理臨床学．ナカニシヤ出版．
　村瀬嘉代子・森岡正芳・日詰正文・増沢高編（2015）特集：福祉領域で働く―心理職のスタンダード．臨床心理学，15(5)．
　宮原和子・宮原英種（2001）福祉心理学を愉しむ．ナカニシヤ出版．

文　献
網野武博・乾吉佑・飯長喜一郎編（1992）福祉心理臨床（心理臨床プラクティス第6巻．星和書店．
網野武博（2010）制度的福祉への福祉心理学の貢献．福祉心理学研究，6(1); 6-9．
安藤治（2003）福祉心理学のこころみ―トランスパーソナルアプローチからの展望．ミネルヴァ書房．
Biestek, F. P.（1957）The Casework Relationship. Loyola University Press.（田代不二男・村越芳男訳（1965）ケースワークの原則．誠信書房．）
平野信喜・坂原明（2009）福祉心理学入門―幸せを育てる心理学．田研出版．
小林重雄監修，園山繁樹・内田一成編（2002）福祉臨床心理学．コレール社．
宮原和子・宮原英種（2001）福祉心理学を愉しむ．ナカニシヤ出版．
村瀬嘉代子・森岡正芳・日詰正文・増沢高編（2015）特集：福祉領域で働く―心理職のスタンダード．臨床心理学，15(5)．
日本心理研修センター編（2018）公認心理師現任者講習テキスト．金剛出版．
西澤哲（1999）トラウマの臨床心理学．金剛出版．
岡田明（1995）福祉心理学入門．学芸図書．
大迫秀樹（2014）被虐待児に対する入所施設での福祉心理学的援助―非行傾向を呈するようになった小学生男児とその家族への統合的なアプローチ．福祉心理学研究，11(1); 59-70．
佐藤泰正・中山哲志・桐原宏行編（2011）福祉心理学総説．田研出版．
佐藤泰正・山根律子（1998）福祉心理学．学芸図書出版．
十島雍蔵編（2004）福祉心理臨床学．ナカニシヤ出版．

# 第2章

# 総論：生活を支える心理支援

片岡玲子

> **Keywords** こどもの最善の利益，自立支援，就労支援，障害者の地域移行，社会的養護，里親委託，当事者運動，多職種連携，コミュニティ・ケア，ノーマライゼーション

## I 福祉と人々の生活

　私たち人間にとって，毎日を生きてゆくことはすなわち生活することである。生活の場面において，人はさまざまな体験をする。つらいこと，悲しいこと，楽しいこと，喜びや幸せを感じること，自分ひとりでは背負い切れないこと，途方に暮れること。また生活にはさまざまな側面がある。暮らし方のこと，経済的なこと，親子・夫婦・家族の関係，学校や職場の状況，地域や近隣関係など。

　「福祉」という言葉は「しあわせ」というほどの意味である。「社会福祉」という言葉は英語でソーシャルウェルフェア（social welfare）に当たるとされていたが，この言葉はすでに海外では保護的な福祉観を表すとみなされ，あまり使用されなくなったということで，最近ではソーシャルウェルビーイング（social well-being）が使われるようになった（山縣，2005）。

　そして，「現代の社会福祉は，個人の人権の尊重と自己実現への支援というテーマを獲得し，ウェルビーイングと称される時代へと突入した」（農野，2005）とされ，このことにより，福祉は貧困者や障害者といった対象を限定的に保護するのではなく，改めて全ての人がそれぞれしあわせになることを願う視点で展開することになったのである。

　知的障害者福祉の先駆者である糸賀一夫は「社会福祉というのは社会の福祉の単なる総量をいうのではなくて，その中での個人の福祉が保障される姿を指すのである」（糸賀，1968）とのべている。

　人々が生活している中で，困難な状況や，障害などにも見舞われることがあり，援けを必要とする状況に出会うことは誰にでも起こり得ることである。その時は

お互い様であると同時に、社会的に用意された福祉サービスを活用することが必要になる。心理支援もこれらの社会福祉サービスの中に位置づけられると同時に、個々のニーズに合わせた、人々のしあわせ・自己実現への道のりを支援する活動が求められている。生活を支える心理支援とは、まさに全ての人を対象にしてここから始まるといえよう。各分野では「自立支援」ということがよく使われている。京極は自立支援の意味は「自立生活を社会的に支援する」という新たな「福祉理念」だと述べている（京極，2014）。

## II 福祉の制度と心理職

　社会福祉サービスの制度は基本的に児童、障害児・者、高齢者、低所得者、ひとり親家庭といった利用者の個人的特性に合わせた分野から構成され、法律もこの考え方に従って分野別にできている場合が多い。対象をはっきりした基本的な法律には、児童福祉法、身体障害者福祉法、知的障害者福祉法、老人福祉法、生活保護法、母子及び父子並びに寡婦福祉法があり、これらは社会福祉6法と呼ばれている。

　福祉の制度は人々の生活に深くかかわるものであり、国民のニーズや社会の変化を受けて法律や制度が更新されていくことも多い。1998（平成10）年の福祉8法改正、2000（平成12）年の社会福祉事業法の大幅改正、2016（平成28）年児童福祉法大改正。また障害者福祉に関しては、2005（平成17）年成立の障害者自立支援法から2013（平成25）年施行の障害者総合支援法へと当事者の声を取り入れた改訂が行われた。1994（平成6）年障害者雇用促進法、2013（平成25）年障害者差別禁止法、さらに議員立法による発達障害者支援法は2004（平成16）年に成立している。

　このような福祉制度の大きな改変の流れのもとにあるものは、国連の国際障害者年（1981）や、国連で1989年に採択された「児童の権利に関する条約」など、それぞれの当事者の主体性を大事にする人権擁護の思想があるといえよう。

　ほかには福祉の実践が行われる場による分野があり、地域、家族、保健医療、司法矯正、学校教育、といった場に注目した福祉的サービスが考えられている。

　法制度のなかでは、現在のところ、明確に心理系職種が位置付けられているものは児童福祉法の児童相談所のほか、「児童福祉施設の設備及び運営に関する基準」において、各種児童福祉施設の職員に「心理療法担当職員」として記述されているものがあるが、そのほかは法務省関係の少年鑑別所や少年院などの矯正施

設，刑務所，保護観察所，家庭裁判所の調査官，学校におけるスクールカウンセラーなどがあげられよう。

2015（平成27）年，公認心理師法が公布され，2018（平成30）年，第1回の試験が行われて，国家資格である公認心理師が誕生した。福祉の制度等においても公認心理師として記述され，活用が進んでいる。

しかし実際の場ではこれ以外にもさまざまなところで心理職が仕事をしている。児童相談所以外の児童福祉施設で心理療法担当職員の配置が認められたのは1999年のことであるが，心理支援の必要性を感じた施設等ではかなり以前から非常勤セラピストのような形で心理職が活用されていた。このほかにも障害児の通所施設や相談機関などで，自治体などの雇用により，心理職が働いていた例は多い。

以下，人々の生活場面に即しながら，心理支援の必要性と実際についてみていくこととする。

## Ⅲ　児童福祉（こども家庭福祉）と子育て支援

### 1．児童相談所と児童心理司

心理支援が比較的早くから行われていた場の一つは，児童福祉の領域であろう。児童福祉法は1947（昭和22）年，第二次世界大戦後の困難さのなかで生まれた。

戦争という事態の中では，こどもや女性の被害も大きい。第二次世界大戦により，日本には親を亡くしたこども，食糧不足で栄養失調や結核にかかるこどもや若者が大勢いた。児童福祉法によって設置された児童相談所の仕事は，まず浮浪児とよばれる戦災孤児たちの保護であったという。

児童相談所には心理判定を担当する職員が配置され，児童福祉司とともに相談に応じていた。児童相談所は児童福祉法で都道府県や政令指定都市に設置義務がある公的機関であり，心理判定員は当初から置かれていたが，現在では児童心理司として，児童相談所のソーシャルワーカーである児童福祉司と並ぶ専門的職員として配置されている。

児童相談所には，こどもの養育やしつけ，発達の問題，障害や非行などこどもに関する生活や育成の課題などあらゆる相談が持ち込まれる。ある時代には非行問題，ある時代には不登校に関すること，というようにその時々の社会を映し，主となる相談のテーマには変化があったが，近年は「こどもの虐待」への対応が急カーブで増え，それに関する社会的養護や子育て支援，地域との連携などがどこ

の児童相談所でも喫緊の課題となっている。児童心理司は相談ケースのアセスメントや心理支援を仕事とし，必要であれば児童福祉司とともに家庭訪問も行う。こどもが家庭から離れての一時保護や児童福祉施設入所は児童相談所が窓口である。

### 2．社会的養護

親からの虐待など，さまざまな理由で家庭で育つことのできなくなった 18 歳未満のこどもは乳児院や児童養護施設，里親家庭に預けられる。これらを社会的養護といい，児童養護施設などには 1999 年から心理療法担当職員がおかれるようになった。

社会的養護が必要となったこどものうち，虐待されたこどもの割合が児童養護施設では 6～7 割になるところも多いという。虐待は「児童虐待の防止等に関する法律（略称，児童虐待防止法）」（2000［平成 12］年）によると身体的虐待，心理的虐待，ネグレクト，性的虐待の 4 つに分けられ，こどもたちには PTSD や愛着障害など，心のケアが必要な状況が多くみられる。心理療法担当職員として配置されている心理職の役割はこどもと生活をともにしながら，見立てや心のケアを担当し，職員へのサポートも求められる生活臨床の場である（内海，2013）。

この問題に対処するためにも，より家庭的ケアとしての里親委託の推進と，里親の養育を支援する支援機関の活動が始まった（図 1，2）。

### 3．子どもの権利擁護と児童福祉法改正

2016（平成 28）年，児童福祉法が大幅に改定された。1989 年，国連が採択した「児童の権利に関する条約」を日本が締結したのは 1994 年である。その後，この条約に謳われた子どもの権利について保障する制度変革があまり進んでこなかった。今回の改定により，子どもを権利の主体者とする理念が第 1 条に次のように掲げられた。

> 「全て児童は児童の権利に関する条約の精神にのっとり，適切に養育されること，その生活を保障されること，愛され，保護されること，その心身の健やかな成長及び発達並びにその自立が図られることその他の福祉を等しく保障される権利を有する」

この理念に基づき，わが国のこどもに関する制度も「子どもの権利擁護」「子どもの最善の利益」を推進するための改正が行われている。社会的養護の施設等でも「子どもの権利ノート」や意見箱の設置，外部の福祉サービス評価委員の導入

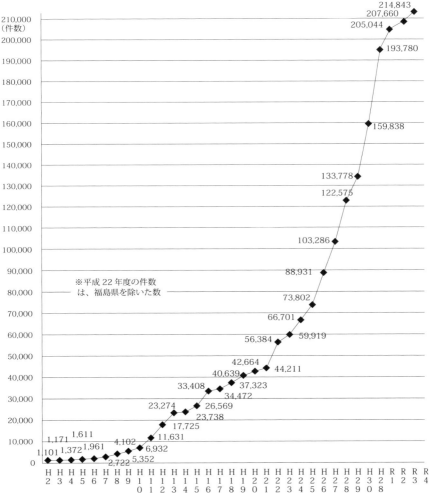

図1 児童相談所の児童虐待相談対応件数の変化 児童虐待防止法施行前の平成11（1999）年度に比べ，令和4（2022）年度には約30倍に増加（こども家庭庁より）

など，こどもの声を聞くシステムが考えられ，施設内虐待の防止などが図られている（片岡，2011）。

また親の離婚の際，親権の争いのなかで，こどもの意見を聞くことも行われるようになった。

2019年児童虐待防止法改正により体罰禁止が明文化され，2022年には民法改正による親の懲戒権の削除，ならびに体罰の禁止が定められた。

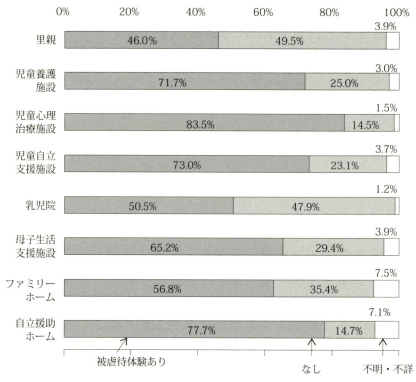

図2 児童福祉施設入所者等の被虐待児の比率 里親に委託されているこどもの約5割，乳児院に入所しているこどものうち約5割，児童養護施設に入所しているこどものうち約7割は，虐待を受けている（こども家庭庁，2024）。これは5年ごとに行われる児童養護施設入所児童等調査をもとにしている（公表されている最新のものは2023年2月1日調査）

## 4．子育て支援と虐待予防

こどもへの虐待は重大な人権侵害である。全国の児童相談所が対応した虐待の件数が2022年度21万件をこえ，1999（平成11）年度の約30倍になったという。2005年から毎年虐待死したこどもに関する調査が厚生労働省で行われている。それによれば，虐待者の半数以上は実の母親であり，第19次報告（2022〔令和4〕年8月）では，2021（令和3）年度に虐待死したこども74人，うち心中は24人である。心中の加害者は75％が母親であった。心中以外のこどもの年齢は半数が0歳児であり，母の側の問題として，予期せぬ妊娠，若年妊娠などがある。死亡事例の3割が19歳以下の母という数字もある。

熊本の病院が設置した赤ちゃんポストには，匿名性を求めて全国からこどもを

預けにくる親がいるという（NHK 取材班, 2018）。若年妊娠や予期せぬ妊娠の相談がしやすい相談体制や，支援が届くしくみの構築が求められる。さらに虐待の背景として，東京都の調査からはひとり親家庭，経済的困難，家族・近隣からの孤立，夫婦間不和，育児疲れ，育児不安，就労不安定などがあげられている。保健所健診の心理相談，地域子育て支援拠点事業としての子ども家庭支援センターなど，子育てについてのきめ細かい相談支援が必要である。

　筆者らが 2001 年から行っている子育て支援の電話相談には乳幼児を育てている母親からの電話が多くを占めている（東京臨床心理士会, 2013）。

　2022 年，こども基本法が制定され，2023 年にはこども家庭庁が発足した。これまで厚生労働省が担当していた児童福祉に関することは，こども家庭庁が担当することになった。

## Ⅳ　障害を持った人たちの支援

### 1．障害を持ったこどもたち

　生まれてきたこどもに何らかの障害があるとわかったとき，まだ若い両親のショックは想像に難くない。生後間もなく障害があることがわかるのは，例えばダウン症候群のように，わかりやすい特徴があったり，あるいは障害の程度がかなり重い場合であろう。

　　「『ダウン症候群です。心臓にも穴があいています。普通のこどもと比べないで，このお子さんなりの将来を考えてあげてください』。この医師の言葉は今でもはっきり覚えています。冷静さを失った私は，その場に泣き伏してしまいました。家に帰っても食事も喉を通らず，頭の中は『ダウン症』『障害児』ということで一杯でした。…（中略）…しかし寝顔を見ていると，この世に生まれてきたのも何か使命があってのことだと思い……」（障害児通所施設文集より）

　これは 0 歳からの母子通所に参加していたダウン症児の母の作文である。医師からこどもの障害について告げられた時の気持ちがよく表現されている。

　広汎性発達障害，ADHD など，発達障害の特性のあるこどもについては，3 歳児健診や保育園などの集団生活に参加してから見えてくる場合もあり，告知されるのがもう少し後になることが多い。

　このような時期を経て，親や家族にはこどもの障害の状況を理解し，受容し，こどもたちが持っている力を，将来に向けてできるだけ成長・発揮してもらえるよう，よき環境となってほしいと願う。障害を持ったこどもが育てにくさから虐

待の被害にあうことも少なくない。

　そのために親たちの悩みを分かち合えるグループ・カウンセリングの場を設けるなど，こどもたちの療育に加えて親や家族への心理支援が大切である。早期発見・早期療育が求められるなか，家族への心理的支援をしっかり行いたい。

　就学後は，特性に合わせた合理的配慮も必要となる。

### 2．障害者の生活支援

　障害があっても他の人と同じように社会参加できる環境を作ろうというノーマライゼーションの考え方は，1950年代にデンマークの知的障害児の親たちの運動から生まれ，北欧から世界へ広がったといわれる。

　1981年の国際障害者年，「完全参加と平等」というキャンペーンを経て，わが国でも1993年障害者基本法が成立。「すべて障害者は社会を構成する一員として社会，経済，文化，その他のあらゆる分野の活動に参加する機会が与えられる」（第3条第2項）とされた。これに先駆け，1979年，国が障害児教育を義務化する。それまでは，障害の軽度のもの以外は就学免除，就学猶予の手続きで「教育を受ける権利」を放棄させられていたともいえよう。6歳から18歳の知的障害児が通園していた福祉施設はこどもたちを学校教育へと送り出し，それまで集団生活に参加する機会もないまま，地域におかれていた重度の障害を持つ人たちの通所サービスを始めることになった。

　レクリエーションや軽作業，給食サービスなど，日々のプログラムに障害をもつ人たちが楽しみつつ参加する姿がみられた。40歳代の重度障害者と暮らしていた80歳代の母親に「これで私は一人で死ねます……」といわれたことがある。まさに生活支援の始まりだったといえよう。障害の重い人への支援プログラムの開発はケアワーカーと心理職の協働作業であった。

　この法律により，「精神障害（発達障害を含む）」も障害者として福祉の対象となった。

### 3．障害者と就労支援

　国連・障害者の10年（1983年〜1992年）はわが国の障害者施策にも大きな影響があった。身体障害者を中心とした当事者運動がおこり，1989年には「手をつなぐ親の会」に知的障害の本人部会ができた。

　障害者自立支援法を経て，障害者総合支援法が2013年施行された。市町村をサービス提供の中心とし，利用者はサービス給付の申請をする。市町村の審査会

第2章 総論:生活を支える心理支援

図3　写真:公園清掃をするふれあい作業所メンバー

で障害程度区分と給付内容を認定する。また地域で必要なサービスについて，地域障害福祉計画を策定する。審査会には専門職として心理職が加わっているところも見られる。

　1980年代半ばから，義務教育化で特別支援学校等に進んだ人たちが高等部卒業期を迎え，学校卒業後の就労や通所する場所についてのニーズが高まった。自治体や社会福祉法人による福祉作業所の増設などが図られたが，ニーズに追いつけない時期もあった。

　図3は公園で清掃作業をしている主として知的障害や発達障害を持つ人たちである。この人たちの働く場を作ろうと自治体の中で福祉担当の部署と公園管理担当が連携し，公園清掃事業を障害者の作業所に委託した。当初はボランティアや親のグループなども作業を手伝った。現在では就労継続支援B型として，この作業所を地域の社会福祉協議会が運営する。障害者が清掃していることで，公園にごみを捨てたりする人がいなくなったというエピソードもある。清掃事業は障害の程度に応じたさまざまな作業ができることもあって，他の自治体にも広がりを見せ，今日では建物の清掃も含めて障害者の福祉的就労の場として活用されているところが増えた。

　平成25年障害者雇用促進法の改正により，精神障害者の雇用義務化などを踏まえて法定雇用率が引き上げられた。このことを背景に平成30年4月より新しく一般企業への就労定着支援が創設された。仕事とのマッチングや就労を継続・

定着するための実際的な支援には今後より心理的な関わりが必要と考える。また新たな課題として，精神障害者や知的障害者の地域移行（病院や施設から，グループホームなどを利用して地域生活に移行する）があげられる。

### 4．ICFの考え方について

ICF（International Classification of Functioning, Disability and Health）は人間の生活機能と障害の分類法であり，2001年，世界保健機構（WHO）で採択された。それまでの国際障害分類（ICIDH）と違う点はマイナス面を見るのではなく，生活機能というプラスの面に注目し，かつ環境因子等の視点を加えていることである。

ICFの活用により，障害や疾病の状態について，当事者や家族，保健・医療・福祉等の領域の従事者が共通の理解をもち，サービスやバリアフリーなどの環境についても評価できるように構成されている。

障害者について，わが国にも差別禁止法や虐待防止法ができているが，2016年の神奈川県やまゆり園での殺傷事件にみられるように，偏見の闇はまだ深いといわざるを得ない。環境を整えて合理的配慮を進める課程がさらに必要であり，心理職も積極的に関与したい。

## V　生活困窮者の生活支援

### 1．生活困窮者と自立支援制度

2013（平成25）年に成立した生活困窮者自立支援法では「この法律において『生活困窮者』とは，現に経済的に困窮し，最低限度の生活を維持することができなくなる恐れのある者をいう」としている。やはり低所得の問題や多重債務による借金問題など，経済的な面からの困窮が大きいことは確かであろう。

日本では1970年代には「一億総中流意識」があるといわれたこともある。しかし1991年ごろ，世界的な株の暴落を契機としてバブル経済がはじけ，それまで続いてきた「年功序列，終身雇用」のしくみが崩壊した。公共事業の減少などから建設業で働いていた非正規の人たちが仕事を失い，住み込みだった飯場がなくなることでホームレスになった人もいる。

その後も働き方の規制緩和によりパート，アルバイト，派遣社員，契約社員などの非正規雇用が増え，1985（昭和60）年には16.4％であった非正規雇用が2023（令和5）年にはおよそ2,124万人，37.0％と全雇用者の約4割となって

いる（総務省労働力調査, 2023）。これらの非正規労働者の多くは年収 200 万円以下のワーキングプアとなり，各種保険や病気などの際の補償も十分でない不安定な生活を余儀なくされているといえる。

　経済的困窮の最終の支えは公的扶助であり，生活保護を受けることであるが，その一段階前の支援として，生活困窮者自立支援制度が 2015（平成 27）から始まった。「生活全般にわたるお困りごと」を受けるとしており，地域の相談窓口で支援員が対応する。

　支援の内容は次のようである（厚生労働省 HP より作成）。

①自立相談支援事業（あなただけの支援プランを作成し，自立を支援する）
②住居確保給付金の支給（一定期間家賃相当額を支給し，就職に向け支援）
③就労支援準備事業（社会との関わりに不安がある，他の人とのコミュニケーションがうまくとれないなど，直ちには就労困難な人に 6 カ月から 1 年，プログラムに沿って一般就労に向けた基礎能力を養いながら就労支援や就労機会の提供を行う）
④家計相談支援事業（家計の立て直しをアドバイス，必要に応じて貸付のあっせん）
⑤就労訓練事業（直ちに一般就労することが難しい人に柔軟な働き方による就労の場の提供。中間的就労もある）
⑥生活困窮世帯のこどもの学習支援（学習支援を始め日常的な生活習慣，仲間と出会い活動ができる居場所づくり，進学に関する支援，高校進学者の中退防止に関する支援等，こどもと保護者の双方に必要な支援を行う）

　経済的支援のみでなく，長期ひきこもりやニート，高校中途退学者，不登校，障害者なども視野に入れた生活全般の支援制度であることがわかる。貧困の世代間連鎖を予防する意図もみられる。さまざまな背景を持った相談への対応が必要になると思われ，今後はさらに心理職の活用を望みたい分野である。

## 2．生活保護制度

　生活保護法第 1 条は「この法律は日本国憲法第 25 条に規定する理念に基づき，国が生活に困窮するすべての国民に対し，その困窮の程度に応じ，必要な保護を行い，その最低限度の生活を保障するとともに，その自立を助長することを目的とする」となっている。そしてわが国の憲法第 25 条には「すべて国民は健康で文化的な最低限度の生活を営む権利を有する」とある。

　厚生労働省の被保護者調査（令和 6 年 7 月）によれば，全国の被保護世帯は 1,654,044 世帯，人員は 2,013,327 人となり，いずれも前年同月より減っている。世帯類型別世帯数は表 1 の通りである。表からもわかるように，高齢者世帯が半

表1　世帯類型別世帯数および割合（被保護者調査）

| | | 総数 | 1,645,294 世帯 | 構成割合 |
|---|---|---|---|---|
| 世帯類型別内訳 | 高齢者世帯 | | 909,721 世帯 | 55.3% |
| | うち単身世帯 | | 845,665 世帯 | 51.4% |
| | うち2人以上の世帯 | | 64,056 世帯 | 3.9% |
| | 高齢者世帯を除く世帯 | | 735,573 世帯 | 44.7% |
| | うち母子世帯 | | 62,402 世帯 | 3.8% |
| | うち障害者・傷病者世帯 | | 411,862 世帯 | 25.0% |
| | うち その他の世帯 | | 261,309 世帯 | 15.9% |

（厚生労働省，2024.7より）

数以上を占め，それもほとんどが単身世帯である。4分の1は障害者と傷病者の世帯。そして母子世帯がある。

### 3．母子世帯と経済的困難

「母子世帯の一番大きな問題は，高齢者と同様に所得金額が少ないことである」といわれる（渋谷，2016）。

平成23年度全国母子世帯等調査によれば，母子世帯の母親は80％が働いているが，1世帯当たりの平均所得額は243万円，半分以上が派遣やパートなど非正規就労である。母子家庭になる理由も離婚や未婚が増え，こどもと母親が唯一いっしょに入所できる母子生活支援施設では，夫によるDVからの避難や離婚問題，母のPTSD（心的外傷後ストレス症候群），うつ病やアルコール依存，何らかの障害などを抱えた例が多く見られる。施設職員の支援を受け，施設を出てこどもとともに地域生活に移行するときは，やはり生活保護による経済的支援が欠かせない事例も多い。別れた父親から，こどもの養育費が払われていない母子が多いことも問題である。

出身家庭や社会との切れた絆を取り戻すことも支援の一つと考える。母子生活支援施設では心理療法担当職員が配置され，まずは心の安定を願い，母子のカウンセリングなど再出発に向けた心理支援を行っている（片岡，2014）。

### 4．ホームレス支援

全国のホームレス（路上生活者）はここ数年減っており，2012年9,576人であったものが，2024年には2,820人となった（厚生労働省ホームレスの実態に

関する全国調査，2024年1月）。しかし，ネットカフェ利用者が一晩に4,000人という推計もある（東京都，2018）。

　ホームレスが野宿するようになる最大の原因は失業とされる。そのためホームレスへの就労支援は大切であるが，居住地がないと雇用は難しい。また，高齢化がすすみ65歳以上の人が3割を超えている。病気や高齢，野宿生活が長く続いていることなどで，就労意欲や稼働能力が乏しい人もいる。従来のように稼働能力があるからといって生活保護を断るのではなく，相談にのり，適切な居住地を確保することで，就労や社会復帰につながることもわかってきている。国は「ホームレスに対する生活保護の適用について」（2003（平成15）年7月）を出して福祉的支援の適切な運用を求めている。

　さまざまな背景を持った人もあり，心のケアも含めた生活支援や医療につなぐことが必要な場合も多い。

## VI　高齢者の生活支援

　超高齢社会がやってきた。65歳以上の高齢者が全人口に占める割合が7％から14％になるのに，フランスは115年（1864〜1979），スウェーデン85年（1887〜1972），アメリカ72年（1942〜2014）と100年近くは懸っているが，日本はわずか24年（1970〜1994）間で到達した。この急速な高齢化に社会のシステムや意識が追いついていない場合もある。

　一方，日本で長く続いた平和や医療の進歩，経済の発展により，男女とも世界で上位の長寿となっている。長くなった人生をできるだけ豊かに，健やかにすごすことが，人々の願いであろう。

　介護にまつわる高齢者虐待や認知症への不安など，気になる事柄もある。虐待の発生要因についての調査によれば虐待者や高齢者の性格や人間関係，虐待者の介護疲れ，認知症による言動の混乱，配偶者や家族の無関心などが上げられている。虐待をされる側は75歳以上の後期高齢者で要介護3以上が半数を占め，虐待する側は「息子32.1％」，「息子の配偶者20.6％」，「配偶者（夫・妻）19.5％」，「娘16.3％」の順だという（財団法人医療経済研究機構，2003）。高齢者夫婦・家族の人間関係や圧倒的に多いひとり暮らしになった女性高齢者，介護者への心の支援が必要であろう。2024年，「共生社会の実現を推進するための認知症基本法」が施行された。

　司法領域では軽度の犯罪を犯し刑期を終える者に高齢者や知的障害者が増えて

いるという。再犯防止の視点からもこれらの人々の福祉での受け入れが求められている。

高齢者福祉の分野では，認知症の研究や回想法など心身の機能を活性化する方法の研究が進んでいるが，実際の現場で心理職が関わっている例はまだ少ない。今後，介護福祉士などのケアワーカーや医療系の専門職とも連携して支援に関わっていくことがより必要な分野である。

## VII 不登校・ひきこもりの福祉的支援

不登校については文部科学省の定義，ひきこもりについては厚生労働省の定義がある。不登校は「何らかの心理的，情緒的，身体的あるいは社会的要因・背景により，登校しない，あるいはしたくてもできない状況にあるため年間30日以上欠席した者のうち，病気や経済的理由による者を除いたもの」とされている。不登校の原因の調査では学校での友人関係等学校生活に起因（36.2％），家庭生活に起因（19.1％），本人の問題（35.0％）があがっており，2023（令和5）年度全国の小中学校で約35万人いるという（文部科学省，2024）。

不登校の支援についてはスクールカウンセラーが関わることが多いが，不登校のかげにある，虐待や家庭環境の問題など福祉的視点も視野にいれ，地域の相談機関やソーシャルワーカーとも連携の上，支援に当たる必要がある。筆者の経験では，父母の夫婦関係不和が影響している例も多かった。

ひきこもりは「自宅にひきこもって学校や会社に行かず，家族以外との親密な対人関係がない状態が6カ月以上続いており，統合失調症やうつ病などの精神障害が第一の原因とは考えにくいもの」となっている。全国で推計146万人といわれる（内閣府調査，2023）。2010（平成21）年からひきこもり地域支援センターを自治体に相談窓口として設置，社会福祉士，精神保健福祉士，臨床心理士等ひきこもり支援コーディネーターが配置されている。2014（平成25）年からはひきこもりサポート事業として訪問支援やひきこもりサポーターの養成をするという。先に述べた生活困窮者自立支援制度も活用し，家族等の支援もしていく必要があろう。

## VIII 地域福祉における心理支援

ここまで，対象別に支援の状況などをみてきたが，福祉施策全体の流れとして，

地域への回帰，コミュニティ・ケアへの視点が強くなっている時代である。住み慣れた地域で，暮らし続けたいとする人々の気持ちもある。
　各地域では自治体ごとに「地域社会福祉協議会」が設置されており，地域福祉の多様な活動を自治体とも連携して行っている。ここではコミュニティ・ソーシャルワーカー（CSW）が活躍する。
　地域包括支援センターは介護保険法に基づき高齢者の総合相談や介護予防，虐待の早期発見，ケアマネジメントなどを社会福祉士，保健師，ケアマネージャーなどが中心となって行うところとして設定されている。障害者についても病院や遠隔地の施設から地域に帰る地域移行を進める流れである。
　こども達の健全育成という事業がある。地域の児童館や冒険遊び場などで，こどもがのびのび遊ぶことによって，心を育てる（片岡，2018）。日本のこどもの6人に1人は相対的貧困状況にあると発表されている。地域でこどもたちのために「こども食堂」を開く活動が各地で行われている。
　障害児の療育や発達相談，子育て支援，保健所の心理相談，精神障害者のデイケア，学校のスクールカウンセラー，教育相談など，これまで心理職が地域で関わってきた実績を大切にしながら，地域という視点で改めて心理支援の必要性を高めていく必要があろう。
　筆者の所属する大学の心理臨床センターでは，地域に開かれた心理相談室として，地域の子ども家庭支援センターや相談機関からの事例を受けている。生活保護家庭や経済的困難がある場合は相談料の割引をする規程も設けている。

## IX　予防的視点と今後の公認心理師の役割

　心理支援をする上で，目の前の問題解決だけでなく，広く予防的視点をもって課題に関わっていくことも大事である。事態が深刻になる前に，予告や予防活動をすることは社会全体から見てもコストの点からも有効なはずである。
　こどもの虐待を例にとれば，まずはこども家庭庁で行われているように，死亡事例の分析から虐待に至った要因を抽出するなど，事実関係を把握する。その上で予防活動を考える。虐待の要因に若年妊娠の母や予期せぬ妊娠の悩みがあり，周囲からの孤立，子育て負担感などがあることがわかっており，一次予防として高校生など青少年層への実質的な人権教育・性教育が必要となる。また二次予防としては地域で妊娠中から出生後までを通じた孤立させない子育てサポートを行う。そして，さらなる予防はオレンジリボン運動のように広く世の中へのこども

虐待防止についての啓蒙活動を行うことであろう。

福祉施設で働く人のメンタルヘルスを守るには，一次予防としてみんなの心理教育やストレスチェックを行う。リスクのある人を早期発見し，二次予防として心理的ケアを行う。さらに職場にスムーズに復帰できるようリワーク支援も丁寧に行うことが大切である。

子育て支援や虐待防止，災害後のケアや自死予防，ひきこもり，DV相談など心理職が関わっている各種の電話相談は，匿名性もあり，予防的意義は大きいと考える（吉川・高塚，2015）。

公認心理師の制度が発足し，今まで比較的曖昧であった心理支援について，制度上もはっきり記述されることが増えたと思われる。どの分野でも，公認心理師が一人でできることは限られており，他職種との積極的な連携が必要となる。心理職の果たせる役割について，他職種に理解してもらえるようにコミュニケーションをとり，説明できることが大事である。

今後，社会のさまざまな制度や社会システムの構築について，公認心裡師は専門職として決定に関与し，職能としての意見を反映することができるよう，社会性や影響力を持つことが求められる。特に福祉分野では利用者のためにもそれが意義あることになってくるであろう。たゆまぬ研鑽が必要である。

◆学習チェック表
- ☐ 子育て支援がこども虐待の予防になる意味を理解した。
- ☐ 障害児の親への心理支援の意義について理解した。
- ☐ 児童養護施設における心理療法担当職員の役割を理解した。
- ☐ コミュニティ・ケアの必要性について理解した。
- ☐ さまざまな分野で予防的関わりが大切なことを理解した。

**より深めるための推薦図書**

糸賀一雄（2005）福祉の思想．NHK出版．
大久保真紀（2018）ルポ児童相談所．朝日新聞出版．
庄司順一・鈴木力・宮島清編（2011）子ども家庭支援とソーシャルワーク．福村出版．
村瀬嘉代子（2015）心理療法家の気づきと想像．金剛出版．
増沢高・青木紀久代（2012）社会的養護における生活臨床と心理臨床．福村出版．

**文　　献**

糸賀一雄（2005）福祉の思想．NHK出版．
片岡玲子（2018）現代社会に必要な子どもの遊び．保健の科学，60(5); 320-324．
片岡玲子（2011）児童の諸問題と福祉心理学的アプローチ．In：佐藤泰正・中山哲志・桐原宏行編：福祉心理学総説．田研出版，pp.65-82．

片岡玲子（2014）母子生活支援施設とDV被害者のケア．心と社会，156; 107-112.
吉川武彦・高塚雄介編（2015）電話相談活用のすすめ：心の危機と向き合う．遠見書房．
厚生労働省（2015）ホームページ「生活困窮者自立支援制度では次のような支援を行います」．
　　https://www.mhlw.go.jp/stf/seisakunitsuite/bunya/0000073432.html
厚生労働省（2017）社会的養育の推進に向けて（平成29年12月）．https://www.mhlw.go.jp/
　　file/06-Seisakujouhou-11900000-Koyoukintoujidoukateikyoku/0000187950.pdf
こども家庭庁支援局家庭福祉課（2024）児童養護施設入所児童等調査の概要（令和5年2月1
　　日現在）．
京極高宣（2014）糸賀一雄の思想と生涯．ミネルヴァ書房．
NHK取材班（2018）なぜ，わが子を棄てるのか．NHK出版．
農野寛治（2005）なぜ社会福祉が問題となるのか．In：山縣文治編：ソーシャルウェルビーイ
　　ング事始め．有斐閣，pp.2-13.
文部科学省（2016）不登校児童生徒への支援の在り方について（通知）．
財団法人医療経済研究機構（2003）家庭内における高齢者虐待に関する調査．
渋谷哲編（2016）低所得者への支援と生活保護制度．みらい．
東京臨床心理士会編（2013）子育て電話相談の実際．創元社．
内海新祐（2013）児童養護施設の心理臨床．日本評論社．
山縣文治（2005）社会福祉とは何か．In：山縣文治編：ソーシャルウェルビーイング事始め．有
　　斐閣，pp.iii-v, pp.15-32.

第1部 福祉対象者への心理支援の必要性とあり方

第3章

# 暴力被害者への心理支援

米田弘枝

> **Keywords** ドメスティック・バイオレンス，虐待，被害者支援，トラウマケア，暴力被害，心理教育，二次被害，二次受傷

　私たちの周りには，家庭内，学校，職場などで日常的に暴力はあふれている。世界に目を向けると，テロや宗教・民族紛争は後を絶たない。中でも，家庭内では，親からこどもへの児童虐待，こどもから親への暴力，夫婦間，兄弟間，高齢者への暴力などが，家庭という密室で，家族という特別な関係の間で起きるために，隠蔽され，持続する。学校でのいじめや体罰，職場での多様なハラスメントも，被害者が所属を望む集団の中で行われるため，逃れることが難しく表面化しにくい。内閣府（2005）は，「暴力とは，自己への従属を強いるために，あるいは感情のはけ口とするために用いられるなど，暴力を受ける相手の苦しみや屈辱を無視して行われるものであり，対等な関係の下では生じ得ず，力により他者を支配するための手段として意図的に選択されている」とし，藤岡（2008）は，「自分の欲求や感情を，相手の欲求や感情は無視してより強力なパワーを背景に，一方的に押し付ける行動」と述べている。暴力には，腕力や経済力，権限など，何らかの力を背景に相手を思い通りに支配しようとする構造がある。暴力がなぜ起きるか，どのように支援するかについて，夫婦間暴力から明らかにしていきたい。

## I　夫婦間暴力

　内閣府（2005）によると，「ドメスティック・バイオレンス（domestic violence；DV）」とは，「配偶者や恋人等の親密な関係にある，又はあった者から振るわれる暴力」という意味で使われることが多いが，家庭内の女児に対する性的虐待や児童虐待を含める場合もある。「配偶者からの暴力の防止及び被害者の保護に関する法律」（2001［平成13］年成立）は，前文で，「配偶者からの暴力は，犯罪となる行為をも含む重大な人権侵害であるにもかかわらず，被害者の救済が必ずしも

第 3 章 暴力被害者への心理支援

十分に行われてこなかった」とし,「経済的自立が困難な女性に暴力を加えることは,個人の尊厳を害し,男女平等の妨げになっているため,暴力に係る通報,相談,保護,自立支援等の体制を整備,配偶者からの暴力の防止および被害者の保護を図る」と記されている。暴力は,身体に対する暴力,またはこれに準ずる心身に有害な影響を及ぼす言動をいう。平成 25(2013)年の同法改正で,「配偶者からの暴力の防止及び被害者の保護等に関する法律」と名称を変更し(下線は筆者による),生活の本拠を共にする交際相手からの暴力とその被害者についても法の適用対象となった(IPV[注1])。既婚未婚,性別を問わず,親密なパートナーがお互いの人権を尊重した人間関係を築いていくことが求められる。

### 1. 統計的実態

内閣府が 2024(令和 6)年に発表した「男女間における暴力に関する調査」によると,一度でも暴力があった女性は 27.5%,男性は 22.0%。命の危険を感じた経験は女性 15.6%,男性 7.5%であった。これまでに配偶者から何らかの被害を受けたことのある人に,相手との関係をどうしたのかを聞いたところ,「相手と別れた」女性 20.1%,男性 9.8%,「別れたい(別れよう)と思ったが別れなかった」が女性 46.7%,男性 31.2%,「別れたい(別れよう)とは思わなかった」が女性 23.9%,男性 45.7%。別れなかった理由は,「こどもがいるから,こどものことを考えたから」が最も多く(女性 73.3%,男性 66.7%),次いで「経済的な不安があったから」が女性 61.5%,男性 7.4%であった。こどもへの心配の内容は「こどもを一人親にしたくなかった」「こどもにこれ以上余計な不安や心配をさせたくない」「養育しながら生活していく自信がなかった」ことがあげられている。

### 2. DV の構造(なぜ逃げないのか)

暴力を受けても,離別に至るまでには多くの課題を解決しなければならない。加害者は家族として助け合うはずの相手であり,こどもにとっては親である。自分だけの意思で決めることは難しい。また,家庭という密室で結婚の制度と重なると,力の強い方が判断の基準を作ることになりやすい。加害者は暴力を正当化し,被害者は自分が至らないためにこのような事態になっているのかもしれないと自信を失い,被害者であるにもかかわらず暴力の責任を引き受け,被害者と加

---

注1)IPV(intimate partner violence):親密なパートナーからの暴力。

害者が逆転する。自分に非があることを相談したり，支援を求めることは難しい。経済的不安や地域社会とのつながりの喪失など，失うものの大きさも計り知れない。「結婚した以上離婚はするべきでない」「妻は夫に従うべき」などの伝統的な価値観があると，できることなら壊すのではなく立て直したいと努力する。暴力の恐怖も避難を難しくする。

ダットンDuttonら（1995）は，「ストックホルム症候群[注2]」や「トラウマティック・ボンディング[注3]」と呼ばれる関係性を指摘する。

### 3．暴力による被害について

加茂（2006）は，DV被害者の身体的健康被害として，「慢性疼痛，消化器症状のほか，免疫の低下や，性病や性器の感染外傷」などを挙げている。さらに，「妊娠中のDV被害は，早産や胎児仮死，出産時低体重を引き起こすほか，精神健康被害として，PTSDは33〜84%，うつも37〜63%と高い率で診断されており，その他自殺傾向，不安障害，身体化障害，アルコールや薬物乱用も見られている」という。

① PTSD

繰り返される暴力の恐怖の場面が心の中に侵入し，その時と同じ場面にいるような気がする，悪夢を見る（侵入・再体験症状），考えないように忘れてしまう，感じないようにする（回避麻痺症状），神経が過敏になって戦闘モードになり，眠りにくく，寝てもすぐ目が覚める，イライラしやすい，集中力がなくなる（過覚醒）症状が繰り返される。

中でも麻痺症状は，DV被害をわかりにくくする。被害者は，苦しいとか悲しい顔をしていると思われがちであるが，逆に淡々として無表情で涙も出ない。重篤な被害者がむしろ快活に見えることもある。感情を麻痺させ，苦痛を忘れながらの生活で，現実認知は歪み，暴力は過小評価される。加害者から逃げられない背景として加害者による暴力の恐怖心があることも理解する必要がある。

注2）ストックホルム症候群：人質と加害者の間にできる奇妙な絆。危険な他者に対して何も抵抗できない無力な状態で，生と死の境にあるような状況に置かれた人が，危険を防ぐ手段として危険な加害者と自分を同一化するようになること。

注3）トラウマティック・ボンディング：一方が他方に対して権力を持ち，周期的な暴力が不確実に起きると，次回はよくなるだろうと期待し逆に加害者と強く結び付けられること。加害者からは離れられないとの前提で，否認や感情麻痺により，認知を歪めている場合もある。

②うつ

　理不尽な暴力にあうと，自分に非があってこのような事態に至ったという**機能不全思考**が生じ，罪責感をいだきやすい。人格を否定され，自信や自尊心，自己評価も低下，無力感，孤立感を抱く。

## 4．なぜ暴力は起きるのか——加害者研究

　加害者については，年齢，学歴，職種，年収に関係がないといわれる。人当たりが良く，社会的信用もあり，周囲の人からは「家で妻に対して暴力を振るっているとは想像できない」と思われている人もいる。家庭の中でのみ暴力を振るう場合，配偶者に対しては犯罪行為であっても許されるとして使い分け，選択していることになる。見えないところを殴る，直前で止めるなどは，意図的な嫌がらせ，虐待行為である。

　パートナーからの暴力に関する研究の先駆者ウォーカー Walker（1979）は，被害女性の面接から，加害者の暴力には3相あることをみいだし，暴力のサイクル理論を提唱した。第1相：緊張の高まりの時期，第2相：激しい虐待の時期，第3相：優しさと悔恨・愛情の時期，が繰り返されるという。その後，この研究では加害者による権力と支配の構造が見えてこないとし，1984年ミネソタ州ドゥルース市において，DV介入プロジェクトが組織され，被害女性たちの声をもとに，暴力を理解する理論的枠組みとして「パワーとコントロールの車輪」モデルが提唱された（Pence & Paymar, 1993）。これは，男性優位な社会制度が暴力の原因と考えるモデルである。しかし，ダットンら（1995）は，「大多数の男性は，結婚生活において暴力は振るわない。同じ文化にあっても暴力をふるう人とふるわない人がいる。また，女性から男性への暴力を説明できない」としてフェミニストモデルを批判，「30％は周期的に感情を爆発させる虐待者，40％は反社会的人格障害，30％は過剰にコントロールされたタイプである」として，パーソナリティ障害の視点を提唱した。中でも長期間，間歇的に親密な関係でのみ虐待を行う例の中核は，境界性人格障害でありこれはジェンダーを超えて見られるという。この背景には，成育家庭における虐待や愛着が大きく関係し，父親からの虐待や否定的評価，母親からの不適切な養育，および暴力を行使したことによって自己の統合感を得る学習効果が組み合わされると，虐待的パーソナリティが生み出されると論じた。ハーウエイ Harway ら（1999）は，「性差別などの巨視的社会のリスク，社会化のリスク（性役割の学習など），生物学的，心理学的，関係的，心理社会的リスク要因が複雑に作用しあっている」と，多変量モデルを提示，

ただし,「暴力のリスクのみならず,保護因子すなわち,個人の資質,個人的資源,知能の高さ,経済的地位,自己効力感,愛情深い両親など,逆境に直面した時に,個人的統合感,有能感を維持する能力を積極的に使えるかどうかが暴力に対するレジリエンスと関連する」と述べる。その他,広沢（2010）は,「愛情がない・冷たい人,家族を人間としてみていない,言うことがころころ変わる,真剣に話を聞かない,基本的に会話にならない,ともに何かをすることがない」などのアスペルガー障害の行動特徴を加害者の行動特徴としてあげている。

### 5．支援の方法

#### ①支援の制度

　DV法は,都道府県が設置する女性相談支援センターその他の適切な施設において当該各施設が「配偶者暴力相談支援センター」の機能を果たすように定めている。支援センターでは,相談,カウンセリング,緊急時の安全の確保と一時保護,自立生活促進のための情報提供,保護命令制度の情報提供などを行う。保護命令とは,地方裁判所が被害者の申し立てにより,加害者に対して発する命令で,「接近禁止命令」（令和5年法改正により,6カ月から1年間に伸長),被害者やその同居する未成年の子につきまとうことや,住居や職場等の近くをはいかいすることを禁止する）と「退去命令」（加害者に2カ月間住居からの退去などを命じるもの）と「電話等禁止命令」（接近禁止命令とあわせて面会の要求や無言電話などの禁止を命じるもの）がある。違反すると2年以下の懲役または200万円以下の罰金が科せられる。

#### ②心理的支援

　小西（2001）は,「DVから抜け出るためには,もともとの構造自体に問題があることを被害者は知る必要がある。暴力から逃れるために最初に必要なものは『情報』であり,話を理解してくれる人がいる,生きていく方法がある,このような被害者が自分一人ではないと知ることが最も大事なことである」と述べる。

心理的支援の具体的方法
1) DVに気づく：DVSI（ドメスティックバイオレンス簡易スクリーニング尺度）などを利用し,暴力の状況を客観的にとらえる機会を提供する。
2) 起きていることを伝える（心理教育）：心理教育とは,現在識者の間でおおむねコンセンサスを得られている情報の提供であり,その目的は,「症状を理解し,対処できるようにする」「ノーマライゼーション（症状は異常な事態に対

第3章 暴力被害者への心理支援

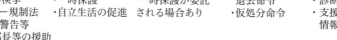

図1　安全な生活を確保するための支援の関係機関（内閣府，2016より）

する正常な反応と位置づける）」「機能不全思考の理解と対処（自責感や，羞恥心，自信喪失，不信感などの感情は，トラウマによって生じたものであることを理解し，一定の距離をとるようにする）」「症状回復への見通しを得る（時間とともに症状が軽快することを知ることで，自分の本来の機能の回復につとめられるようにすること）」である。前田ら（2012）は，心理教育について，特にPTSDなどのトラウマ反応を呈した当事者の治療やケアについて有効であるという。

- DVの心理教育：「DVは配偶者の暴力的支配による人権侵害であり，加害者は暴力を正当化し，力のあるものが判断の基準になり，妻が至らないためではない」というDVの構造を伝え，暴力によって発症している可能性のあるPTSD症状やうつに関する情報提供をおこなう。
- PTSDの心理教育：強いストレスにさらされると，侵入・再体験症状，回避・麻痺症状，過覚醒症状が生じること，しかしそれは，極限的状況における正常な反応であること（ノーマライゼーション），理不尽な暴力が起きると，自責，羞恥，自信喪失などの機能不全思考感情も起きることなど情報提供する。これらは単なる知識の伝達ではなく，自分の中で起きている人には言えないような変化をわかってくれる人がいる，理解したうえで，進むべき方向や見通しを提示してくれる専門家がいるという安心感にもつながる。

### ③安全確認と危険介入

本人の安全確認はもちろん,家庭内の暴力の目撃はこどもにとっては児童虐待である。こどものためにとの我慢は児童虐待の継続になる。支援者は,傾聴するだけでなく,虐待はあってはならないことを,積極的に伝える必要があり,児童虐待が疑われる場合には,通報義務を果たさなければならない。

### ④支援情報の提供

支援のための法律,相談機関,法的な手続き,経済的支援,一時的に避難する場所,保護命令などの情報を伝える。

### ⑤中・長期的支援

ハーマン Herman（1992）は,トラウマの回復過程について,第1段階の中心課題は「安全の確立」,第2段階の中心課題は「想起と服喪追悼」,第3段階の中心課題は「通常生活との再結合」であるという。中・長期的には,状況を改めて客観的に見直し,加害者の行動や変化の可能性を検討し,恐怖心を克服,被害者自身の価値観や考えと向き合うカウンセリングを行っていく。

## 6．支援の留意点

### ①二次被害の防止

二次被害とは,出来事自体よりも期待していた人びとに支えてもらえないこと,批判非難されることで,さらに傷つけられることをいう[注4]。女性の側に,家庭維持の責任感や信念があったとしても,暴力は振るう方に責任がある。逃げない被害者を責めるのではなく,女性が生きやすい社会ではないことを認識し,寄り添うことが大切である。**中立では支援にならない**。ハーマンは,このことを「道徳的連帯性」と述べている。

### ②代理受傷・二次受傷とメンタルヘルス

暴力体験は,支援者の精神的健康にも影響を及ぼす。さまざまな相談者の体験に遭遇すると,間接的に心理的な外傷体験を重ねる。これを代理受傷または二次

---

注4）二次被害：多くは被害者に責任を負わせるような言動や尊厳を傷つけるような言動,被害者の心理に配慮のない言動をいう。うわさやネット（SNS）やメディアによる被害もある。二次被害の言動の例；「あなたにも悪い所がある」「もっと大変な状況の人がいる」「嫌なことは早く忘れて」「もっと強くなれと励ます」「こうすべきです」等。

受傷という。
　また，無制限に私的な時間と労力を費やしたり，一人で問題を抱え込むこともある。支援には時間がかかり，力不足，無力感，疲労感を抱きやすく，今までのように楽しめない，怒りっぽくなるイライラしやすい。対人不信，人生観や価値観の変化が起き，バーンアウトすることもある。問題を一人で抱え込まない，仕事とプライベートな時間を区別する，趣味を持つ，気分転換する，休息をとる，同僚や上司に話を聞いてもらう，リラクセーションの活用など自身の健康管理は非常に重要である。小澤（2010）は，「心のケアとは，被害者が，傷ついた自分の心を主体的にケアできるように，他者がサポートすることであり，自らの回復力・自己治癒能力を最大限に引き出す『セルフケア』への支援である」と述べている。支援とは，情報を伝え，被害者本人が行動を選択していく過程に寄り添うことをいう。

## II　DVとこどもの虐待

　児童虐待防止法（児童虐待の防止等に関する法律）第2条では，「児童が同居する家庭における配偶者に対する暴力」は，虐待であると定義されている。DVを夫婦間の問題ととらえると，こどもの虐待がみえなくなる。厚生労働省「令和3年度福祉行政報告例の概況」によると，児童虐待の加害者は実母が47.5％であるが，その背景にある夫婦間暴力はみえない。DV＝児童虐待の視点が必要である。
　奥山ら（2004）は，児童虐待の定義として，「1．強者としての大人と，弱者としてのこどもという権力構造を背景とする。2．その行為が，こどもが心身共に安全で，健やかに育つ権利を侵害している」こととする。親の側がしつけや愛情だと言っても，こどもにとって心身を傷つけ成長や発達の妨げになっていたら，その行為は虐待である。
　犬塚（2012）は，

　「暴力の目撃は0歳時より子どもにとって強いトラウマ体験となる。父が子どもへ直接に暴言・暴力をふるう場合もある。DVによって不安定となった母親が養育を適切に行えない場合もある。神経発達が鋭敏な時に反復的にトラウマとなる体験に晒されると，神経生物学的障害や認知機能障害をきたす可能性が高い。母が適切に養育できない場合は，アタッチメント，情動調節，衝動コントロールのような基本となる心理発達の過程に影響し，否定的な自己イメージや共感性の乏しさなどの社会化の発達の遅れにつながることもある。安心で安全で適切な刺激のある豊かな環境と親子の良好な

関係の構築（アタッチメント形成）は脳の発達を促進して，知能を向上させ上記のトラウマ症状を改善する。子どもの年齢によっては心理教育，リラクセーション，楽しい活動も有効。専門治療として，認知行動療法，EMDR（Eye Movement Desensitization and Reprocessing；眼球運動による脱感作と再処理法），PCIT（Parent-Child Interaction Therapy；親子相互交流療法）などがある」

と述べている。

母親が，こどもと安心できる日常生活を一緒に楽しく過ごすということが回復の第一歩である。守られている，愛されている，大切にされているという気持ちが強くなると自信が持てるようになる。

## Ⅲ　その他の暴力

### 1．高齢者虐待

「高齢者虐待の防止，高齢者の擁護者に対する支援等に関する法律」は，高齢者に対する虐待が深刻な状況にあり，高齢者の尊厳の保持にとって，虐待の防止が極めて重要であることから平成17（2005）年に制定された。高齢者とは65歳以上の者で，高齢者虐待とは養護者によるものと，養介護施設従事者等によるものをわけ，虐待に該当する行為を①身体的虐待，②ネグレクト，③心理的虐待，④性的虐待，⑤経済的虐待に分類している。

厚生労働省による令和4年度「高齢者虐待の防止，高齢者の養護者に対する支援等に関する法律」に基づく対応状況等に関する調査結果によると，要介護施設従事者等よる虐待判断件数は，前年の15.8％増，養護者（高齢者の世話をしている家族，親族，同居人等）による虐待判断件数は1.5％の増加になっている。

虐待の発生要因として，従事者の場合，「教育・知識・介護技術等に関する問題」が56.1％で最も多く，次いで「職員のストレスや感情コントロールの問題」が23.0％，「虐待を助長する組織風土や職員間の関係の悪さ，管理体制等」が22.5％，「倫理観や理念の欠如」が17.9％，「人員不足や人員配置の問題及び関連する多忙さ」が11.6％であった（複数回答）。

養護者では，被虐待者の「認知症の症状」が56.6％，虐待者の「介護疲れ・介護ストレス」が54.2％，「理解力の不足や低下」が47.9％，「知識や情報の不足」が47.7％，「精神状態が安定していない」が47.0％であった。「介護保険サービス利用状況」と「虐待の程度（深刻度）」との関係 をみると，介護保険サービスを受けている場合では，虐待の「3（重度）」および「4（最重度）」の割合が相対

的に低く,「1（軽度）」の割合が高かった。被虐待高齢者からみた虐待者の続柄は,「息子」が39.0％で最も多く,次いで「夫」22.7％,「娘」19.3％であった。介護の心身への負担は大きく,個人の力だけでは対応困難であり,公的支援制度につながることが重要な課題である。

## 2．障害者虐待

　障害者基本法では,すべての国民が障害の有無にかかわらず,等しく基本的人権を享有するかけがえのない個人として尊重されるとの理念が記される。障害者とは,身体障害,知的障害,精神障害（発達障害を含む）その他の心身機能障害であって,障害および社会的障壁（事物,制度,慣行,観念その他一切のもの）により,継続的に日常生活または,社会生活に相当な制限を受ける状態にあるものと定義される。平成16（2004）年の改正で,障害者の差別の禁止が基本理念として明示され,平成23（2011）年の改正で「社会的障壁」の定義,および「合理的配慮」に係る規定が盛り込まれた。同年,「障害者虐待の防止,障害者の養護者に対する支援等に関する法律」も成立した。障害者に対する虐待が障害者の尊厳を害するものであり,虐待を禁止,予防,早期発見,養護者の負担軽減などの支援を定めている。障害虐待とは,養護者,障害者福祉施設従事者等,および使用者（障害者を雇用する事業主）による,身体的虐待・性的虐待・心理的虐待・ネグレクト・経済的財産の不当な処分をいう。発見者は市町村に通報しなければならない。同法に基づく2022（令和4）年度都道府県・市町村における障害者虐待事例への対応状況等（調査結果）によると,養護者からの虐待では,被虐待者の障害の種別は,「知的障害」が45％と最も多く,次いで「精神障害」が43％,「身体障害」が19％であった。2013（平成25）年には,「障害を理由とする差別の解消の推進に関する法律」（障害者差別解消法）が成立,障害を理由とした権利利益侵害の禁止と,社会的障壁除去に合理的配慮をしないことによる権利利益侵害の禁止が定められている。

　佐藤ら（2017）は,「偏見とは,十分な根拠のない,非好意的な感情や態度・行動が特徴であり,差別とは,あるカテゴリーの人びとに対して忌避,排除する行為をいう」と述べている。障害者に対する長年の差別と偏見の歴史は,社会からの暴力である。障害者を,一人ひとりの人間として理解し,障害のある人もない人も共に生活できる社会を築くことは国民全体の義務である。

### 3．犯罪被害

　犯罪被害者等基本法（平成16（2004）年）は，犯罪等により被害をこうむった者および，その家族または遺族のための施策を総合的かつ計画的に推進することによって，犯罪被害者等の権利利益の保護を図ることを目的としており，基本理念として犯罪被害者等は，個人の尊厳が重んぜられ，その尊厳にふさわしい処遇を保証される権利を有することなどが定められている。国，地方公共団体が講ずべき基本施策として，

1）相談および情報の提供。
2）損害賠償の請求についての援助。
3）給付金の支給に係る制度の充実。
4）保健医療サービス・福祉サービスの提供。
5）犯罪被害者等の二次被害防止，安全確保。
6）居住・雇用の安定。
7）刑事に関する手続きへの参加の機会を拡充するための制度の整備。

などが定められている。

①犯罪による被害

　小西（2006）は，「犯罪によって，被害者は心身両面に大きな被害を受ける。被害によって起きる障害だけでなく，警察の事情聴取，裁判での証言などの司法手続きやマスコミ対応など今まで全く無縁であった出来事に直面する。犯罪被害は他人によってもたらされた理不尽な出来事であり，被害者がこれまで持っていた世界観は破壊され，世界に対する安心感信頼感の喪失，自己認識の変化，自己非難，屈辱感，恥辱感，自信の喪失，不信，復讐，依存などの怒りや悲しみ，絶望感などの感情は被害者を圧倒し，コントロールできない感覚をもたらす。医療費，裁判費用，転居，休職などによる経済的負担も深刻である。周囲からの二次被害や孤立感などから社会生活全般の機能低下が起きる。

②心理的支援

　犯罪被害という出来事に対して，治療者が圧倒されることがある。治療者は自らの心理が影響を与えないように留意し，信頼関係を構築，人としての共感をもって接することが大切である。急性期の場合，1）安全の確立，2）その人が元来持つ資源（リソース）を生かす，3）ストレスに関連した反応を軽減する，4）

適応的な対処行動を引きだし育てる，5）自然な快復力を高める，6）役に立つ情報提供，7）他の支援機関の紹介，の7つのPFA（サイコロジカル・ファーストエイド）の原則を基本とする。二次被害を防ぎ，孤立を防ぎ，家族や社会の支援が受けられる状況をつくること，フラッシュバックや解離などの症状の正しい理解と対応を本人にも周囲にも知ってもらうこと（心理教育），安全な場所で，十分な休息を取り，日常生活を回復することなどが必要である。事件から少なくとも数ヵ月たった時点では，慢性化していると考え，積極的な介入が必要である。エビデンスに基づくPTSDの治療ガイドラインにおいて，最も推奨されているのは，認知行動療法である。なかでもTFCBT（Trauma-Focused CognitiveBehavioral Therapy；トラウマフォーカスト認知行動療法），PE療法（Prolonged Exposure Therapy；持続エクスポージャー療法），EMDRの効果も実証されている。ただし，トラウマ記憶への積極的介入は，高い専門性が要求されるので，訓練を受けて使用することが必要である。

◆学習チェック表
☐ 配偶者暴力相談支援センターの仕事が理解できた。
☐ 保護命令が理解できた。
☐ ストックホルム症候群が理解できた。
☐ 心理教育の意義と目的が理解できた。
☐ 二次被害の内容がわかった。

より深めるための推薦図書
　小西聖子（2001）ドメスティック・バイオレンス．白水社．
　金吉晴編（2006）心的トラウマの理解とケア 第2版．じほう．
　日本心理臨床学会監修（2010）危機への心理支援学．遠見書房．
※　他に，評価尺度として「日本語版DVSI ドメスティックバイオレンス簡易スクリーニング尺度」（千葉テストセンター），「GHQ精神健康調査票」（日本文化科学社），「IES-R：改訂出来事インパクト尺度」（日本トラウマティック・ストレス学会で無料公開されている）等がある

文　献
Dutton, D. G. & Golant, S. K.（1995）The Batterer: A Psychological Profile. Basic Books.（中村正訳（2001）なぜ夫は愛する妻を殴るのか．作品社．）
Dutton, D. G.（2007）The Abusive Personality. The Guilford Press A Division of Guilford Publications.（中村正監訳（2011）虐待的パーソナリティ．明石書店．）
藤岡淳子（2008）関係性における暴力．岩崎学術出版社．
藤岡淳子（2010）性暴力の理解と治療教育．誠信書房．
広沢正孝（2010）成人の高機能広汎性発達障害とアスペルガー症候群．医学書院．

犬塚峰子（2012）女性相談機関における女性と子どもの心理アセスメントとケアの標準化に関する調査研究．財団法人子ども未来財団．
Harway, M. & O'neil, J. M.（1999）What Causes Men's Violence Against Women?．Saga Publications.（鶴元春訳（2011）パートナー暴力．北大路書房．）
Herman, J. L.（1992）Trauma and Recovery. Basic Books．（中井久夫訳（2007）心的外傷と回復．みすず書房．）
加茂登志子（2006）心的トラウマの理解とケア 第2版．じほう．
小西聖子（2001）ドメスティック・バイオレンス．白水社．
小西聖子編（2008）犯罪被害者のメンタルヘルス．誠信書房．
厚生労働省：令和4年度「高齢者虐待の防止，高齢者の養護者に対する支援等に関する法律」に基づく対応状況等に関する調査結果．https://www.mhlw.go.jp/stf/houdou/0000196989_00025.html
厚生労働省：令和4年度都道府県・市区町村における障害者虐待事例への対応状況等（調査結果．https://www.mhlw.go.jp/content/12203000/001181409.pdf
前田正治・金吉晴編（2012）PTSDの伝え方．誠信書房．
内閣府男女平等参画局編（2005）配偶者からの暴力相談の手引き 改訂版．
内閣府男女共同参画局（2016）暴力被害者支援情報（安全な生活を確保するための支援の関係機関）．https://www.gender.go.jp/policy/no_violence/e-vaw/shien/index.html
内閣府男女平等参画局（2024）男女間における暴力に関する調査報告書．https://www.gender.go.jp/policy/no_violence/e-vaw/chousa/pdf/r05danjokan-gaiyo.pdf
奥山眞紀子・浅井春夫編（2004）子ども虐待防止マニュアル．ひとなる書房．
小澤康司（2010）心のケアとは．In：日本心理臨床学会監修：危機への心理支援学．遠見書房，p.15.
Pence, E. & Paymar, M.(1993)Education Groups for Men Who Batter the Duluth Model. Springer Publishing Company.（波田あい子監訳（2004）暴力男性の教育プログラム．誠信書房．）
佐藤久夫・小澤温（2017）障害者福祉の世界．有斐閣アルマ．
厚生労働省：令和3年度福祉行政報告例の概況．https://www.mhlw.go.jp/toukei/saikin/hw/gyousei/21/dl/kekka_gaiyo.pdf
Walker, L. E.（1979）The Batterd Woman. Harper & Row, Publishers.（斎藤学監訳（1997）バタードウーマン．金剛出版．）

第4章

# 高齢者への心理支援

加藤伸司

**Keywords** 生活課題，高齢者福祉関連法，地域包括ケアシステム，認知症基本法，認知症，中核症状，行動・心理症状，パーソンセンタードケア，認知機能検査

## I 高齢者の現状と生活課題

　日本の総人口は減り始めているが，高齢者人口が増え，こどもの数が減っているという少子高齢化の問題は深刻である。現在わが国の65歳以上の高齢者は総人口の25％を超えており，4人に1人が高齢者という時代になっている。また65歳以上の人のいる世帯は，1989（平成元）年約1,100万世帯であったのに対し，2023（令和5）年には，2,675万1,000世帯と増加しており，全世帯数の約半分は高齢者のいる世帯である。高齢者のいる世帯では，三世代同居はわずか7.0％であり，老夫婦世帯（32.0％）と，独り暮らしの高齢者（31.7％）をあわせると6割以上を占めている。つまり日本全体の5,445万世帯のうち2,695万世帯は高齢者がいる世帯であり，1,719万世帯は老夫婦か高齢者の独り暮らし世帯ということになる。

　もし老夫婦の生活や独り暮らしの生活であっても，経済的に不自由なく健康で生きていくことができればいいが，現実はそうではない。2022（令和4）年の国民生活基礎調査によると，2022（令和4）年の1世帯当たり平均所得金額は，全世帯で524万2,000円であるが，高齢者世帯では304万9,000円と低い。経済意識に関しても，経済的にゆとりがあると思う人は4.3％程度であり，「やや苦しい」（32.6％），「大変苦しい」（26.4％）であり，高齢者の6割近くは経済的な困難さを抱えながら生活している。

　また病気や怪我で自覚症状のある人（有訴者）は，60代で4割未満であるものの，80歳を超えると約半数となり，その内容も腰痛や肩こり，関節の痛みが上位であることから，慢性的な苦痛を伴っていることがわかる。さらに医療機関に通

院している人(通院者)は、60代でも半数を超えており、80代になると7割を超えるようになり、その原因は高血圧や糖尿病など生活習慣病が上位を占めているなど、経済的負担や精神的負担は大きいと言えるだろう。

　高齢者が社会参加しながら地域で豊かな生活を送ることは理想ではあるが、家族形態の変化によって老夫婦、あるいは独り暮らし高齢者が多い現状では、生活を維持すること自体が大きな課題である。高齢になってADL(日常生活動作：activities of daily living)が低下していくこと外出機会も減ることになり、閉じこもりがちになる。閉じこもりは廃用症候群(活動性の低下により筋力が衰える)を進めることになり、さらに社会との関係性が希薄になっていく。また高齢になると介護の問題は避けては通れない。介護が必要になった理由で最も多いのは「認知症」であり、次いで脳卒中などの「脳血管疾患」「骨折・転倒」の順となる。その他にも身体的な障害や内部障害、生活習慣病が原因で起こるさまざまな疾患等が原因で介護が必要になることが多い。在宅で介護する介護者は、在宅における介護は負担が非常に大きく、介護の重圧からうつ状態になることもあるだろう。特に高齢者夫婦同士による介護(老老介護)や、夫婦の両者が認知症である場合の夫婦間介護(認認介護)の問題は深刻である。さらに増え続ける高齢者虐待は、令和5年度に家庭内で17,100件、施設・事業所等で1,123件報告されており、深刻な社会問題となっている(社会福祉法人東北福祉会認知症介護研究・研修仙台センター、2024)。

## II　高齢者福祉関連の法律と制度

### 1．老人福祉法

　老人福祉法は、「老人の福祉に関する原理を明らかにするとともに、老人に対し、その心身の健康の保持および生活の安定のために必要な措置を講じ、もって老人の福祉を図る」ことを目的として作られた法律である(老人福祉法第1条)。
　老人福祉法で規定している「老人福祉施設」とは、デイサービスセンター、短期入所施設、養護老人ホーム、特別養護老人ホーム(介護老人福祉施設)、軽費老人ホーム、老人福祉センターおよび老人介護支援センターを指しており、「老人居宅生活支援事業」とは、老人居宅介護等事業、老人デイサービス事業および老人短期入所事業を指している。国や地方公共団体は、高齢者の福祉を増進する責務を有するとしており、老人福祉施設の監督・助成など、高齢者福祉の措置に関する具体的な施策を規定している。

第4章 高齢者への心理支援

　このように，老人福祉法は，高齢者が利用する施設や支援事業に対し，国や地方公共団体が，その補助を行ったり，指導監督を行うことなどが規定されており，高齢者の福祉に関する事柄を全般的に網羅する法律といえる。

## 2．介護保険法

　介護保険法は，介護保険に関する全般的な法律であり，介護が必要になった高齢者の生活を支える法律といえる。

　介護保険を受給できる人（被保険者）は，65歳以上の第1号被保険者と，40歳以上65歳未満の第2号被保険者である。第1号被保険者は，原因が何であれ介護が必要と認定されればそれに応じてこの制度を利用することができるが，40歳以上65歳未満の第2号被保険者が受給できるのは，筋萎縮性側索硬化症や，多系統萎縮症，初老期における認知症，糖尿病性腎症，脳血管疾患，パーキンソン病関連疾患，がん末期などの老化に関連する16の疾病（特定疾病）であり，交通事故等で要介護になってしまった場合には対象外となる。

## 3．高齢者虐待防止法（高齢虐待の防止，高齢者の養護者に対する支援等に関する法律）

　高齢者虐待防止法は，高齢者の虐待防止と早期発見・早期対応を主眼に，家庭内だけではなく，施設・事業所の従事者等による虐待も対象として，市町村を虐待防止の主たる担い手として位置づけている。高齢者虐待防止法では，虐待を「身体的虐待」「介護世話の放棄・放任（ネグレクト）」「心理的虐待」「性的虐待」「経済的虐待」の5類型とし，施設・事業所等における身体拘束禁止規定に反する身体拘束も虐待として扱われる。身体拘束禁止規定に反する身体拘束とは，「緊急性」「非代替性」「一時性」のという例外3原則に該当しない身体拘束のことを指す。

　家庭内や施設・事業所内で虐待を発見した場合，一般市民であっても通報の努力義務があり，緊急時の場合には通報義務が課せられるが，弁護士などの法律関係者，施設従事者などの医療・福祉関係者が発見した場合には，緊急時でなくても通報義務が課せられていることに注意しなければならない。また高齢者虐待防止法では，通報者が不利益を被らないように，通報による不利益扱いを禁止しており，さらに守秘義務の適用も除外されている。

　なお，高齢者虐待防止法は，障害者虐待防止法と同様に，虐待を行った家族等の養護者に対する支援も目的としており，心理的な支援が望まれる部分でもある。

## 4．地域包括ケアシステム

　厚生労働省は，今後ますます深刻となる高齢者問題に対して，団塊の世代が75歳以上となる2025年を目途に，重度な要介護状態となっても住み慣れた地域で自分らしい暮らしを人生の最後まで続けることができるよう，住まい・医療・介護・予防・生活支援が一体的に提供される地域包括ケアシステムの構築の実現を目指している。地域包括ケアシステムは，おおむね30分以内に必要なサービスが提供される日常生活圏域（中学校区）を単位として想定している。また今後，認知症高齢者の増加が見込まれることから，認知症高齢者の地域での生活を支えるためにも，地域包括ケアシステムの構築を重要視している。保険者である市町村では，2025年に向けて3年ごとの介護保険事業計画の策定・実施を通じて地域の自主性や主体性に基づき，地域の特性に応じた地域包括ケアシステムを構築していくこととなっている。

　地域包括ケアシステムは，「介護」，「医療」，「予防」という専門的なサービスと，その前提としての「住まい」と「生活支援・福祉サービス」が相互に関係し，この5つの構成要素が連携しながら在宅の生活を支えている。また厚生労働省では，各自治体における取り組み事例を全国で共有し，取り組みを推進することを目的に，全国の自治体から収集した先駆的な事例の中から，他の自治体の参考になると考えられる取り組み事例をモデル例としてとりまとめ，ネット上で公開している。

## 5．認知症基本法（共生社会の実現を推進するための認知症基本法）

　認知症基本法は，認知症の人を含めた国民一人ひとりがその個性と能力を十分に発揮し，相互に人格と個性を尊重しつつ支え合いながら共生する活力ある社会の実現を推進することを目的として，2024（令和5）年に施行された法律である。

　認知症基本法では，以下の7つの基本理念を掲げている。

①認知症の人が自らの意思で社会生活を営むことができること。
②国民が正しく認知症を理解すること。
③社会生活の障壁の除去と意思表明や社会活動への参画機会の確保。
④意向が十分に尊重されたサービスの提供。
⑤当事者と家族が安心して日常生活を営むことができるための支援。
⑥尊厳と希望をもって他の人々と支えあいながら共生できる社会環境の整備。

⑦教育や地域づくり，雇用などを含めた総合的な取り組みとして行われること。

またこれらを実現するための12の基本的施策と達成目標が示されており，5年を目途に基本的施策の見直しが検討されることとなっている。

## Ⅲ 高齢期の認知症

### 1．認知症の実態

認知症は65歳以上の人口の約12.3％に出現する病気であり，2024年の報告では推計で443万人の認知症の人がいるといわれている（二宮，2024）。また認知症は，加齢に伴って出現率が高くなることが知られており，85歳以上になると32.8％，90歳以上で50.3％が認知症になると考えられている。さらに認知症の問題は，高齢者だけの問題ではなく，65歳未満の人に発症する若年認知症といわれる人たちも3.57万人いるといわれている。認知症の人と，介護する家族をどう支援するかという問題は，医療や介護の問題だけではなく，多くの領域の人たちが協働で取り組まなければならない課題でもある。

### 2．認知症の診断と認知機能検査（認知症の診断基準）

認知症の診断基準として広く用いられているのは，アメリカ精神医学会の「精神障害の診断と統計マニュアル第5版」（DSM-5）である（APA, 2013；表1）。DSM-5では，これまで使用されていたDementiaという用語をNeurocognitive Disorders（神経認知障害）という名称に改めている。

#### 認知機能検査

認知症疾患医療センターなどの専門機関や専門医のいる医療機関などでは，認知症の診断に当たってさまざまな検査が行われる。その中には詳細な神経心理学的検査が行われることになるが，一般には改訂 長谷川式簡易知能評価（HDS-R）やMini-Mental State Examination（MMSE）などが用いられることが多い（図1）。

いずれの検査も30点満点であり，得点が低いほど認知機能の低下を示す。認知症の疑いとの鑑別点はHDS-Rが21／20点，MMSEが24／23点となっている。

第1部 福祉対象者への心理支援の必要性とあり方

表1 精神障害の診断と統計マニュアル第5版（DSM-5）の診断基準

> A．1つ以上の認知領域（複雑性注意，実行機能，学習および記憶，知覚－運動，社会的認知）において，以前の行為水準から有意な認知の低下があるという証拠が以下に基づいている。
> ①本人，本人をよく知る情報提供者，または臨床家による，有意な認知機能の低下があったという懸念，および
> ②標準化された神経心理学的検査によって，それがなければ定量化された臨床的評価によって記録された，実質的な認知行為の障害。
> B．毎日の活動において，認知欠損が自立を阻害する（すなわち，最低限，請求書を支払う，内服薬を管理するなどの，複雑な手段的日常生活動作に援助を必要とする）。
> C．その認知欠損は，せん妄の状況でのみ起こるものではない。
> D．その認知欠損は，他の精神疾患によってうまく説明されない（例：うつ病，統合失調症）。
>
> 出展：日本精神神経学会（日本語版用語監修），高橋三郎・大野裕（監訳）：DSM-5 ― 精神疾患の診断・統計マニュアル．p.594，医学書院，2014 より

図1 改訂 長谷川式簡易知能評価スケール（HDS-R；加藤ら，1991 より）

## 3．認知症の原因となる疾患

　認知症は，さまざまな原因で起こる疾患である。認知症には，認知症を引き起こす原因となる疾患があり，その原因となる疾患によって疾患名が決まってくる。認知症の原因となる疾患は多数あるが，代表的なものには，「アルツハイマー型認知症」，「血管性認知症」，「レビー小体型認知症」，「前頭側頭型認知症」などがある。

## 4．認知症の中核症状と支援のあり方

　認知症の中核症状は，脳の障害が原因で出現する症状で，認知症の人に共通してみられる症状である。一方周辺にある症状は，かつては問題行動と呼ばれていたが，近年では認知症の行動・心理症状（Behavioral and Psychological Symptoms of Dementia；BPSD）と呼ばれるようになった（International Psychogeriatric Association，2010）。行動・心理症状とは，「徘徊」や「妄想」「ケアへの抵抗」などの症状で，同じ疾患の人であっても出現の特徴はさまざまである。認知症の症状は，中核症状と行動・心理症状を合わせた形で出現することになる。

　認知症の原因となる疾患によって中核症状は異なるが，ここでは代表的な認知症であるアルツハイマー型認知症の中核症状について解説する。

①記憶障害

　もの忘れに代表される記憶障害はアルツハイマー型認知症のもっとも主要な症状であり，特に最近の出来事や直前の事を覚えていられなくなるのが特徴である。

　認知症のもの忘れは，もの忘れを責めるような対応は避けなければならない。このことは介護にあたる人と認知症の人の人間関係にまで影響を及ぼすことになる。同じことを尋ねてきたとしても，「だから」とか「先ほどもいったように」という言葉を使うのではなく，毎回同じように根気よく対応していくことが効果的であり，このやり方が介護にあたる人にとっても負担が少なく，認知症の人本人も傷つかずにすむ対応となる。ただし，このようなことが頻繁に起こるということは，認知症の人の不安の表れである場合もあるため，不安の解消を図るケアを行うことや，気分を変えて別の話題に持って行くようにすることも必要になってくる。

②見当識の障害

　見当識の障害とは，時間が分からないという時間の見当識障害のほかに，ここ

がどこだか分からなくなる場所の見当識障害，身近な人の見当がつかなくなる人物に対する見当識障害などがある。

　時間の見当識障害が起こった場合には，時間を分かりやすくする工夫として，大きな時計を見える場所におくこと，カレンダーの終わった日に×を書いておくこと，日めくりカレンダーを利用するなどの方法がある。またケアに当たる人が，「もうすぐ10時だからお茶にしましょう」というように，日常会話の中に時間の話題を入れていくことも効果的である。

　場所の見当識障害への対応としては，外を歩く場合には，信号を無視したり横断歩道以外で道を渡るなど危険な行動となることもあるため，十分な見守りが必要となる。家の中では，トイレ等の場所を理解しやすいように環境を整えていくことが大切である。本人は，ここがどこだか分からないという不安を抱くので，不安を解消するためのケアを行っていくことも大切である。

　人に対する見当識障害については，おちついて冷静に対応していくことが大切である。周囲の人が誰だか分からなくなって不安になっているのは，認知症の人自身であることを理解し，不安を取り除くように対処していくことが重要である。「私の名前は何？」というような認知症の人を試すような対応は，認知症の人のプライドを傷つけるやり方であり，何の効果もないばかりか，不安を増長させる非常に不適切な対応といえるだろう。

### ③思考力や判断力の障害

　思考力や判断力の障害が起こると，自分が何をしなければならないかが分からなくなり，目的に沿った行動ができなくなっていく。判断するときには，情報量が多い方がいいと思いがちだが，多くの情報は役に立つというよりも判断を妨げるじゃまなものとなる。このため，判断の材料を増やすのではなく，逆に判断の材料を減らしていった方が判断しやすくなる。認知症の人に対しては，「何にする？」というよりも，「AとBのどっちにする？」というように判断材料を減らし，選択してもらう方が有効である。

### ④実行機能障害

　実行機能の障害とは，作業の手順や段取りが分からなくなってくるために，運動機能の障害がないにもかかわらず，さまざまなことができなくなっていく症状である。たとえば，料理を作ることや，お茶を入れること，顔を洗ってタオルで拭くことなどは，計画を立てて実行する作業であり，順番を考えて行動するもの

である。しかしその手順や段取りが分からなくなるために一連の行動ができなくなる。そのため，タオルを渡して「顔を洗ってください」といっても，そのタオルでテーブルを拭き始めるかもしれない。また料理を作っていても順番が分からないため，途中で混乱してしまうことになる。しかし実行機能の障害がおこったからといって，何もできなくなっているわけではなく，一つひとつの行為は意外にできることが多い。そのため，一度に作業全体のことをいうのではなく，ひとつずつ伝えていくというような「言葉かけによるケア」が認知症の人にとっては有効となる。

## 5．行動・心理症状（BPSD）の理解と支援

### ①行動・心理症状の基本的考え方

　行動・心理症状は，「認知症の人に見られる知覚・思考内容・気分または行動の障害による症状」と定義されており，行動となって表れる「行動症状」と，その人の内面にある「心理症状」に分類される（International Psychogeriatric Association, 2010）。具体的な行動症状には，徘徊，攻撃性，不穏，焦燥，不適切な行動，多動，性的脱抑制などがあり，心理症状には，妄想，幻覚，抑うつ，不眠，不安，誤認，無気力，情緒不安定などがある。「もの忘れ」や「見当識の障害」などの中核症状は，アルツハイマー型認知症の人に共通してみられるが，「徘徊」や「妄想」，「攻撃的行為」などの行動・心理症状（BPSD）は全ての認知症の人に共通して見られる症状ではない。行動・心理症状は，中核症状が背景にあり，それに加えて身体不調などの身体的要因，不安感や焦燥感，ストレスなどの心理的要因，家族やケアスタッフ，周囲からの関わりなどの社会的要因，それに環境要因などが作用して出現すると考えられており，症状の現れ方は，中核症状よりも複雑である。つまり，認知機能障害が同じ程度の認知症の人であっても，不安感やストレスなどの心理的要因，身体の不調などの身体的要因，なじみのない居場所などの環境要因などの関与の違いによって，行動・心理症状の出現も違ってくることになる（図2）。

　つまり，認知症では，認知機能障害による思考や行動の混乱が起こるが，本人にとっては，帰ろうとする行為，盗られたという反応，拘束されることに対する反発など，目的に沿った行動であると理解しなければならない。

### ②行動・心理症状に対する支援

　行動・心理症状は，介護に当たる人にとってはストレスの大きな症状である。

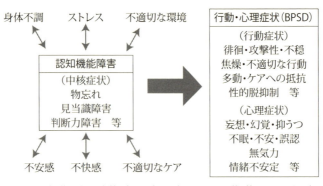

図2　行動・心理症状（BPSD）の出現の原因（加藤，2016より）

　これまでは，介護に当たる人の介護負担を減らすという視点で考えられてきたが，行動・心理症状で一番困っているのは認知症の人自身であることを理解すべきである。こう考えると，認知症の人の行動・心理症状に対して，これまでのように介護者の負担を減らすという視点ではなく，本人が苦痛を感じることなく生活していけるような対応が重要となる。またこれまでは，徘徊や妄想などといった症状を具体的にどう対処するかというやり方が一般的であった。たとえば徘徊は，これまで目的もなくうろうろ歩く行為としてとらえられてきたが，近年は本人なりの目的がある行動ととらえられるようになり，その目的に沿った対処法を考えるようになってきた。また，もの盗られ妄想の背景には，強い不安感が存在するといわれており，不安感の解消が行動・心理症状の予防や軽減が有効となる。このように，行動・心理症状に対しては，その症状だけに目を奪われず，原因に沿った対処を行うという考え方が大切である（加藤，2016）。

## 6．パーソンセンタードケア

　認知症支援の歴史のなかで，かつては認知症を治らない病気としてとらえ，診断とさまざまな行動に対する対処法を重視してきた時期があった。トム・キットウッド Tom Kitwood はこのような歴史を古い文化（Old culture）と呼んだ。これからのケアは，新しい文化（New culture）であり，疾病や症状を対象としたアプローチではなく，生活個体を対象にしたアプローチに重点を置くことにあり，このようなあり方をパーソンセンタードケアと呼んだ（Kitwood, 1997）。ここでは，当事者の人間性（Personfood）を重視し，その人の個性の尊重と，その人ができることを伸ばすこと，一人の人として周囲に受け入れられ，尊重されることに加えて，認知症の人が周囲から自分のことを受け入れられている，尊重されている

と認知症の人自らが思える気持ちのことの重要性を指摘している。近年認知症ケアの現場では，このような考え方が認知症ケアの理念として定着してきている。

## ■ Ⅳ　高齢者福祉領域における心理的支援の重要性

### 1．心理師に期待される役割と技能

　高齢者福祉領域では，社会福祉士や介護福祉士などの他に，医師や看護師，理学療法士，作業療法士，言語聴覚士などが多職種協働で支援にあたっている。高齢者やその家族を対象とした心理的支援が重要なのはいうまでもないが，高齢者領域に心理師が専門職として配置されているところがほとんどなかった現状において，心理的支援はこれまで他の職種の人たちが担われてきた。このような意味で，高齢者福祉領域で心理師に期待される役割は大きく，活躍できる場も広いといえるだろう。高齢者福祉領域で心理師が行うべき役割には，「在宅高齢者福祉における支援」「高齢者福祉施設における支援」「高齢者のケアにあたるスタッフへの支援」「地域住民に対する支援」などがある（加藤，2015, 2018）。

　高齢者領域で活動する心理師は，アセスメントや心理療法など心理学の知識や専門技能だけを身につけていればいいわけではなく，高齢期の体の変化や心の変化，高齢期に多く見られる疾患，薬などに対する医学的知識，公的なサービスやインフォーマルなサービスなどの知識，他の専門職たちの仕事の内容や技能など，幅広く理解している必要がある。これらのことを理解している心理師が，多職種協働のもとに高齢者福祉領域で心理的支援にあたることがさまざまな職種の人たちにとって有益なことであり，何より高齢者や家族の福祉に貢献することになる。

### 2．在宅高齢者に対する支援

①在宅高齢者に対する心理的支援

　在宅の高齢者を支援するサービスには，地域包括支援センターにおける相談やケアプラン作成，また訪問サービスや通所サービス，ショートステイなどがある。中でも地域包括支援センターは，地域の高齢者支援のかなめとなる。地域包括支援センターには，社会福祉士，保健師，介護支援専門員などが配置されており，相談業務も担っている。相談はセンターで行われることもあるが，電話相談や訪問面接もある。地域包括支援センターでは，サービス利用の提案やケアプラン作成だけではなく，利用者自身の悩みや相談に応じることも大きな役割である。この中でも家庭内の人間関係の問題や，自分自身の将来的な不安など心理的な悩み

が訴えられることもあり，心理師の活躍が期待される場でもある。

②在宅高齢者の家族に対する心理的支援

　在宅で生活する高齢者の半数以上は夫婦二人暮らしか一人暮らしの世帯であり，以前のような三世代同居は減っている。また高齢になって介護が必要になったとき，夫婦二人暮らしでは介護が必要になった人を高齢配偶者が一人でケアしているケースも増えてきている。介護家族は自分自身も高齢者であるために介護負担は大きく，さらに今後いつまで介護が続くのか，あるいはいつまで自分で介護していけるのかなど将来的な不安をかかえている人も多い。特に認知症介護では，家族の負担軽減だけではなく，家族に対する心理教育や心理的支援が求められる。さらに親の介護のために離職する介護家族は，経済基盤を失い，年金などの親の収入をあてにしながら介護を提供するというような共依存が起こっている場合もある。また近年増加してきている高齢者虐待の問題は年々深刻化しており，介護殺人など重篤な事態に至る場合もある。2006（平成18）年に制定された「高齢者に対する虐待の防止，高齢者の養護者に対する支援等に関する法律」では，高齢者の虐待防止だけではなく，家族の支援も法の目的として掲げているが，家族の心理的支援に関しては十分とはいえないのが現状である。家庭内における虐待では，独身の息子による虐待が最も多く，次いで多いのは夫による虐待である（社会福祉法人東北福祉会認知症介護研究・研修仙台センター，2024）。虐待を受ける人の特徴は，高齢で認知症の症状がある女性が多いことも分かっている。したがって，虐待の問題は認知症の問題と切り離して考えることはできない。現在在宅で認知症を抱える家族に対する主な相談先には，「認知症の人と家族の会」があり，認知症介護の経験者が相談に応じている場合が多いが，家族自身の不安や悩み等に対しては，心理師によるより専門的な相談援助が望まれる。

## 3．高齢者福祉施設における高齢者支援

　高齢者福祉施設の利用者に対する心理的支援の主なものとしては，相談援助や心理療法的アプローチ，アセスメントの役割などがある。

①相談援助

　これまで福祉施設における相談援助は，生活相談員が担ってきている。現在相談員に特別な資格は求められていないが，多くは社会福祉士など福祉系の資格を持った人たちや介護支援専門員などが担ってきた。しかし，相談援助は心理的な

アプローチが必要な場合も多く，心理師の活躍が期待される部分でもある。このためには，当然カウンセリングの技術が求められるが，クライアントが高齢者であるという意味において，技術だけではなく，基本的な態度も身につけることが大切である。また，一般的なカウンセリングとは違い，定期的に時間を決めて面接室で行うということは現実的ではなく，多くの場合はベッドサイドの面接ということになる。利用者は，家族との軋轢などで孤独を感じている人や，他の利用者やスタッフとうまく関われない人なども多く，本人の希望によるカウンセリングというよりも，スタッフからの依頼によることが一般的である。ケアスタッフは，長い時間をその人一人のために割くことが難しいため，心理師が1対1でクライアントに関わる時間を設けることの意義は大きい。またクライアントが認知症の人である場合には，カウンセリングというよりも，個人回想法の形になることも多い。さらに高齢者福祉施設では，終末期の看取りを行うこともあり，人生の最期を迎える人に対するカウンセリングも重要な役割の一つである。

②心理療法的アプローチ

高齢者福祉施設では，集団で行うレクリエーションなどの他に，心理師が行う心理療法的アプローチが期待される。心理療法的アプローチでは，回想法やリアリティ・オリエンテーション（RO）などを行うのが一般的である。またこれらのアプローチを心理師が心理療法として行うのではなく，ケアスタッフなどがアクティビティ・プログラムとして行う場合には，ケアスタッフに対する教育や指導が求められることになる。

③心理アセスメント

高齢者に対するアセスメントとして最も多く求められるのは，認知機能のアセスメントである。しかし，ウェクスラー式成人知能検査（WAIS）などの詳細なアセスメントは，高齢者に大きな負担を与えるために現実的ではなく，より簡便なアセスメントが用いられることが多い。実際には，改訂長谷川式簡易知能評価スケール（HDS-R），Mini-Mental State Examination（MMSE），N式精神機能検査など簡便なものが利用される。病院臨床においては，認知症の鑑別診断の補助や認知機能障害の程度のアセスメントを行うことが多いが，高齢者福祉領域では，よりケアに役立つアセスメントとして用いられるべきである。したがって，アセスメント結果のレポートは，認知機能の低下が日常生活のどのような部分に影響を与えるのかなど，ケアスタッフに分かりやすい表現でまとめる技術が求められる。

④家族支援

　高齢者福祉施設を利用する家族は，利用するに至るまでにさまざまな問題を抱えていることも多く，家族間の関係性がこじれている場合や，施設入居を選択してしまったことによる罪悪感を持っている家族もいるなどさまざまである。福祉施設では，ケアスタッフが日頃の生活の様子などを家族に伝えることもあるが，そのための時間を割いて家族と面接をすることは難しい。特に関係性がこじれている家族は，面会頻度が低く，施設を訪れても自分から面接を求めてくることはほとんどないといってもいい。そのような家族に対してできる支援は限られてくるが，家族の関係性の修復に対する介入も心理師ならではの役割といえるだろう。また施設入居という選択に罪悪感を持っている家族に対しては，その罪悪感の軽減に向けたアプローチが必要になってくる。

### 4. 高齢者のケアにあたるスタッフへの支援

①スタッフへのメンタルヘルスケア

　厚生労働省は，「労働者の心の健康の保持増進のための指針」に基づき，職場におけるメンタルヘルス対策を推進しており，高齢者福祉領域でもスタッフへのメンタルヘルスケアの重要性は増しているといえるだろう。メンタルヘルスケアは，中長期的視点に立って，計画的に継続的に行われることが重要であり，組織的な取り組みとしては，スタッフを対象としたメンタルヘルス研修などがあげられる。研修では，スタッフ自身のストレス解消法やストレスマネージメント，セルフケアの重要性，精神疾患の知識などいくつかのテーマを設定して，定期的に行っていくことが効果的であり，対象を新人職員や中堅職員，職種別などのように分けて行うことも可能である。これらの取り組みにより，スタッフ一人ひとりのメンタルヘルスに関する問題意識を高めることや，精神的な問題が起こることに対する予防効果が期待される。

②スタッフへの相談援助

　スタッフに対するカウンセリングは，心理師にとって重要な仕事のひとつである。カウンセリングは，基本的には個人の希望により行われるのが原則であり，通常のカウンセリングと同様に，面接場所や面接時間，カウンセリングのゴールなどに関する契約によって行われることになる。一方心理師が法人など大きな組織で雇用されている場合，事業所からの依頼によって行われることもある。この場合，課題になるのは職場内トラブルや，スタッフの自身の職務上の悩み，薬物

依存，アルコール依存の疑いなどさまざまである。相談の内容は，職場内の人間関係のトラブルや利用者とのトラブルというような職場内の問題だけではなく，家庭内の心理的葛藤や，友人関係，恋愛問題など多岐にわたるため，心理師に求められる技術は幅広いものとなる。さらにケアスタッフの場合，誤薬事故や介護事故が起こることもあり，スタッフに対する精神面でのケアが必要となる。このようなときには，スタッフのストレス評価や心理学的アセスメントなどが必要になることもあり，それがきっかけで継続的なカウンセリングにつながることもある。さらにスタッフ自身の精神的な問題や精神疾患などによって，休職や退職に至る場合もあるが，特に休職に関しては，面接を行ってスタッフが安心して休めるような支援や，復職時の支援などの仕事も必要になってくる。このような支援は，ケアチームで行うことも可能ではあるが，ケアスタッフとある程度距離のとれる心理師だからこそ効果的な場合が多い。

### 5．地域住民に対する支援

#### ①地域住民に対する啓発活動

少子高齢化が進んだわが国では，高齢化は地方に限ったことではなく，都市部のベッドタウンでも深刻になってきている。かつてニュータウンといわれた地域は，現在では高齢者世帯の多い地域となっており，地域住民の多くは高齢者夫婦世帯，あるいは一人暮らしの世帯となってきている。高齢者は，家庭内の人間関係の問題や，経済的不安，健康不安，認知症に対する不安などを抱えている人たちも多く，このような状況の中で，認知症やメンタルヘルスに関する地域住民向けの啓発活動が重要になってくる。近年では，社会福祉協議会や地域の公民館，地域包括支援センターなどが主催する介護講座や認知症講座，心の健康講座などが開催されることもあり，このような啓発活動も心理師の活躍が期待される部分でもある。

#### ②地域高齢者や家族への支援

高齢者福祉に関して，地域の人が相談できる場としては，行政機関の相談窓口，保健所，地域包括支援センターなどがある。一方インフォーマルな集いの場として，地域の高齢者たちが集うことができるサロンや，介護している家族同士が話し合う集い，もの忘れが気になる人たちが集まるサロンやカフェなどもある。このような活動に心理師が介入することにより，さまざまな課題をいち早く発見でき，医療や介護サービスにつなげることができるかもしれない。そのことにより，

高齢者の自殺の問題や，介護者のうつ状態の問題，高齢者夫婦の無理心中事件など，重篤な結果に至る前に支援できる可能性も広がっていくだろう．

◆学習チェック表
□ 高齢者の生活課題を理解した．
□ 高齢者関連法や制度について理解した．
□ 認知症の原因疾患と症状を理解した．
□ 認知機能検査について理解した．
□ 公認心理師が高齢者福祉において期待される役割を理解した．

より深めるための推薦図書

日本心理学会監修，長田久雄・箱田裕司編（2016）超高齢社会を生きる―老いに寄り添う心理学．誠信書房．
加藤伸司（2016）認知症になるとなぜ「不可解な行動」をとるのか．河出書房新社．
大塚俊男・本間昭監修（2011）高齢者のための知的機能検査の手引き．ワールドプランニング．

文　献

American Psychiatric Association (2013) DSM-5.（高橋三郎・大野裕監訳（2014) DSM-5：精神障害の診断と統計マニュアル第5版．医学書院，pp.583-584.）
Folstein, M.F., Folstein, S.E., McHugh, P.R. (1975) "Mini-Mental State"A practical method for grading the cognitive state of patients for clinician. Journal of Psychiatric Research, 12; 189-198.
International Psychogeriatric Association (2010) Behavioral and Psychological Symptoms of Dementia Educational Pack 2nd Edition. Gardner-Caldwell Communications.（日本老年精神医学会訳（2013）認知症の行動と心理症状（BPSD）．アルタ出版．）
加藤伸司・下垣光・小野寺敦志・植田宏樹ほか（1991）改訂 長谷川式簡易知能評価スケール（HDS-R）の作成．老年精神医学雑誌，2; 1339-1347.
加藤伸司（2015）高齢者福祉の専門技能．臨床心理学，15(5); 620-624.
加藤伸司（2016）認知症の人の視点から考えるBPSD．老年精神医学雑誌，27; 157-163.
加藤伸司（2018）公認心理師のための職場地図（地域包括支援センター）．臨床心理学，18(4); 453-454.
Kitwood, K. (1997) Dementia Reconsidered the Person Comes First. Open University Press.（高橋誠一訳（2005）認知症のパーソンセンタードケア―新しいケアの文化へ．筒井書房．）
森悦朗・三谷洋子・山鳥重（1985）神経疾患患者における日本版Mini-Mentarl Stateテストの有用性．神経心理学，1; 82-90.
二宮利治（2024）令和5年度老人保健事業推進費補助金（老人保健健康推進事業）「認知症及び軽度認知障害の有病率調査並びに将来推計に関する研究」．
社会福祉法人東北福祉会認知症介護研究・研修仙台センター（2024）高齢者虐待の要因分析及び高齢者虐待防止に資する地方公共団体の体制整備の促進に関する調査研究事業報告書．

# 第5章 障害・疾病のある人への心理支援

白石雅一

> **Keywords** 乳幼児健診，発達障害，自閉スペクトラム症（ASD），ファミリーマップ，発達障害者支援センター，障害者総合支援法，ペアレント・プログラム，児童発達支援，親子関係の調整，アウトリーチ

## I 障害・疾病のある人への福祉的支援と心理支援の必要性

### 1．障害・疾病のある人への福祉的支援について

　障害・疾病のある人への福祉的な支援の概要や流れ，その法的根拠について簡単に押さえておく。

　障害・疾病のある人への支援のはじまりは，何と言っても「早期発見」にある。この分野に関して，我が国には世界に誇る「乳幼児健診」制度がある。

　乳幼児健診は，母子保健法により，1歳6カ月児と3歳児に対して，母子健康センター等で実施されている。その他，自治体の判断で3～6カ月児健診や9～11カ月児健診，5歳児健診，歯科健診等が行われている。これらは，保護者に周知徹底されていて，受診率も極めて高い。したがって，障害・疾病の早期発見に関する中心的な役割を果たしていると言える。

　ただし，発達障害への対応は遅れているので，M-CHAT（乳幼児期自閉症チェックリスト）やPARS-TR（親面接式自閉スペクトラム症評定尺度 改訂版）等のアセスメントツールの導入と推進が課題となっている。

　上述の母子保健法は，2016（平成28）年に改正され，母子健康センターを「子育て世代包括支援センター」に改称（法律名は「母子健康包括支援センター」）し，ソーシャルワーク機能を付加する等，子育て世代の支援を強化しているところである。

　さて，この健診で何らかの障害や疾病が発見された場合,「障害児通所支援」につながっていく。これは，児童発達支援，医療型児童発達支援，放課後等デイサービス，保育所等訪問支援，居宅訪問型児童発達障害支援の5種類の事業の総称

で，児童福祉法による。このうち前二者における児童発達支援センターと医療型児童発達支援センターで「早期の発達支援」が通所で受けられる（なおこの両者は，2024年4月の改正児童福祉法の施行により，基準も報酬も一元化された。また「発達支援」については，後述する）。

それらとともに，各地で活動が続けられている「親の会」やNPO法人等による支援活動にも注目したい。これらの団体が相談やセルフヘルプ等の窓口となって，多くの若い保護者とこどもを支えている。発達障害の関連では，全国の関係団体が協力して，一般社団法人 日本発達障害ネットワーク（JDDネット）を立ち上げて，当事者や保護者の福祉に資する社会活動を展開している。

その後の就学期には，市町村の教育委員会による就学時健診や就学相談が実施されて，障害等の発見やその相談を経て，就学先としての通常学級，特別支援学級，特別支援学校が選択肢にあげられることになる。

なお，インクルーシブ教育の周知や障害者差別解消法の制定（2013［平成25］年）が進められるなか，障害や疾病のあるこどもの進路選択のあり方も見直されてきた。それを文部科学省は「障害のある子どもは特別支援学校に原則就学するという従来の就学先決定の仕組みを改め，障害の状態，本人の教育的ニーズ，本人・保護者の意見，教育学，医学，心理学等専門的見地からの意見，学校や地域の状況等を踏まえた総合的な観点から就学先を決定する仕組みとすることが適当である」（2013［平成25］年，学校教育法施行令の一部改正について〈通知〉）と表明して，柔軟な対応を呼びかけている。

また，特別支援教育の普及に伴って，小中学校に加え高等学校や幼稚園においても特別支援教育コーディネーターの配置が進められるとともに，通級指導教室の設置や利用も増えてきて，学校環境が整備された。

ところで，障害のある人への居宅介護や生活介護，自立訓練や就労移行支援，就労継続支援，相談支援や移動支援等々の各種福祉サービスは，障害者総合支援法による。この法律の対象は，身体障害，知的障害，精神障害，発達障害であったが，2013（平成25）年から難病も対象に加えられた。その後，2016（平成28）年の法改定（2018［平成30］年施行）では，対象の難病の数が359に拡大されるとともに，人工呼吸器の使用やたんの吸引，経管栄養等の医療的ケアが日常的に必要な児童を指す「医療的ケア児」も新たに対象となった。この医療的ケア児については，2021（令和3）年6月に「医療的ケア児及びその家族に対する支援に関する法律（医療的ケア児支援法）」が成立し，同年9月に施行された。翌年からは，医療的ケア児支援センターの運用も始まっている。なお，2024（令和6）

年施行の改正障害者総合支援法では，指定難病数が369に拡大された。

そして，障害のある人の雇用に関しては，法定雇用率も法改正ごとに引き上げられて，2024年4月からは，民間の事業主2.5％，国・地方公共団体および特殊法人2.7％，都道府県等の教育委員会2.6％に設定された。これは，福祉的就労から一般就労への移行が強く求められているからである。当然，企業における障害のある人に対する差別の禁止，合理的配慮の提供義務が推進されることになる。これらにより，障害に配慮した就労相談や継続支援のための相談等のニーズが増していく。

### 2．障害・疾病のある人への心理支援の必要性とあり方

障害・疾病のある人への心理支援は，その障害や疾病が持続することが多く，長期にわたったり，一生涯必要とされたりすることも少なくない。幼児期に症状が顕在化する先天的な障害でもある発達障害は，その代表例である。そのことから，発達障害者支援法では「切れ目のない支援」の必要性が強く説かれている。

発達障害について言えば，障害の特性ゆえに，うつ状態や不登校，ひきこもり，非行等の二次障害の問題が懸念されている。

さらに，保護者もうつ状態に陥りやすいこと（野邑・辻井，2006）や，こども虐待に手を染めかねないリスクを負うこと（杉山，2011）もわかってきた。そして，社会の側に存在する無理解や偏見，差別という厚いバリアもある。

現在，発達障害のある人への支援は，本人支援のみならず，家族支援や地域支援も同時並行で行うことが必須となった。

したがって，ひとりの心理師ではそれら全てに対応することは難しい。だからこそ，社会福祉の分野が築いてきた「つなげる」ことと「連携する」こと，そして「訪問する」という機動的な諸技術を参考にしてもらいたい。それが福祉心理学的な支援の一つの方向であると考えている。

本章では，発達障害の自閉スペクトラム症（ASD）を中心に具体的な心理支援を紹介する。

## II　事例から見る福祉心理学の実践

### 1．事例の概要とファミリーマップ

《事例紹介に先立ち，ここに示す事例は個人情報保護に配慮し，多くの脚色を加えて個人ならびに関係者が特定できないようにしてあることを断っておく》

第1部　福祉対象者への心理支援の必要性とあり方

　公認心理師のAさんは，ある小学校にスクールカウンセラーとして派遣されていた。彼女の相談室には最近，太郎君（仮名）という3年生の男児が頻繁に訪れるようになっていた。太郎君は学校への行き渋りが目立ってきて，心配した担任の先生が太郎君の背中を押して，相談室に送っていたのだ。

　担任の先生はAさんに「太郎君は話せるのに教室ではまったくおしゃべりはしません。そのために友だちもほとんどいません。ただ，彼は偏食が強くて食べられる給食メニューが限られますから，手つかずの給食を目当てに，その時間だけは男子児童が彼を取り囲んでいます。また，勉強も好きな科目はないようです。授業中は，ノートを取ることもなく，ずっとのりやボンドを手に塗りたくって独り遊びをして過ごしています。私が注意をしたり，止めさせたりするとパニックになるので，もう，放ってあります」と説明をして「太郎君の行き渋りの原因があったら，聞き出して下さい」と要望したのである。

　太郎君は，相談室でAさんが提供したおもちゃの電車やブロックで遊びながら，徐々に家庭の状況や自分のことについて語るようになっていった。それによると，「お父さんは家の中で怒ってばかりで，よくボクを叱るので怖い」こと，「お母さんは，お父さんと一緒にいると泣いてばかりいるし，休みの日は寝てばかりいる」とのこと，「ボクはそんな家にいたくもないし，勉強が嫌いだから学校も好きじゃない」ということであった。Aさんは，太郎君が少しずつ心を開いてきてくれたことを実感しながらも，初夏を迎えても彼の服装が冬服で変わりなく，毛玉やほつれも目立つことが気になっていた。

　担任の先生に確認すると，太郎君の両親は共働きで，父親が公務員，母親が団体の非常勤職員ということであって，「こどもの服が買えないような経済状況ではない，と思う」と先生は説明した。

　Aさんは，この担任の先生を仲介に両親との面談を提案した。折しも母親が努めるPTAの役員会が直近にあった関係で，速やかに4者面談が開催された。

　面談の席で父親は「学校にはイヤでも行け！　勉強が嫌いでわからなくても椅子に座っていろ！　立ち歩くな！　と命じている」と言い，「だから，うちの子は誰にも迷惑はかけていないでしょう！」と息巻いた。それに対して母親は，常にうつむいて，父親の言動に怯える様子で黙っていた。それでも父親から「お前がちゃんと太郎の世話をしないから，勉強にも集団にも遅れて学校に行き渋るんだろうが！」と非難されると，母親は「だからこうしてPTAの役員を引き受けて，先生方や保護者たちの印象を良くしているんじゃないの！」と涙目で反論した。

　以上の情報をもとにAさんは，図1のように太郎君のファミリーマップを作成

第5章　障害・疾病のある人への心理支援

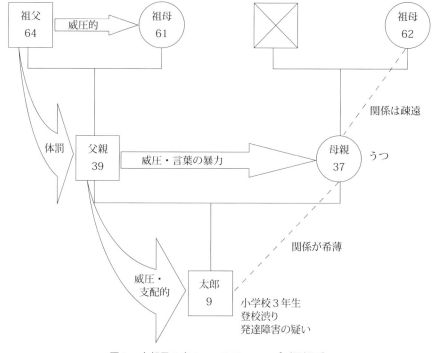

図1　太郎君の家のファミリーマップ（関係図）

して，問題の把握に努めたのである。

## 2．親カウンセリングで見えてきたことと支援計画メニュー

　その後，太郎君の行き渋りは日に日に増して，「教室には入らない！」という主張も強くなって，保健室登校に切り替わった。時を同じくして，太郎君が放課後に利用している学童保育（児童館）では，太郎君のパニックが頻繁に起きるので両親に苦情が寄せられていた。

　このような状況の変化に対応すべく，Aさんは父親と母親に別々の日程で面談を設定した。この夫婦の場合，父親の威圧と母親の怯えが目についたことによる。

　個別の面談で父親は，Aさんに「自分も小学生の頃は友だちも少なく，勉強も苦手だった。それでも自分の父親（太郎君の祖父）に叩かれながらも，学校を休まなかったことで，特別支援学級とか特別支援学校のお世話にならずに済んだ」と生い立ちを語り，「太郎を障害者にしたくないんです！　何が何でも普通学級で学ばせたいんです！」という願望を吐露した。

73

Aさんは,「お父さんはご自分が頑張り通したように,太郎君にも生きて欲しいんですね」と父親の気持ちを受け止めた。そして,「太郎君のことを心配されているんですね」と言うと父親も大きくうなずいたので「だから,心配をこれ以上大きくしないためにも,専門家の意見等を聞いて見ませんか？」と提案した。父親は,肩の力を抜いて「そうですね」と同意した。

　別の日,母親は「私はもうダメです……」と冒頭から泣き始め,「夫からの言葉の暴力や家事,育児に疲れ果てました。正直,太郎は不思議な子で,親にもなつきません。だから,どう向き合って,どう関わっていいものかもわからないので,夜も眠れません。でも仕事の疲れもあって,休みの日はずっと布団を被って寝ている状況です。そのうえに,毎朝学校に行き渋るので学校まで送り届け,児童館では問題ばかり起こすので,私が仕事を切り上げてお迎えに行かねばなりません。もう,地獄です！」と吐き捨てて,ついには号泣したのである。

　Aさんは,母親の苦労を認め苦痛に共感しながら,「本当によくやってこられましたね」と告げた。そして,「頑張り過ぎて目が回っちゃいましたね。ちょっと,一息つきませんか」と切り出した。母親が「どうやって？」という表情を見せたので,Aさんは「まず,お母さんの気持ちが楽になる集まりに参加してみましょう」と提案した。母親は「心理師さんがお勧めなら」と言って即刻同意された。

　さて,Aさんが立案した父親,母親,太郎君,そして学校に対する支援計画のメニューは,表1の通りである。

## 3．発達障害者支援センターとペアレント・プログラム

　現在,小中学校において「学習面又は行動面で著しい困難を示す児童生徒」,すなわち「特別な支援を必要とする発達障害の可能性がある子ども」は,8.8％にのぼり,12人に1人の割合で在籍すると言われている（文部科学省,2022）。つまり,1クラスに3名は「発達障害の可能性がある子ども」が在籍している状況で

表1　支援計画

| 対　象 | 支援内容とおおまかな流れ |
|---|---|
| 父　親 | カウンセリング,ペアレント・プログラム,家族支援（親子関係調整）,諸制度のガイダンス |
| 母　親 | カウンセリング,ペアレント・プログラム,家族支援（親子関係調整）,諸制度のガイダンス |
| 太　郎 | カウンセリング,発達支援,児相へつなぐ,心理検査,障害認定,手帳取得 |
| 学　校 | アウトリーチ（訪問3回）,検査の分析,障害理解の研修,合理的配慮の推進 |

ある。

　当然ながらAさんもスクールカウンセラーとして多くの発達障害のある児童と接し，支援を続けてきた。そのことから，Aさんはとある県下の発達障害者支援センターとの連携を深めてきた。

　発達障害者支援センターとは，発達障害者支援法に基づく専門機関で，本人や当事者グループ，家族に対する相談支援，相談事業所や支援者のためのコンサルテーション，研修，地域社会への啓蒙活動等を行っている。なかでも家族支援のニーズが増していることから，ペアレント・プログラムを導入し普及に努めている発達障害者支援センターが増えている。

　ちなみに，上記の発達障害者支援法では，発達障害を自閉スペクトラム症，限局性学習障害，注意欠如多動症等と定めている。

　幸いにもAさんが連携している発達障害者支援センターでは，公認心理師のB氏が中心となって，積極的にペアレント・プログラムを導入し実践してきた。そのこともあって，Aさんは，太郎君の両親にペアレント・プログラムへの参加を提案し，「参加したい」という返事をもらっていたのである。

　このペアレント・プログラムは，発達障害等のあるこどもの保護者に対して集団で行われるペアレント・トレーニングの基礎編であり，応用行動分析（ABA）と認知行動療法（CBT）の理論と方法に依る。内容は「行動を中心に考えること」「誉め上手になること」「保護者同士が仲間になること」の習得を目指すシンプルで分かりやすい構成（6回連続の演習形式）となっている。アスペ・エルデの会（2015）や辻井（2017），浜田ら（2018）の研究によれば，保護者の抱えるうつ状態がこのペアレント・プログラムによって改善されることも証明されている。

　ところで，太郎君の場合，障害については未診断の状態であった。しかし，Aさんはこれまでの関わりから，太郎君には社会的コミュニケーションの困難さと，こだわり行動（例えば偏食）があることを把握していた。それは，自閉スペクトラム症（ASD）の診断基準（DSM-5-TR）とも合致するので，専門病院への受診を勧める予定にもあった。Aさんは，両親もそのことに気がついていると察知していた。

　Aさんは上記ペアレント・プログラムの概要を説明して，太郎君の両親を改めてペアレント・プログラムに誘うのであるが，両親は丁寧に応対するAさんを信頼して快諾した。

　ペアレント・プログラムは，1回につき1時間程度の演習型式で実施されている。全6回，隔週のペースで進められて，全てのセッションへの参加が求められ

る。太郎君の両親は，休まず全行程に参加して，以下のように変化した。

　父親は他の保護者と積極的に交わり情報を交換することで，障害に関する手帳制度や年金制度，各種の福祉サービスを知って，我が子の「就労や自立」，「親亡き後」等の将来不安を軽減させた。また，他の保護者の前向きな育児の話に触れて，発達障害への偏見を捨て去ることができた。父親は「ペアレント・プログラムに参加できて，本当に良かった」と感想を述べた。

　一方，母親は自身のことも太郎君のこともポジティブに思えるようになったこと，それで気持ちが楽になったこと，少しずつ太郎君のことを誉められるようになった結果，叱ることが減って，太郎君のパニックも減ったことなどを報告した。そして，「育児が楽しくなってきた」と語るように変化した。ペアレント・プログラムの最終回，母親のうつ状態の改善は，ベック抑うつ質問票（BDI-II）においても確認された。

## III　本人への発達支援と親子関係の調整

### 1．療育から発達支援（本人支援）へ

　これまで，障害児への本人支援は「療育」と呼ばれていた。それは障害児通園施設において，就学前に行われた日常生活動作や基本的生活習慣の獲得のための諸訓練・教育等を指すことが多かった。

　この「療育」は，2012（平成24）年の児童福祉法改正により，実施する施設の名称が障害児通園施設から児童デイサービス事業，さらには児童発達支援センターへと変更されたことに伴い，「発達支援（本人支援）」となった。

　2024年4月施行の令和6年度障害福祉サービス等報酬改定（こども家庭庁）では，本人支援として①健康・生活，②運動・感覚，③認知・行動，④言語・コミュニケーション，⑤人間関係・社会性の「5領域」を取り入れるように指示されている。

　そして，児童発達支援は，この「本人支援」に加えて，「家族支援」「移行支援」「地域支援・地域連携」で構成され，児童発達支援事業や児童発達支援センターの主要な役割となっている。

　さて，太郎君の場合，未診断だったこともあって，就学前に児童発達支援センターを経ておらず，そこでの発達支援も受けないままの状態で小学3年生になっていた。

　太郎君の両親は，ペアレント・プログラムにおいて自分たちを変化に導いてく

れた発達障害者支援センターの公認心理師（B氏）を信頼するようになっていた。このことから太郎君に対する本人支援（本来は未就学児への療育を指すが，ここでは拡大的に捉えて，小学生の太郎君に適用）もB氏に願い出たのである。

## 2．本人に対する本人支援の実際

　B氏は，太郎君への本人支援として，まず，"文字が化ける"ブロックのおもちゃ（「もじバケる」バンダイ）を提示して，「このカタカナの"ヘビ"が，おもちゃのへびに変身するんだよ！　やってみない？」と誘ってみて，太郎君の応答性等の様子を見たのである。ブロックのおもちゃは彼の好みであることをB氏は知っていての提示である。B氏の予想通り，太郎君は「わぁっ！　これこれ，やってみたかった！」と即座に食いついてきた。そして，"平面のカタカナヘビ"を"立体物の蛇"に組み替えて満足の太郎君に，B氏は「よくできたね！　すごいね！　さすがは３年生！」と誉めちぎりながら，「今度は，"トリ"です」と言って，鳥の姿に変身させるブロックのおもちゃを手渡した。彼は「やったぁ！　これもやる！」と喜んだ。

　その完成を「よくできました！」と誉めて，B氏はさらに「段々と難しくなるよ！　いいかい？」と太郎君に告げると，彼はすっかりB氏に注目するようになっていて，「うん」と即座に返事した。そこでB氏は，「この漢字，読めるかな？」と"犬"の漢字になっている平面のブロックを提示した。太郎君は意気揚々として「それは"いぬ"です！」と答えた。B氏はすかさず，「３年生だから，学校で習ったかい？」と聞くと，太郎君は「習ってなんかない！　習ってないけど，"犬"くらいは知っている」と言って，「ねぇ，ブロックで犬を作っていいでしょ！」と催促した。

　それもすぐに完成させて見せて，得意顔の太郎君に，B氏は「本当に太郎君はすごいや！」と言いながら，続けて「これ読める？」と"魚"の漢字になっている平面のブロックを見せた。すると彼は「何だっけ？　うま，だっけ？　くろ，だっけ？　かめ，だっけ？」と自信のない回答を続けた。そこでB氏は太郎君のプライドを傷つけないように「かめ，惜しい！　亀と一緒に水に泳ぐもの……」とヒントを出した。「さかな！」と太郎君は新種の生物を発見したかのような元気いっぱいの声を張り上げて答えた。そして，魚のブロックもあっと言う間に完成させた。すると太郎君は「次は？　次は何するの？」と不安そうな顔をして聞いてきた。この太郎君の「次は？」という質問は，この本人支援の時間内に何度も繰り返されて発せられた。

そこでＢ氏は,「せっかく漢字のブロックで遊んだんだから,今度は漢字を書いてみない？」と提案してみた。案の定,太郎君は「いやだ！　書かない！　絶対書かない！」と拒絶した。しかし,Ｂ氏は「そうかぁ,字は書きたくないかぁ」と太郎君の気持ちを受け止めつつ,「字じゃないものを書いて欲しいな」と諦めない。すると太郎君は耳を塞ぎ,目を固く閉じ,口を真一文字にして唇を噛んでいる。太郎君が"パニック"に陥る兆候,とＢ氏は感じ取った。

　Ｂ氏は「コップの気持ちは,太郎君と同じ」と言って,取り出した紙コップに"泣きべそ"の絵を描いて見せたのである。「なぁ〜に,それっ?!　テレビ（NHK）でやってた,"キモッチ（番組タイトル「わたしのきもち」）"じゃない？　それなら,オレ,描く！」と応じた太郎君。彼はその後,紙コップに「あっかんべーっの顔」や「ウンコくんの顔」と言いながらゲラゲラと笑って描き込んでいった。そして,一区切りつくと,また太郎君からは例の「次はなに？　何するの？」という質問が発せられた。

　Ｂ氏は最初から予定してあったダンボール紙を引っ張り出してきて,「ここに線路を描いて,おもちゃの電車を走らせよう！」と新たな提案をした。太郎君が電車好き,ということも知っていたからである。

　太郎君は即座に「描く描く！」とやる気を見せた。先ほどの「漢字」とは大違いである。彼はダンボール紙に目一杯,たくさんのレールを描き込んで喜んだ。Ｂ氏はそのレールの横に,等間隔にして□の箱を描き込んでいった。太郎君が不思議がって「その□の箱はなに？」と聞いてきた。Ｂ氏は「電車が停まる駅だよ」と答えた。太郎君が「なに線の駅？」と質問したので,Ｂ氏は「新幹線のこだま号が走る駅ね」と答え,「こだま号って,こう書くんだよ」と言いながらダンボール紙の余白に「根玉５」とふざけて書いた。

　「こん,だま,ご！」と太郎君が驚いて大声で叫んだ。そして,「オレだって書ける！」と言ってマジックを奪い取ると,□の箱に「せんだだだ〜いえき（仙台駅）」とこれまたふざけて書き込んだのである。それに対してＢ氏が「それだったら,千大絵木だ！」と書いてみせると,太郎君はおふざけの乗りで漢字への抵抗をすっかり忘れて,「千大絵木」とＢ氏のそれを模写して書いたのである。

### ３．親子一緒の合同面接と親子関係の調整

　上記の太郎君に対する本人支援は,詳しく述べると,親子合同面接のもとで行われていた。この親子合同面接という面接形態は,元来,こどもが乳幼児や障害児である場合に,いわゆる母子分離ができないことを考慮し,「親子を一緒」にし

第5章　障害・疾病のある人への心理支援

て適用されてきたものである。B氏の所属する発達障害者支援センターでは，その条件に加えて，公認心理師とこどものやりとりの場面を保護者に直接見てもらい，学んでもらうことと，親子の関係に生じた問題に介入するという目的（白石，2010, 2024）で「親子一緒」の場面設定を行っていた。つまり，ここでの本人支援は，家族支援の機能も併せ持っていた。

「息子にどう関わって良いか分からない」と嘆いていた太郎君の母親は，この形態での支援を強く望んでいた。

太郎君の両親は，背の低い衝立（ついたて）の向こう側からB氏と太郎君のやりとりを息を飲んで見詰めた。母親は「太郎が初対面の大人にあっと言う間に心を開いたなんて，信じられない！」と言い，父親は「やはり，字を書くこととか，漢字を勉強することが負担だったんだな，と改めて知った」と語った。また，「太郎にいろいろと求めながらも，キッチリと対応させて，パニックにもさせなかった関わり方は，とても参考になった」と両親揃ってB氏を評価した。

太郎君への本人支援の後半は，両親と太郎君の交流のために状況が設定されていた（家族支援）。具体的には，各種のボードゲーム（「ジェンガ」タカラトミーマーケティングや，「ブロックス」マテル・インターナショナル株式会社）が用意されて，"親子で楽しむ"ようにB氏が仲介役と進行を務めた。ちなみに，対象が幼い子の場合は，手製の布ブランコやトランポリン等を用いて，両親との"身体を使った遊び"を展開することが多い。

さて，ボードゲームを介して見る太郎君と両親との親子関係は，やはり，父親の叱責，小言が目立つのと，母親の生気のなさからくる暗鬱な雰囲気が太郎君の状態にも影響してか，ギクシャクして不安定だった。

ここにもB氏は介入した。B氏は家族に混じってゲームを続けながら，父親には「お父さんは太郎君が失敗しないように先回りして状況を整えてください。政治家を護衛するSPみたいに，お膳立てする係です。だから，できる限り，言葉は使わないでやってみましょう」と言い，母親には「太郎君のできたことや誉めてあげたいことが目に入ったら，まずは，その行動を"実況中継"してあげましょう。そうすれば，太郎君も喜びますし，自然と場も和みますよ」と提案した。

そして，B氏は，それらのことを両親の目の前で実際に行って見せて，手本とした。具体的には，太郎君がパーツを引き抜こうとした時にジェンガの塔が倒れかかると，さり気なく塔を支えたうえに，親指を立てて見せて「大丈夫！」というサインを太郎君に送ったことである。また，B氏は太郎君が上手にパーツを引き抜いた時には「引き抜けたね」と簡素に言って実況中継して見せた。

79

すると，母親がB氏につられて即座に「引き抜けたね」と真似をして言った。その瞬間，太郎君が母親を見て，微笑んだ。すかさず，B氏が「お母さんに認められて太郎君，うれしいね」と実況中継すると，母親も「うれしいね」と言うことができた。太郎君は大人たちに注目され，認められ，共感してもらって，照れている。そこもB氏は「照れちゃうね」と実況中継すると，母親が「恥ずかし恥ずかし，って照れちゃうね」と言葉を足して言ったので，B氏は「そうそう，そうやって，太郎君の気持ちを汲むようにして言葉に出してあげましょうね。そうすれば，無理に誉めなくても充分なんですよ」と母親に伝えた。

その後，太郎君は上機嫌でゲームに参加し続けていたが，徐々に体勢が崩れていき，母親にもたれかかるようになった。母親は迷惑そうな顔をして太郎君の身体を押し戻そうとした。父親は目をつり上げて，今にも「行儀が悪い！　ちゃんとしろ！」と怒鳴り声をあげてしまいそうだった。そこでB氏は，太郎君に「お母さん，甘えさせて，って言ってごらん。きっとお母さんは，いいよって言ってくれるよ」と言って，両親にも「甘えさせましょう」というメッセージを送った。すると，太郎君が素直に「甘えさせて」と言ったものだから，母親も気を取り直して，「いいよ」と返した。さらにB氏は「甘えたいなら，お母さんの膝に乗っちゃえばいい」と言って，母親に合図を送ると，母親も「甘えたいなら，お膝にどうぞ」と言って太郎君を迎えてくれた。

当初，母親が嘆いた「こどもとの関わり方がわからない……」という状態が大きく改善された瞬間である。

### 4．親子関係の調整の仕上げ

さて，親子関係の調整が順調に進み，和やかに時が過ぎて，帰りの時間となった。すると太郎君は「帰りたくない！　もっと遊ぶ！」と駄々をこね始めた。

B氏は父親に耳打ちした。すると父親はひとり駐車場に移動して，親子で乗ってきた車を発達障害者支援センターの玄関に横付けし戻ってきて，「さぁ太郎，パパの車に乗って帰ろう。帰りは，大好きなカーナビの地図を見ながら，そして，お気に入りのCDを聞きながら帰ろうな」と誘ったのである。少しでも先のことを告げて見通しを持たせる，これから何をするのかを具体的に知らせる，そして，その段取りに沿ったお膳立てしておくことが肝要である。そのことで，太郎君のような「変えられない，やめられない，始められない」という特徴のこだわり行動（白石，2013，2018）をもつ自閉スペクトラム症のこどもの良い対策となる。

太郎君は「じゃ，いく！」と気持ちを切り替えて，帰る気持ちになったが，「抱

っこ！」と言って両手を広げている。B氏は両親が「ダメ！ いい加減にしなさい！」と叱り出す前に，「抱っこされて車に乗りたいところだけど，それは3年生だとちょっともう恥ずかしいので，お母さんとお父さんの真ん中に入って，手をつないで，ジャンプ，ジャンプって跳びながら車に行けば楽しいよ」と代替案を提示して，軌道修正を試みた。このB氏の提案に呼応して両親が「さぁ手をつないで」と誘ってくれたので，太郎君も嬉しくなって即座に両親と手をつないで飛び跳ねながら車に向かったのである。

B氏は両親に「今やったように，叱らないでも済む方法を大人から提示してあげましょうね」と説明した。

## IV 福祉サービス等の併用と効果

### 1．診断と認定と展開

その後，太郎君の家庭生活は安定して，パニックに陥ることもなくなり，両親を悩ませることも大幅に減っていった。そして，太郎君の行き渋りの大きな原因は，知的能力の遅れにあるのではないか，という捉え方を両親も学校と共有するようになった。

そのことから，スクールカウンセラーのAさんと発達障害者支援センターのB氏は連携して，両親に「検査を受け，障害の認定を受けること」を丁寧に勧めていった。

しばらくして，太郎君は，児童相談所につながり，心理判定と医学的な判定を経て，「軽度の知的障害を伴う自閉スペクトラム症」という診断を得るに至った。それと同時に，両親は「療育手帳」の申請を行い，後日，太郎君は「B判定」ということで知的障害の認定も受けたのである。

この結果は適宜，学校にも報告され，学校は両親の同意のもとに，市の教育委員会に連絡して，太郎君の特別支援学級への転籍準備を進めたのである。

### 2．訪問（アウトリーチ）でわかること，できること

また，B氏は学校を訪問して，太郎君の様子を観察するとともに，行き渋りや保健室から教室に移動できないことの「第2の原因」を担任の先生やスクールカウンセラーのAさんと検討した。

その結果，太郎君の「次は何？ 何をするの？」と繰り返される質問に注目が集まり，それは「見通しがつかないことへの不安の表れである」という結論に達

したのである。

　さらには，心理判定の過程で行われた知能検査（WISC-IV）で「ワーキングメモリ」の弱さが指摘されたことから，太郎君は同時並行の作業を苦手とするので，先生の指示を聞きながら板書の視写をすることができないことも判明した。

　これらの知見をもとにして，2回目の学校訪問では，B氏による先生方への発達障害に関する研修会が行われた。そこでは，太郎君のもつ「知的能力の遅れ」や「先行き不安」「ワーキングメモリの弱さ」等の説明・解説とともに，対策として「見通しを持たせること」「一つひとつ区切って着実にわからせていくこと」の具体例も示された。

　B氏はこれらのアドバイスがキチンと実践され，太郎君の状態改善に反映されているものかどうかを確認すべく，年度内にもう1回，すなわち，3回目の学校訪問を行った。

　すると，太郎君が教室内で授業を受けている光景を目にすることができた。休憩時間，B氏が「太郎君，頑張ってるね！」と声をかけると，彼は「うん。勉強はつまらないけどさ，次のことがわからなくて困ることはなくなったし，先生が黒板に書いたことをプリントにして配ってくれるので，苦しいことが減ったんだ」と状況説明をしてくれた。B氏は先生方の合理的配慮に感謝した。

　社会福祉の分野では，相談員や支援員が障害者や高齢者の生活の場（施設や学校，自宅）を訪問して，必要とされる相談・援助の提供することをアウトリーチと呼んでいる。この取り組みは，問題の早期発見や早期解決，新たなニーズの掘り起こし等につながる可能性もあり，期待度は大きい。

### 3．特別支援学級での新しいスタート

　年度が替わり，太郎君は特別支援学級（自閉症・情緒障害特別支援学級）で4年生をスタートさせた。彼はすぐさま，隣室の肢体不自由児対象の特別支援学級に在籍する車椅子のこどもたちと仲良くなった。そして，両学級合同で行われる体育や図工，音楽の授業に際しては，進んで重度身体障害をもつこどもたちの世話に当たった。太郎君は「友だちが僕を待っている」と言って，毎朝，張り切って学校に向かうようになった。

　彼の新しい担任の先生が「太郎君は，車椅子のこどもたちが"静かで優しくって，安心する"と言って，大好きなようです」と解説してくれた。

　太郎君が相談室に訪れることもなくなったので，カウンセラーのAさんが太郎君の活躍を見に行くと，彼はAさんに「○○くんはお話しできないけど，目を見

第 5 章　障害・疾病のある人への心理支援

てれば，言いたいことがわかる」とか「□□ちゃんは，"わかった！"と言うときには右手をゆっくり挙げて，"わかんないとか，イヤだ！"というときは，顔を左に向けるんだ」と"教師顔負け"の紹介をしてくれたそうだ。

### 4．福祉サービスの利用と合理的配慮

さて，太郎君の放課後の過ごし方も新年度から変わった。太郎君は小学4年生になったので学童保育を卒業した。そして，療育手帳を取得したことから障害児を対象にした児童福祉サービスが受けられるようになって，放課後等デイサービスを利用することになった。

放課後等デイサービスは，"障害児のための学童保育"と期待されて始まり"単なる預かり"にとどまらず，本人支援を含む児童発達支援を行う施設としての位置づけに進化してきた。対象は，就学児童（6歳〜18歳）である。その数も飛躍的に増えていて，2023（令和5）年現在，事業所数は約2万カ所，利用者数は30万人を超えている。

厚生労働省の「平成27年度障害福祉サービス等報酬改定検証調査」によると，放課後等デイサービスを利用する障害児のうち発達障害児が全体の50％を超えていることが判明した。したがって，放課後等デイサービスを行う事業所では，発達障害をもつこどもを想定した発達支援プログラムの導入が盛んに行われている。その代表例がTEACCHプログラムである。

TEACCHプログラムは，特に自閉スペクトラム症の特性に合わせて開発されていて，視覚的に分かりやすい提示を行う視覚支援や見通しを持たせやすくする時間的構造化，始めと終わりが明示できて安心を確保できる自律課題の設定，個々のこどもの状態に合わせられる個別化の導入等々，注目度も期待も高い。

かくいう太郎君の状態にもこのTEACCHプログラムは適していて，これを導入する事業所で放課後を過ごすようになった彼は，一層，落ち着き，成長も促されていった。

なお，TEACCHプログラムは，知的障害や自閉スペクトラム症を対象にした入所施設においても導入が進められている。先掲の視覚支援や時間的構造化，自律課題の提示，そして個別化の支援は，知的障害や自閉スペクトラム症をもつ利用者にとっては，まさに，合理的配慮の具体策であるということができる。

## V　事例のまとめ

　知的障害と自閉スペクトラム症を併せもつ太郎君の障害特性や苦悩，親との関係，学校問題等々が影響して起こされていた行動障害（行き渋りやパニック等）を知った。そして，太郎君の障害を認めない父親，太郎君と関われない母親の実情や内面を明らかにした公認心理師Aさんのカウンセリングと専門機関へのつなぎ方も学んだ。また，両親も太郎君も変化することになった，公認心理師B氏による「ペアレント・プログラム」や「発達支援（本人支援）」「親子関係の調整」の仕方を詳しく学んだ。

　さらに，専門職や専門機関同士の連携の意味やアウトリーチのあり方を学んだ。

　なお，以上のような"多角的かつ機動的なアプローチ"は，近年，特に現場への導入が期待されているスクールソーシャルワークに通じるものがある。ただし，スクールソーシャルワークと本事例とには大きな違いがある。それは，公認心理師だからこそ踏み込めた本人，親，その関係へのより深い支援にある。

◆学習チェック表
- □ 障害・疾病のある人に関わる福祉的サービスの流れや法律を理解した。
- □ 児童発達支援について理解した。
- □ つなぐ，連携する，訪問することの重要性を理解した。
- □ 本人支援や親子関係の調整の仕方を理解した。
- □ 重複障害をもっていても適切な支援があれば成長・発達することを理解した。

### より深めるための推薦図書

発達障害の支援を考える議員連盟編（2017）改正　発達障害者支援法の解説．ぎょうせい．

伊奈川秀和（2018）〈概観〉社会福祉法．信山社．

永野仁美・長谷川珠子・富永晃一編（2018）詳説　障害者雇用促進法　増補補正版．弘文堂．

日本発達障害ネットワーク（2015）改訂版　発達障害児のための支援制度ガイドブック．唯学書房．

野島一彦監修（2022）臨床心理学中事典．遠見書房．

下山晴彦・村瀬嘉代子・森岡正芳編（2016）必携　発達障害支援ハンドブック．金剛出版．

### 第 5 章　障害・疾病のある人への心理支援

## 文　献

American Psychiatric Association（2022）Diagnostic and Statistical Manual of Mental Disorders, Fifth Edition, Text Revision. American Psychiatric Association.（日本精神神経学会監修（2023）DSM-5-TR：精神疾患の分類と診断の手引．医学書院．）

アスペ・エルデの会（2015）市町村で実施するペアレントトレーニングに関する調査について．In：厚生労働省『平成 26 年度障害者総合福祉推進事業報告書』．

浜田恵・野村和代・伊藤大幸・村山恭朗・髙柳伸哉・明翫光宜・辻井正次（2018）ペアレント・プログラムによる保護者支援と支援者研修の効果．小児の精神と神経，57(4); 313-321.

厚生労働省社会・援護局障害保健福祉部（2016）平成 27 年度障害福祉サービス等報酬改定検証調査．https://www.mhlw.go.jp/content/12200000/0000127805.pdf

文部科学省初等中等教育局特別支援教育課（2022）通常の学級に在籍する特別な教育的支援を必要とする児童生徒に関する調査結果について．https://www.mext.go.jp/content/20230524-mext-tokubetu01-000026255_01.pdf

内閣府（2017）障害者白書（平成 29 年版）．

厚生労働省（2023）厚生労働白書（令和 5 年版）．

野邑健二・辻井正次（2006）アスペルガー症候群児の母親の抑うつについて．In：厚生労働科学研究費（こころの健康科学研究事業）『アスペルガー症候群の成因とその教育・療育的対応に関する研究』平成 17 年度総括・分担研究報告書．

白石雅一（2010）自閉症スペクトラム―親子いっしょの子どもの療育相談室．東京書籍．

白石雅一（2013）自閉症スペクトラムとこだわり行動への対処法．東京書籍．

白石雅一（2018）発達障害の子の子育て相談④こだわり行動―理解と対処と生かし方．本の種出版．

白石雅一（2024）おもちゃ教材で育む人間関係と自閉スペクトラム症の療育．東京書籍．

白石雅一・梅田真理（2024）特別支援教育における病弱虚弱児の支援に関する研究．宮城学院女子大学発達科学研究所「発達科学研究」，24; 95-105.

杉山登志郎（2011）発達障害のいま．講談社．

鈴木久一郎（2023）名言に学ぶ自閉症スペクトラムの理解と支援：TEACCH プログラムを学ぶあなたへ．黎明書房．

辻井正次（2017）ペアレント・プログラム―子育ての難しい子どものための家族支援．チャイルドヘルス，20(6); 6-12.

# 第6章

# 生活困窮・貧困者への心理支援

中島健一

**Keywords** 貧困，生活保護，生活困窮，DV（ドメスティック・バイオレンス），売春，ホームレス，ひきこもり，ニート，ヤングケアラー，自立支援

## I　生活困窮・貧困の背景と問題

### 1．生存権と補足性の原理

　日本国憲法第25条（生存権）の第1項には「すべて国民は，健康で文化的な最低限度の生活を営む権利を有する」と定められている。しかし，私的財産を認める自由主義・企業の利益と競争を認める資本主義に基づく我が国の福祉の原則は「自己責任」（自助努力）である。最後のセーフティネットである生活保護も不足する分を補う「補足性の原理」で運営されている。したがって，働く能力がある，財産がある，扶養して貰える家族・親族がいる，（税金で返済することは不適当な）借金がある，に当てはまる人は生活保護の対象とはされない。

### 2．社会的背景と負の連鎖

　生活困窮・貧困者への支援を考える際には，それを作り出している社会的背景を考えなければならない。
　少子高齢社会は，自治体による人口構成の格差を発生させており，高齢化率の高い自治体では福祉に関わる費用の増大という課題だけでなく，産業構造・街の活性化という住民生活に直結する課題に直面している。
　また，我が国は従来のような終身雇用・年功序列の雇用体制が壊れ，特技のない若者を非正規職員として使い捨てる世の中の傾向にある。派遣業種の幅が広がったことで何年働いても待遇が向上しない派遣社員としての雇用も増えている。国際的競争力低下による企業の貧困は，非正規雇用者の増加を生み国民の生活力の低下につながっている。それは，非婚や共働きによる子育て困難による少子化

にもつながり，国力の低下として社会保障制度の崩壊にもつながっていく。そして，社会保障制度維持のための税金・保険料の増額は手取り収入の減少となり高騰する物価の中で国民生活を圧迫するという負の循環が生じている。

景気が良い時には日雇い・住み込みの建設現場等が多数あった。しかし，そのような収入の手段が少なくなっている現在，制度としてはさまざまな自立支援制度があったとしても，ホームレスはその日を生きていくのに精一杯であり，生活に余裕を持って技能修得の訓練を受けることなどできない実態がある。別れた元夫の収入が安定せず養育能力がなければ母子世帯は働いても生活困窮・貧困から抜け出せないワーキングプアとなる。世帯の生活困窮・貧困はこどもの生活困窮・貧困を生じ，児童虐待等の問題も発生させている。

### 3．生活困窮・貧困者への心理支援の必要性

これまで生活困窮・貧困者に対する福祉支援は，住む場所の提供，就労に向けた相談・訓練，生活に必要な費用の給付等，現物・現金給付を中心とする物理的支援が中心であった。被虐待児への支援等特別に心理支援が必要と思われるケースを除いては，心理支援は福祉支援の一つの重要な柱であるとは認識されてこなかった。

しかし，本章で紹介するように，福祉支援の対象者は，そのような状態になる経緯において心理的課題を抱え，結果としての現状においても心理的課題を抱えている人が多い。そのため，福祉分野における自立のための心理支援は今後の大きな課題である。

## II　生活困窮・貧困の実態と心理支援

### 1．生活保護

#### ①生活保護の制度

生活保護法は，

> 第1条　この法律は，日本国憲法第25条に規定する理念に基き，国が生活に困窮するすべての国民に対し，その困窮の程度に応じ，必要な保護を行い，その最低限度の生活を保障するとともに，その自立を助長することを目的とする。
> 第2条（無差別平等）　すべて国民は，この法律の定める要件を満たす限り，この法律による保護（以下「保護」という。）を，無差別平等に受けることができる。
> 第3条（最低生活）　この法律により保障される最低限度の生活は，健康で文化的な

生活水準を維持することができるものでなければならない。

と定めており，生活保護受給者に対して，生活扶助，教育扶助，住宅扶助，医療扶助，介護扶助，出産扶助，生業扶助，葬祭扶助の8つの扶助を行う。

厚生労働省2024年7月公表の被保護者調査では，生活保護受給者数は約201万人，世帯数は約165万世帯であり，生活保護世帯の類型比率は，高齢者世帯55.5％（単身世帯が9割以上を占める），母子世帯3.8％，傷病・障害者世帯24.9％，その他の世帯15.8％となっている。

なお，生活保護法は，1954年の旧厚生省の局長通知により，永住者およびその配偶者，日本人の配偶者，難民認定された者など在留資格のある外国人にも準用される。

②適切な受給と不適切な受給

生活保護受給者の実態としては，高齢者，障害者，傷病者等の本当に生活保護が必要な人で生活保護費の使い方も慎ましく生活している人がいる一方，二世代ニート（親子代々の生活保護受給者）のように働けるのに働く努力をしない人や生活保護費をギャンブル等に浪費している人もいる。調査を逃れてこっそり高額な収入を得ている人，友人名義で高級車を購入している人もいる。反社会勢力が絡んだ不正受給もある。把握されている不正受給件数は35,568件（2014年8月総務省生活保護に関する実態調査）であるが総額の0.3％程度であり，一部の人が全体の印象を悪くしている。このような不適切な受給者がいることが受給申請を厳しく取り扱う行政の態度を生じさせている側面があり，本当に必要な人に制度を使いにくくさせている。

③貧困ビジネス

生活保護法に基づく保護施設には，救護施設（身体上または精神上著しい障害があるために日常生活を営むことが困難な要保護者を入所させて，生活扶助を行うことを目的とする施設），更生施設（身体上または精神上の理由により養護および生活指導を必要とする要保護者を入所させて，生活扶助を行うことを目的とする施設），医療保護施設（医療を必要とする要保護者に対して，医療の給付を行うことを目的とする施設），授産施設（身体上もしくは精神上の理由または世帯の事情により就業能力の限られている要保護者に対して，就労または技能の修得のために必要な機会および便宜を与えて，その自立を助長することを目的とする施

設),宿所提供施設(住居のない要保護者の世帯に対して,住居扶助を行うことを目的とする施設)がある。

　無料低額宿泊所は,社会福祉法に規定されているもので「生計困難者のために,無料又は低額な料金で簡易住宅を貸し付け,又は宿泊所その他施設を利用させる事業」であり,2020年厚生労働省調査で608施設に約16,000人が利用している。本来はその運営には届け出が必要であるが,届け出がない「法定外施設」も多く,老朽化したアパートの一室に数人を居住させてきわめて高額な料金を設定し,生活保護費振り込みの通帳を取りあげて管理するなど生活保護費を吸い上げる貧困ビジネスも横行している。

　救護施設等の公的サービスは,受けることに心理的抵抗が大きく,入所しても生活にさまざまな制約があって自由を制限されるため利用希望者は多くない。また,制度利用に関しては簡単には利用できない行政側の壁がある。

④若者の受給のむずかしさ

　好景気の時にはなんとか仕事にありつくことができたり家族の扶養を受けることができた若者は,不景気になると厳しい職場環境に疲れたり,家族関係の葛藤に悩まされてうつ病等の精神疾患に陥ることが多くなる。結果として,好景気時に比べて不景気時には傷病・障害者世帯が増加することになる。

　生活保護は,高齢者や障害者には寛容であるが,働くことのできる若者には利用の壁が厚い。それは税金をベースとする財源の支出を抑えるという意味では納得のいく行政の姿勢ではあるが,ギリギリまで追い込まれ明らかに生活保護が必要な重度のうつ病等になってしまってからでは立ち直って生活保護から自立することはきわめて困難になる。また,働くことのできる若者には母子家庭の母親も含まれる。申請相談時の行政の説得によって母親が生活保護の受給を断念することはこどもの貧困や虐待の発生あるいは非行や不登校と無関係ではない。

⑤使いやすい制度改善と心理支援

　生活保護の申請においてはできるだけ制度を利用しない方向での説明が行われ,基準を満たすかどうかの審査も厳しい。扶養義務は民法により直系血族ときょうだいにあり,三親等までの親族(おじ,おば,めい,おい)も含むことができる。本人にとってはこれらの者に扶養の可否を尋ねられること(扶養照会:強制力はなく断ることができる。資産・収入等を調べられることもない)は申請に当たっての大きな心理的抵抗になっている。

また，何もかも失うまで生活保護を使わせないことが自立復帰を困難にしている。生活保護制度の問題は受給の長期化であり，より軽度の状態で簡単に利用でき，短期に自立できるようにする制度改善が求められる。そして，何でもよいから働かせるという形式にこだわり強要する自立支援にも心理学的には問題がある。不安定な心身の状況で自立はできないし，受給を辞退させればケースワーク成功と考えるべきではない。

　生活保護受給者は，生活保護が必要になった物理的・環境的な理由はあるにしても，同様な状況に置かれた人すべてが貧困に陥るわけではない。会社の倒産等があったにしても，翌日瞬時に貧困に陥るわけではない。そこには，自信のなさや環境変化に立ち向かえない弱さ，柔軟性の欠如などの心理的要因も大きく関わっていることが多い。そして，生活保護からの自立に向けては，自分に責任がある，迷惑をかけている，恥ずかしいのような「負い目」の意識を持ち，買い物に出かけられない，同窓会に顔を出せない，趣味のスポーツ活動ができない，親類の結婚式に出席できない等の行動上の不活性化が生じている。そのような負い目による心理的問題だけでなく，実際に自立に向けて立ち上がるためには，図1に示す飛び出して不安定にしている要素の自己コントロール力をはじめとする強さの獲得が必要であり，生活環境，生活内容，生活体験の各視点による生活全体を見据えた心理支援が必要となる。

　なお，絶対的貧困＝［生きていくために必要な最低限のカロリー］だけでなく，相対的貧困＝［大多数の人の生活と同じことができないこと］も重要な視点である。たとえば，毎日同じ服しか着ることができないこどもの心理的苦痛は大きいと考える必要がある。

　また，中間的労働とは，労働基準法の適用外で最低賃金以下で働かされる労働である。中間的労働は皿洗い等の何の専門性も必要ない単純労働がほとんどであり，意欲を持つことができない仕事をさせることが自立促進につながるとは必ずしもいえない。

## 2．生活困窮・ワーキングプア

### ①生活困窮者の定義と支援

　生活保護に至る前の段階の自立支援策の強化を図るために，いわゆる「生活困窮者自立支援法」が2013年に成立した。これは，自立相談支援事業，住居確保給付金の支給，就労準備支援事業，就労訓練事業を主な内容とする法律で，この法律における生活困窮者については，「『現に経済的に困窮し，最低限度の生活を

第6章　生活困窮・貧困者への心理支援

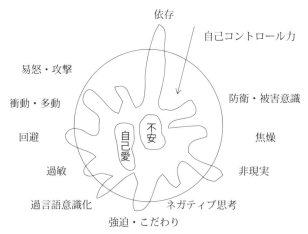

図1　心理的不安定要素のアメーバ的飛び出し

※すべての人間は不安・自己愛を核とするすべての心理的不安定要素を持っている。不安定要素のアメーバの基本形は人それぞれ。伸び縮みの柔軟性も人それぞれ。すべての要素は伸びたり縮んだりするがけっしてゼロにはならない。（各要素にはプラスの側面もあるので）ゼロになっても困る。
便宜上○で示した範囲内に収まっている状態，あるいは，ときどきちょっと飛び出しても引っ込めることができる状態がいわゆる健康な状態。その範囲を飛び出して自力では引っ込められなくなったときに他者援助が必要な生活困難が生じる。
※飛び出さないようにする・飛び出しても大きく飛び出さずに引っ込める自己コントロール力が『体験様式の中核』。心理支援においては，クライエントのアメーバの状態と自己コントロール力を見立て，その強化・再形成が目的となる。

維持することができなくなるおそれのある者（法第2条第1項）』（要保護者以外の生活困窮者。ただし，学習支援事業に関しては生活困窮世帯のこどもと生活保護世帯のこどもを対象とする）」と定義している。

　2023年12月の総務省統計局の労働力調査では，我が国の労働力の内訳は，正規職員3,592万人，非正規職員2,183万人（パート・アルバイト1,541万人，派遣社員164万人，契約社員282万人，嘱託104万人，その他91万人）となっている。

　2023年9月の国税庁民間給与実態統計調査によると我が国の正規雇用職員の平均年収は523万円（男性584万円，女性407万円）であり，派遣職員・契約社員等非正規雇用職員の平均年収は201万円（男性270万円，女性166万円）である（正規・非正規の年収格差322万円）。非正規職員は年齢が上がっても年収はほとんど増えないことが特徴となっている。同調査では我が国の年収200万円以下の給与所得者数は1,042万人（給与所得者の約21％）である。

ワーキングプアとは一般には年収200万円以下の『働く貧困層』をさす。生活困窮・貧困については，なにをもって生活困窮・貧困とするかの定義によってその数は増減することに留意が必要であり，個人収入と世帯収入および資産の観点も必要であるが，ワーキングプアは，単身女性，離婚女性世帯で高い率を示しており，多重債務すなわち借金返済のために借金を重ねることで返済不能状態に陥るパターンも多い。女性に対しては，2022年に「困難女性支援法」が成立し，都道府県は女性相談支援センター（配偶者暴力相談支援センターの機能も担う）を設置し，性的な被害，家庭の状況，地域社会との関係性その他の様々な事情により日常生活または社会生活を円滑に営む上で困難な問題を抱える女性（そのおそれのある女性を含む）の支援を行うことになっている。

②複合する課題と負の連鎖

生活困窮者はさまざまな問題を複合して抱えているケースが多い。疾病・障害，依存症（アルコール依存，薬物依存等），家族・家庭の問題（親の過干渉・無関心，夫婦不和，DV［domestic violence］等），社会環境（贅沢・生活レベルを下げたくない・見栄，非正規雇用・低い賃金，楽に稼げる脱法行為，悪い仲間依存，移住者偏見，ニューカマー，LGBTQ+ 偏見 等），失業・借金等金銭問題などのうち，複数の要因が絡み合っていることが多い。そして，生活困窮が身体的健康を害し，家庭内外の人間関係を害し，心理的健康を害し……のように二次的，三次的に問題を引き起こしている。

このような生活困窮に至る要因はそれを生み出す社会の問題という視点が大切である。一方で，個々人が抱える生活困難要因に対しては丁寧な個別的支援が必要であり，心理支援の役割も大きい。

## 3．ホームレス

①ホームレスの実態

2002年に成立したいわゆる「ホームレス自立支援法」第2条の規定では，ホームレスを「都市公園，河川，道路，駅舎その他の施設を故なく起居の場所として日常生活を営んでいる者」と定義している。

2024年4月厚生労働省のホームレスの実態に関する全国調査（概数調査）によるとホームレスは全国に2,820人（男性2,575人，女性172人，不明73人）おり，減少傾向にある。起居別場所は，「都市公園」25.2％，「河川」22.6％,「道路」23.8％,「駅舎」6.2％,「その他施設」22.2％となっている。また，この（概

数調査)に対して 2022 年 4 月のホームレスの実態に関する全国調査(生活実態調査)では詳細が報告されているが,年齢は 60 歳以上が 59.4％で高齢化傾向が続いている。現在の路上生活期間は,10 年以上が最も多く 40.0％である。直前の職業は,建設・採掘従事者が 36.3％で他を大きく引き離している。ホームレスとなった理由は,仕事が減った(24.5％),倒産・失業(22.9％),人間関係がうまくいかなくて仕事を辞めた(18.9％)となっており,理由としては収入減が多い。自立支援センター等福祉制度については一応知識としてはあるが利用していない傾向が強い。

②ホームレスになった理由

　ホームレスは,哲学的選択で自らホームレスになったなどというドラマのような理由ではなく,バブルが弾けて新宿駅に段ボールのねぐらが並んだ 1990 年代に急増していることからわかるように「生活困窮・貧困」が主たる原因である。タイプとしては,会社を倒産させてしまった元経営者や失業した元サラリーマンのような比較的裕福であった層,低学歴で資格・技術もなく不景気によって職を失ったもともと生活困窮・貧困であった層など多様であり,一カ所にねぐらを常設して動かないタイプと移動するタイプがある。もちろん,生活困窮・貧困という主因以外にも疾病・傷害や家族問題等さまざまな問題を抱えている人が多い。我が国のホームレスは,単に飲食店の残り物を集めるだけでなく空き缶拾いや日雇いの仕事があれば出かける等の収入を得るための行動はしており,自分の失敗を恥じているためか外国のようにいわゆる物乞いをする人は少ないことが特徴である。

③ホームレスとネットカフェ難民

　厚生労働省が発表するホームレスの数に関しては,ホームレス支援などを行っている人からは「そんなに少ないわけがない」と批判の声がある。一方,ホームレスの人に「いつからホームレスになったのか？」と尋ねても曖昧な答えしか返ってこないことが多い。ホームレスは寮などの住居付きの仕事がなくなったことにより住居も同時に失うことが多いが,逆に言えば飯場等の住み込みの仕事を得た場合は一時的にホームレスではなくなり,ある程度の収入を得てネットカフェや漫画喫茶等で寝泊まりしている間はホームレスの定義から外れるからである。また,ネットカフェではシャワーを浴びることもできるため,特に若者ホームレスは T シャツにジーンズ等普通の若者と見分けがつかないこぎれいな格好をして

いることも多く，中には車を持っていてその中で生活している者もいる。

このようにホームレスとネットカフェ難民は重なる面があるが，我が国で就職をしようとすれば，定住所が必要となる。連絡を受けるためのスマートフォンも不可欠である。そして，月末に給与が支払われるまでの間，きちんとした身なりを続け，定時に出勤するための交通費や食費が必要である。したがって，ホームレスは狭義に定義するのではなくより広義に定義した上での物心両面の支援が必要である。現在，独居高齢者の死亡と遺族の遺産引き取り拒否による空き家の問題も顕在化しているが，そのような住宅の活用も一つの選択肢として考えられる。

④ホームレスへの心理支援

インタビューを行うと，ホームレスをはじめ多くの生活困窮・貧困者は「自分のせいでこうなった」という自己責任と恥の気持ちを持っている。これを日本人らしい謙虚な心理であると評価すべきではない。「自分のせい」というのは「もうどうしようもない」に帰結し，「他人のせい」とする以上に生きようとする力が低下し，前向きになることが難しい心理である。孤立化・孤独化も生じやすい。

また，空き缶拾いや日雇労働等の日銭を稼ぐ労働には拒否を示さないホームレスが多いが，生活保護制度の利用，公的施設の利用等には拒否を示す人が多い。ハローワークでは就業相談を実施しているがこれも積極的に利用しない人が少なくない。彼らの求めるものと制度として提供されている自立支援事業の心理的距離を視点に置いた心理支援の必要性がある。

## 4．ニート・ひきこもり・ヤングケアラー

①ニート・ひきこもり・ヤングケアラーの実態

2022年6月に「こども基本法」が成立し，2023年4月1日にはこども家庭庁が発足してこどもに対する支援施策を推進することになった。また，2024年4月に「孤独・孤立対策推進法」が施行され，こどもだけでなく，「日常生活若しくは社会生活において孤独を覚えることにより，又は社会から孤立していることにより心身に有害な影響を受けている状態にある者」への支援等が行われることになった。

ニート（NEET；Not in Education, Employment or Training）すなわち無就業・無就学の若年者（15～34歳）の数は，2022年の厚生労働白書によると約57万人（15～34歳人口の約2％）とされており，地域若者サポートステーションが就労支援等を行っている。ニートの人の特徴として，将来への希望の希薄さ，対

人関係の希薄さ等が挙げられる。親と同居の未婚者が約3分の2である。

ひきこもりは、厚生労働省により「仕事や学校に行かず、かつ家族以外の人との交流をほとんどせずに、6カ月以上続けて自宅にひきこもっている状態」と定義されている。

ひきこもりの95％には診断名がついており、発達障害が4分の1を占めている。また、近年40歳以上のひきこもりが増加しており、2022年11月内閣府の調査では40歳から64歳人口の2.02％がひきこもり状態にあり女性が52.3％と増えている。多くは親と同居して親の年金などで暮らしており、年金パラサイトなどと呼ばれて社会問題化しつつある。

厚生労働省は2009年度から、ひきこもり対策推進事業を創設し、ひきこもり地域支援センター設置運営事業、ひきこもりサポーター養成研修・派遣事業等を実施している。

ヤングケアラーは、本来大人が担うと想定されている家事や家族の世話などを日常的に行っている18歳未満のこどもを指すことが多いが、18歳を超えた大学生等を含めて支援の対象とすることが必要である。また、ヤングケアラーであったことが「ヤング」ではなくなった現在にまで影響を及ぼしている人がいることも忘れてはならない。2023年『厚生労働白書』では、世話をしている家族が「いる」と回答した者は、小学6年生の6.5％、中学2年生の5.7％、全日制高校2年生の4.1％、定時制高校2年生相当の8.5％、通信制高校の11.0％、大学3年生の6.2％となっている。各種障害や精神疾患・依存症等の家族に対して、「介護・見守り」「家事（食事の準備や掃除、洗濯）」「きょうだいの世話や保育所等への送迎など」「外出の付き添い（買い物、散歩など）」「感情面でのサポート」等を行うために自分の時間が持てなくなっており心身の疲労も大きく、勉学や就労に支障が出ている。また、家族内のことゆえに表に出にくく実態の把握が難しいことやこども自身やその家族がヤングケアラーという認識に乏しいという問題もある。

②ニート・ひきこもり・ヤングケアラーへの心理支援

ニート・ひきこもり・ヤングケアラーはまさに心理支援の対象であるが、対象や状況に応じた支援を検討する必要がある。統合失調症やうつ病に関しては投薬が必要であるが、前向きかつ適応的な心的エネルギーを引き出すためには、話をするだけでなく臨床動作法（成瀬，2016）や感ドラマ法（中島，2015）のように体験を通して無意識領域の不調を改善する心理療法も有効である。アスペルガー症候群等の自閉スペクトラム症に対しても、気づき・洞察で改善するというも

のではないので，単なるカウンセリングではない体験的心理療法が必要である。ヤングケアラーに対しては，心理面での支援も重要であるが，社会資源の活用を促進することが特に必要である。

なお，これらの人にはアウトリーチ（訪問）による心理支援も有効であるが，いきなり問題の解消をテーマにカウンセリングを始めるのではなく，支援対象者の好きな遊びを一緒に行う等の構え崩しから入るなどの工夫が必要であり，まずは支援対象者の心的周波数に合わせることと大多数がこうであるという基準に当てはめようとしないことが基本となる。

### 5．生活困窮・貧困女性

#### ①売春をする女性

親への反抗や小遣い稼ぎを目的とする援助交際・出会い系交際等を除けば，売春をする多くの女性の背景には生活困窮・貧困あるいは求める生活とのギャップがあり，身近な高収入手段として売春が行われている。

ある精神科病院にうつ病で来談している女性は元デリバリーヘルス嬢（出張売春）で，被虐待歴があり，生活保護受給の母子世帯の2児の母である。このように売春行為の背景には絡み合った理由が存在することがある。

売春経験のある女性のカウンセリング・心理療法を経験したことのある病院・クリニック・心理相談室等の心理職にインタビューを行ったところ，以下のような話を聞くことができた。

- 売春は，風俗店勤務や出会い系個人売春などさまざまな形態があり，理由も多様である。
- 売春の理由は，昔のように生活困窮・貧困だけではなく多様性がある。生活苦や借金返済を抱えての生活困窮・貧困が理由の場合もあるし，ヒモである男に貢いでいるケース，学歴・技能がなく他に高収入を得る手段がないからというケース，知的障害ボーダーのケースもある。
- うつ病，パニック障害等の精神障害を病んでいる人が多い。リストカットやオーバードーズ（薬物の意図的過剰摂取）などの自傷行為の経験者も多い。
- クリニック受診の30代女性は，「売春はお金目的ではなく，居心地がいいから」と言っている。しかし，自己嫌悪はしており，将来はちゃんと結婚したいとも言っている。
- 思春期の高校生で，「親に対する仕返し」と言っている。売春をしますよと親にわかるそぶりで家から出て行く。売春が自傷行為となっている。
- 昼間は一流企業のOL，夜はソープ嬢で罪悪感はない様子のクライエントがいる。解離性同一性障害（意識を切り離して身を守る解離性障害のうち，別人格が発生する

第6章　生活困窮・貧困者への心理支援

もの）だと思われる。
- 虐待経験を持つ児童養護施設出身の子で普通の仕事が勤まらず風俗に入るケースも多い。愛着障害がある人は衝動性が高い。
- 性的虐待経験を持つ女性で，性的にコントロールする側に立つ安心感を求めてと語っているケースがある。
- 義父に虐待を受け実母は失踪。不安障害，うつで受診した。「こどもにどう接していよいかわからない」が主訴である。未婚で長男を出産。結婚して長女を出産するも離婚。生活保護と内緒で行っている風俗店勤務でなんとか生計を立てている。
- その人はセックス依存症であった。依存することで安定している。代替手段なしでそれを取り上げては不安定になる。
- 母子世帯の貧困が理由。手軽に効率よく稼げる仕事として行っている。「自分にできる高収入の仕事はこれしかない」と言っている。
- つきあっている男に収入がないのでしかたなく売春を行っている。DV を受けている。

② DV（家庭内暴力）被害者

　家庭内暴力の被害者は，その暴力から逃げるために住まいや仕事を捨てて姿を隠さなければならない。したがって，生活困窮・貧困と直結する。警察庁による「令和 4（2022）年におけるストーカー事案，配偶者からの暴力事案等，児童虐待事案等への対応状況について」によれば，DV 相談件数は増加傾向にあり 2022 年度は 84,496 件で最多を更新している。DV 被害女性は，いのちの電話，よりそいホットライン，女性相談センター等，あちらこちらに電話をかけて一番真摯に対応してくれる相手を探している。電話相談⇒シェルターへの避難⇒自立（住宅の確保，仕事の確保，生活保護の受給，学業の再開等）という支援プロセスを辿るが，その過程は時間と費用がかかるだけではなく逃げた女性を探し回る男性に見つかる危険を避けながらの自立模索となる。なお，2023 年 5 月の「配偶者からの暴力の防止及び被害者の保護等に関する法律（DV 防止法）」の改正で精神的暴力も接近禁止の対象に加えられた。また，接近禁止期間も 6 カ月から 1 年に伸長され命令違反の厳罰化もなされている。

　なお，暴力とは必ずしも身体的暴力だけではなく精神的，経済的，性的等あらゆる形の暴力が含まれる。したがって，DV 被害者は女性が多い現状があるものの，女性による男性への DV もあることに留意が必要である。

③生活困窮・貧困女性への心理支援

　売春従事女性については心理支援を受けることのできる窓口が必要である。彼

女たちは，少しお金に余裕ができるとホストに入れあげて使ってしまったり高価なブランド品を買ってしまったり，お金の使い方や地道な貯蓄の仕方が不得手であることも多い。生活困窮・貧困者のすべてが売春をするわけではなく，その心理的特性に着目する必要がある。

DVに関しては，夏でも長袖の服を着なければならないほどタバコの火を押しつけられたり殴られたりしているにも関わらず「私がいないとだめなのです」と語る女性も多い。詳しく話を聞くと，殴った後に巧みに母性本能をくすぐる技術を男が持っていることがわかるが，逃げることを本人に納得させることが必要である。

### 6．こどもの貧困，高齢者の貧困，マイノリティの貧困

こどもの貧困に関しては，2014年1月施行「子どもの貧困対策の推進に関する法律」の2019年6月改正を受けて2019年11月に新たな「子供の貧困対策に関する大綱」が閣議決定され，教育機会の提供等こども達が前向きな気持ちを持つことのできる社会の構築が図られている。民間においても「こども食堂」等の支援が活発になってきているが，こどもの生活困窮・貧困は，親の生活困窮・貧困と連動するものである。生活困窮・貧困家庭のこどもは，家庭での学習時間や学習意欲，将来の進学に向けた意識，食事や衣服等の生活状況に課題を抱えており，保護者も利用可能な制度や支援に関する知識が乏しい・周囲の地域との関わりが少ない・こどもの発達に関する知識が乏しい・他者による支援に拒否的である等の傾向がある場合は支援が届きにくい。なお，「こどもの貧困対策の推進に関する法律」は，2024年6月に「こどもの貧困の解消に向けた対策の推進に関する法律」に改正され，現在だけでなく将来の貧困を防ぐことやこどもの貧困をその家族の責任としてのみ捉えるべきではないことが明記された。

生活保護受給の類型比率で高齢者世帯はトップであり単身世帯が約9割を占めている。

単身高齢者の場合，国民年金は40年間保険料を支払っての老齢基礎年金満額で約65,000円である（実態平均は月額約55,000円）。これだけでは，生活保護の受給対象となる「健康で文化的な最低限度の生活」を営む最低生活費（世帯状況・居住地域によって支給金額は変わる）の約半分でしかない。物価の上昇により，わずかな貯蓄も実質的に目減りしていく。心理的に孤独であるがゆえに猫屋敷と呼ばれる状態になったり，かたづけるのがおっくうになるためゴミ屋敷と呼ばれる状態になったりすることもあり，生活が荒れていく。

第6章 生活困窮・貧困者への心理支援

差別については，LGBTQ+による差別や同和問題による差別等が生活困窮・貧困につながることもある。LGBTQ+の人へのD&I（Diversity & Inclusion；多様性と包括）促進のために2023年6月に「LGBT理解増進法」が施行されたが，差別禁止法にはなっていないという批判もある。外国人労働者や在日外国人については，我が国にも外国人が多数居住する地区がある。言葉と文化が通じないことによって発生する文化摩擦も発生しており，そのことが孤立や就労困難につながることもある。

## III 公認心理師の役割と期待

### 1．心理検査

一般的な知能検査・人格検査等以外にも，コルサコフ症候群（主としてアルコール依存症による脳機能障害によって発生する健忘症）を調べることにも利用できるベントン視覚記銘検査や認知症スクリーニングとして使用する長谷川式簡易知能評価スケールなど福祉分野での心理支援に必要な心理検査に習熟しておく必要がある。

### 2．生活困窮・貧困者への心理支援は特別なものではない

福祉心理学は公認心理師が業務を行う臨床心理学の一分野であって，現場に特有の課題や工夫の必要性はあっても，心理支援の理念や基本的な考え方に特別なことは何もない。生活困窮・貧困者への心理支援についても，何に困っているかという表面に現れている事象を受容的に把握しつつも，そのような事象を生じさせている本質である社会心理的背景に目を向けることが大切である。

### 3．公認心理師であってもソーシャルワーカーの素養を持つこと

公認心理師は，バイオ・サイコ・ソーシャルの3つの視点を持つことが大切である。

生活困窮・貧困の状態にある人の生活を支援するためには，必要な医療につなぐ知識，心理検査や心理療法の知識・技術だけではなく，どのような制度がありどのような機能を有しているか等の社会的支援の仕組みを知っておき，どこにつなげればよいかという具体的ケースワークができることが公認心理師として必要である。それは，生活支援という大きな視点を持ち，支援対象者の生活全体を捉える視点を持つことである。支援対象者の多くは孤立しており，他者に対する不

信感を持っている。そのような人に対しては，単に話を聞いて心理面を支えましょうというだけの態度では十分な支援とはならず，困っていることに対する現実的な支援を対象者の持つ力をエンパワメントする（本人の持つ力を引き出す形）で提供することが必要であり，最初から最後まで責任を持って支援する行動力が必要である。なお，施設においては，個室での心理面接だけではなく，生活介入型の心理支援が重要となる。

## 4. 総合的視点と予防的視点

貧困の問題は狭い視野で貧困の問題としてだけ考えるのではなく，その原因も影響も社会問題全体の中で考えていく必要がある。

2024年6月公表の厚生労働省人口動態統計によると，合計特殊出生率は1.20で過去最低となった。東京都では0.99と1を下回っている。2021年国立社会保障・人口問題研究所の出生動向基本調査では，18～24歳の未婚男女で「一生，結婚するつもりはない」と回答しているのは男性17.3％，女性14.6％となっている。少子化は，労働力・国力の低下につながるが，それは結果として国民の貧困につながり，高齢者を支える力や地域の力の低下にもつながる。それはこどもの成長・発達の問題にもつながり，安心できない社会はこどもを産みたくないという少子化につながるという負の循環に陥っていく。公認心理師には絡み合っている物事を総合的に捉える視点が必要であり，社会問題→心理的問題，心理的問題→社会問題というつながりに目を向ける必要がある。

現在のシステムでは，心理支援が必要な人に対する予防的あるいは初期対応的な心理支援が十分ではない。DVについても民事不介入の色彩が強く「逃げる」手助けが支援の中心となっており，心理支援についても母子生活支援施設等に「逃げた」後のフォローとして行われているにすぎない。売春や無修正AV出演等については違法行為なので，背後にいる男性や組織に強制されている場合を除いては公的には心理支援の対象外とされる。これら心理的な弱者に対する心理支援のあり方については今後のシステム的検討が必要である。その一つとして，乗り越えた自立者（ピア）の活用も提案される。

◆学習チェック表
☐ 生活困窮者，ホームレス，ひきこもり，ニート等の定義を理解した。
☐ 生活困窮に関連する我が国の現状と支援の実態を理解した。
☐ 生活困窮・貧困者の心理面の理解を深めた。

□　生活困窮・貧困者への心理支援への視点を形成できた。

**より深めるための推薦図書**
　阿部彩（2011）弱者の居場所がない社会―貧困・格差と社会的包摂．講談社．
　今野晴貴（2013）生活保護：知られざる恐怖の現場．筑摩書房．
　大山典宏（2008）生活保護 vs ワーキングプア．PHP 研究所．

　　　文　　献
中島健一（2015）認知症高齢者の心理劇「感ドラマ」：動作理論に基づく支援．ミネルヴァ書房．
成瀬悟策（2016）臨床動作法．誠信書房．

## 外国にルーツをもつこどもたちは幸せだろうか？

松本真理子

　日本の総人口が1億2,615万人から2070年には8,700万人に減少するという衝撃的なニュース（国立社会保障・人口問題研究所，2023）の一方で，現在日本在住の外国人は358万9,000人と過去最高を更新し国籍・地域は196にのぼっている（出入国在留管理庁，2024）。公立学校における外国人児童生徒数の正確な数値把握は困難であるが，文部科学省調査（2024）では「日本語指導が必要な児童生徒」は，約10年前から2倍近くに増加している。最近では多国籍化によって10カ国以上の母語の異なるこどもが在籍している学校も見かけるようになっている。

　わが国の教育現場では，1990年代以降に外国人の移住が急増した時代から，日本語指導が重視されてきた。日本で生活する上で日本語教育が出発点であることは今も変わりはないし，重要な視点でもある。

　その一方で，筆者らは，日本文化も日本語も理解が十分ではない彼らの学校生活を観察する中で，彼らの学校生活をはじめとする日々の生活は幸せなのだろうか，という素朴な疑問を抱き，一連の調査を実施した（松本ほか編，2022）。その一部を紹介したい。なお本コラムでは「外国ルーツのこども」という呼称を用いる。

**外国ルーツのこどもたちの幸福感と不幸感**

　筆者らは，こどもたちの幸福感に関する国際比較調査として質問紙法と描画法に加えて文章完成法（Sentence Completion Test；SCT）を用いた。対象は小学校4〜6年生，外国ルーツ児童は110名，日本人児童は469名，フィンランド人児童は247名，モンゴル人児童は120名であった。SCTは，最初に刺激語を与えて，それに続く文章を自由に考えて完成させる投映法心理検査の一種であり，こどもたちが何を感じ考えているのかをより具体的に把握することができる。本調査で用いた刺激語は大山（2012）の成人版を参考にして「わたしがしあわせだと思うときは…です」，「わたしがふしあわせだと思うときは…です」，「わたしにとってしあわせとは…です」）の3項目とした。日本語理解に乏しい外国ルーツのこ

どもたちには，教師が刺激語を個別に伝えて回答を得た。回答は共起ネットワーク分析によって分析した。

調査の結果，4群に共通するこどもたちの幸福感に関連する語は「友達」「家族」「一緒」であり，家族や友達といった重要な他者と一緒に過ごすことが，こどもたちにとって普遍的な幸福の形であることが示された。また，外国ルーツのこどもたちに特徴的だった語は，「読む」「本」「出かける」などであり，日常生活の中で他者交流や好きなことをすること（特に言語への関心）が幸福感に繋がる重要な要因であることが示唆された。

一方，不幸感に関連する語について，4群に共通するのは，「友達」「けんか」「いじめ」であり，友達との交流が，こどもたちの幸福感と不幸感の背景となる重要な要因であることが示された。また，外国ルーツのこどもたちに特徴的であった語は「仲間はずれ」「悪口」「暇」「トラブル」「悲しむ」「お母さん」などであり，友人関係や家庭における傷つきが不幸感の要因であることが示唆される結果であった。異文化で暮らす外国ルーツのこどもたちにとって，学校や家庭での居場所が彼らの幸福感や不幸感に関連する大切な要因であることがうかがわれた。

## 外国ルーツのこどもたちの幸福感を支える視点

国際比較調査の結果から国や文化にかかわらず，家族や友人といった重要な他者との関係性がこどもたちの幸福感と大きく関わっていることが示された。特に外国ルーツのこどもたちにおいては，重要な他者が「いじめ」「孤立」という不幸感に傾きやすい要因でもあることが示唆される結果であった。

外国ルーツのこどもたちが，異文化の生活の中で希望を持って未来を見通すためにも，日本語教育とともに，幸福感という視点に立った心の支援が必要であると考えている。

文　献

出入国在留管理庁（2024）令和6年6月末現在における在留外国人数について．https://www.moj.go.jp/isa/publications/press/13_00040.html

国立社会保障・人口問題研究所（2023）日本の将来推計人口．https://www.ipss.go.jp/

松本真理子・野村あすか編（2022）外国にルーツをもつ子どもたちの学校生活とウェルビーイング―児童生徒・教職員・家族を支える心理学．遠見書房．

文部科学省総合教育政策局国際教育課（2024）令和5年度 日本語指導が必要な児童生徒の受入状況等に関する調査結果 結果の概要．https://www.mext.go.jp/content/20240808-mxt_kyokoku-000037366_3.pdf

大山康宏（2012）何が人を幸福にし，何が人を不幸にするのか―国際比較調査の自由記述分析．心理学評論，55(1); 90-106.

コラム

# 多文化を知る帰国子女だからこその悩みとその支援

松丸未来

### 「日本には帰る感じ？　それとも行く感じ？」

多くの日本人なら，紛れもなく日本に「帰る」「帰国」ですが，帰国子女はそうシンプルではありません。外国が日常生活の場となるために適応しようとがんばった帰国子女にとっては，単純に日本は「帰る」ではありません。

その理由が3つあります。1つは，適応した外国生活に「戻りたい」「帰りたい」と感じる時があります。外国生活で得たもの，例えば友達関係，学校生活，言葉，空気感，人との距離感，習慣，食べ物，服装などさまざまな喪失があり，「いつもの場所」に帰りたくなります。2つ目の理由は，住んでいた外国と日本を比べてしまうからです。引越した当時のカルチャーショックの苦労は忘れて日本で大変だと，住んでいた場所が理想化され，「日本の○○が嫌だ，理解できない」と隣の芝生が青く見えてしまうこともあり，逆カルチャーショックに悩みます。3つ目に，周りが，「帰国子女なら英語（○○語）できるでしょ」「（日本人なのに）あの人変わっている。やっぱり帰国子女だよね」など偏見の目を持たれ，集団から浮いてしまい，孤立感を深めます。この3つの苦悩が重なっているので，単純に「帰る」とは言えないのです。

### 外国生活はマイナス？　それともプラス？

「帰国」という事実に対して，気持ちがついていかない帰国子女は，単に苦労が増えただけなのでしょうか。それとも，海外経験は意義あるものなのでしょうか。どちらになるかは，どのような支援を受けられるかにも影響します。ここでも3つ，手立てを挙げます。

1つ目が，孤立感を深めている，アウェイ感を抱く帰国子女と「つながる」ことです。「外国ではどんな生活だったのか」「日本での理解できないことはなんなのか」「誰とも分かち合えない寂しさ」を共有でき，否定されず，過剰適応しない自分でリラックスして話ができる安心感は，さまざまな苦悩を抱える適応のプロ

セスに向くエネルギーとなります。

　2つ目が,「プラスアルファの自分探し」です。つまり,「なにじん」という囚われから「自分自身である」という理解を深められるよう支援します。例えば,帰国子女で日本語より英語が得意な発達障害の生徒がいました。帰国後,多文化の理解があるスクールカウンセラーと話をする中で,最初は,「普通でいたい（日本人らしく,発達障害でもない）」と固執し過剰適応で頑張り,うつの症状が現れていました。発達障害の対処のために,投薬を受けたりもしましたが,最終的には,「薬はいらない。自分のままがいい」と言い,「普通」を手放したら,うつの症状は軽減し,表情も明るくなり,誰かと比べない自分なりの生き方を歩み始めました。

　3つ目が,適応に向けたアイテムを増やすことです。日本語や勉強のサポート（進度が違う場合があるので）に加えて,居心地の良い居場所探しとして帰国子女のつながりを作る,多文化の雰囲気がある場所に行く,好きなことで気分転換をするなどを見つける支援をします。そして,大事なのが,こどもの苦労や苦悩を保護者にも理解してもらい,サポート役になってもらうことです。その時,保護者には,「必ず,『親のせいで自分は連れ回された!』と怒る時があると思います。これは,今,適応しようと頑張っているストレスがそう言わせているので,そこには乗っからずに『今,頑張っているよね』とだけ承認してください。本人は,頑張るしかないことは十分わかっています。その承認が頑張るエネルギーになります」と伝えます。保護者自身も一抹の罪悪感を持っているので,「親のせいで」と言われると傷つき,否定したくなり,怒ってしまいますが,その気持ちを理解しつつ,こどもの助けになるような関わりを助言します。外国生活で家族の凝集性が高まっている場合もあるので,保護者の理解はこどもの大きな助けになります。

　最終的には,帰国子女である自分も一つのアイデンティティとして統合できる作業を手伝うのが帰国子女支援です。

## 第2部
## 福祉心理学的心理支援の実際

# 第7章

# 児童虐待への心理支援の実際

松﨑佳子

> **Keywords** 児童相談所，児童虐待防止法，虐待，ネグレクト，児童福祉施設，里親委託，児童福祉法，トラウマ（心的外傷体験），愛着，養育機能，乳児院，児童心理治療施設，要保護児童対策地域協議会，こども家庭センター

## 1 増加しつづけるこども虐待相談件数

　児童相談所における虐待相談件数は，統計を取り始めた1990（平成2）年度は1,101件であったが，増加し続け，2022（令和4）年度は219,170件（速報値）となった。

　虐待相談の内訳は，2022年度は，心理的虐待が59.1％と最も多く，身体的虐待23.6％，ネグレクト（こどもの養育の放棄など）16.2％，性的虐待1.1％となっている。児童虐待防止法施行当時は身体的虐待が半数を占めていたが，虐待への啓発が進むなかで，ネグレクトが増加，さらに，近年は家庭内の配偶者に対する暴力があるなかで育つことなどの心理的虐待が増加している。一時保護したケースは13.1％で，児童福祉施設入所や里親委託を行ったケースは2.1％となっている。つまり，虐待相談談件数の9割強は，在宅で地域関係機関と連携して面接指導や支援を行っているということである。また，虐待による死亡事例検証委員会の第19次報告では，虐待によるこどもの死亡は50人，心中による死亡が24人であり，1週間に1人強のこどもが虐待により死亡している状況が続いている。そのなかで，0歳児の死亡が48％であり，0歳児のうち月齢0カ月が25％となっている。そのため，妊娠中から周産期，子育て期と一貫した支援の重要性が指摘されている。2022（令和4）年児童福祉法の改正により市区町村は，すべての妊産婦・子育て世帯。こどもの包括的な相談支援を行うこども家庭センターを設置し相談機能の整備に努めることとなった。

　現在児童虐待問題は，図1に示すとおり，発生予防から早期発見・早期対応，保護支援，その後の再発防止支援と，児童相談所や市区町村を中心に医療・保健，

第2部　福祉心理学的心理支援の実際

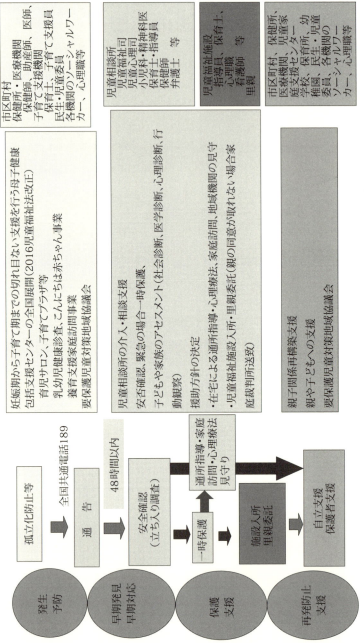

図1　児童虐待の発生予防から自立支援の流れと関係機関

第 7 章　児童虐待への心理支援の実際

福祉，教育，地域のさまざまな機関が連携し切れ目のない一貫した支援を目指している。本章では，児童虐待の早期対応，保護支援以降のこどもや家庭への具体的支援の状況および心理支援のあり方について述べる。

## II　児童虐待問題における児童相談所の役割

　児童相談所は，児童福祉法第 12 条において都道府県・政令市都市に設置義務が規定された 0 〜 18 歳未満の児童のあらゆる相談に応じる児童福祉行政機関であり，児童虐待相談対応の中核機関である。2024（令和 6）年現在 234 カ所の児童相談所があり，155 カ所にこどもを緊急に保護し，生活ケアができる一時保護所が併設されている。
　児童相談所は，虐待相談通告を 24 時間受け付けることができる体制（全国共通ダイヤル 189）をとっており，通告を受けると 48 時間以内にこどもの安否確認をする。こどもの居住地の確認や家庭訪問，関わっている機関からの情報収集をし，緊急性や一時保護の必要性の判断をする。そして，児童福祉司による社会診断，児童心理司による心理診断，医師による医学診断，一時保護所職員による行動観察による援助方針会議を経て今後の援助方針を決めていく。一時保護期間は原則 2 カ月以内である。家庭へ戻すか分離かの最も重要な視点は，親が不適切な養育であったことを認め，児童相談所や関係機関の面接指導や家庭訪問などの支援を受け入れるかである。児童福祉施設入所や里親委託などの親子分離を行う場合は親権者である親の同意が必要である。同意を得られない場合は入所の可否について家庭裁判所の審判を仰ぐこととなる。施設入所や里親委託した場合，その後家族再構築に向けての支援を行っていく。
　2016（平成 28）年 6 月，児童福祉法の改正が行われたが，この改正は，児童福祉法の理念を「子どもの権利条約」に沿ったものとするという画期的な改正であった。こどもを中核に施策を構築していくこと，こどもの意見を聴くことである。児童福祉，児童虐待対応は，新しい段階に入ったと言える。
　その中で児童虐待対応専門機関としての児童相談所の機能強化が示され，特別区で児童相談所の設置ができるようになること，児童福祉司の増員，児童心理司，医師または保健師，指導教育担当の児童福祉司の設置など専門性の強化が図られるともに，弁護士の配置等が示された。
　児童相談所の最も大きな課題は，親と対立してでもこどもを保護するという介入機能と親との信頼関係を築き支援していく機能という矛盾する 2 つの機能を集

中して担っていることである。親との関係構築への配慮から，こどもの保護の判断が遅れ，虐待の重症化・死亡に繋がった事例もある。近年警察との連携が進み，虐待通告先として最も多いのが警察通告となっているが，欧米諸国のように司法との役割分担や連携の法制化がより一層重要となってくると思われる。

さらに，2022（令和4）年の児童福祉法の改正により，2026（令和8）年より一時保護開始時に保護者が同意した場合を除き，司法審査が導入されることとなった。

## III 児童相談所における心理診断・支援

心理診断は，心理学的見地から現状の評価と今後の援助方針を立てるためにこどもの発達や心理的状況を見立てるものである。

虐待を受けてきたこどもたちは，さまざまなダメージを受けている。特に，こどもを守るためとはいえ，住み慣れた環境，親から分離され一時保護所に入所したこどもは，不安や緊張感を抱いている。自分が親の言うことを聞かなかったから悪いからこういう状況になったと罪悪感を持っている子も多い。「あなたが悪いのではない」「安心できる場であること」を伝え，信頼関係を作っていくことがまず必要である。

また，面接だけでなく，行動観察，心理検査，関係者からの聴取等の結果を総合的に判断してアセスメントを行うことが大切である。アセスメントの内容は以下の通りである。

### 1．知的発達のレベルとその内容

虐待，特にネグレクトの場合，適切な働きかけが行われていなため，こどもの発達に大きな影響をおよぼすことがしばしばある。たとえば，2歳まで家庭から出たことがなく，親の外出時にはひもで柱に括りつけられていたこどもは3歳まで伝い歩きの状態であった。知的にも言葉の遅れが認められた。しかし，一時保護やその後の親子通所支援のなかで，歩くようになり，言葉も増えていった。

また，落ち着きがなく多動，人への関心が乏しいなどで扱いにくい子の場合，親もどのように対処して良いか分からず，不適切な関わりになっていることもある。こどもの発達状況，特徴を明らかにすることで関わり方の支援につながる場合も多い。そのためには，発達検査や知能検査等の習熟はもちろんのこと，こどもの発達の道すじを十分理解しておく必要がある。

## 2. 情緒・行動面の特徴とその心的外傷体験の程度

　虐待を受けてきたこどもたちの情緒・行動面の特徴として、愛着の問題と心的外傷体験によるトラウマの問題がある。

　虐待した親の発する声、臭い、色、音、叩かれた時の感触、恐怖と痺れ等が、虐待した親との間の歪んだ愛着（虐待的絆）によるさまざまな歪んだ行動が、ケアの中で問題行動として噴出してくる。素直に甘えが表現できず、大人の気持ちを逆撫でするような言動も見られ、親やケアにあたるものから扱いにくい子とみられやすい。養育者がこのような言動についての理解がないと、さらに虐待が繰り返されるという悪循環に陥る場合もある。

　感情のコントロールができない、興奮しやすい、乱暴な行動、集中力のなさ、反面無表情、無気力、依存、対人関係の希薄さなども認められる場合がある。その状態や程度などの把握が必要である。また、児童精神科医等との連携協力が重要である。

## 3. 親子関係・家族関係の状況

　どのような虐待を受けてきたこどもであっても、大多数のこどもは親を悪く言わない。「自分が悪かったから」「親の言うことを聞かなかったから」と言うこどもが多い。そのように言われて育ってきていることもあるが、やはり親はこどもにとってルーツであり、親を否定することは自身の否定につながるものであるからであろう。したがって、こどもの言葉だけでなく、親子一緒の時のこどもの行動観察が欠かせない。「親に会いたい、ママ大好き」と言ってもいざ対面すると足がすくんでいたり、こわばったりという状況が認められる場合も多い。親のアセスメントについては以下の点に留意する必要がある。

①こどもの行動や言葉への応答性はどのくらいあるか

　こどもの言葉や行動をよく観察し、こどものニーズを把握しそれに応じた応答ができるか。こどもの行動をよく見ていない、物事が起こってから気づき、叱責するということがしばしば起こる。また、こどもの言葉の表面だけを受け止め、いらだちや怒りをぶつける、禁止する、条件を出してなだめその場をおさめようとするなども把握の視点である。

②養育機能はどの程度か

こどもの主体性や自発性よりも親の都合が優先されていないか。こどもへの不適切な関わりに対する直面化がどの程度できているか。虐待は親の感情のコントロールの不適切さからくることが多い。どのくらい見通しを持った行動ができるか。約束を守ることができるか。また，精神的な問題を抱えている親の場合，精神状態や症状を医師との協力によって評価することも必要である。

③親の生活史，原家族との関係

　子育ては，「育てられたようにこどもを育てる」ものである。したがって，親自身がどのように育てられてきたかを把握することは重要である。親とその家族の関係がどのようなものであったか。結婚の経緯から出産，子育てについて，関係がどのようなものであったか，どのような支援が得られていたかである。ジェノグラム（家系図）などを活用し丁寧に把握していくことが必要である。これにより親も自分を振り返ることにつながり，自身とこどもの関係に気づいていく場合も多く，今後の親支援に繋がっている。

### 4．集団生活（学校，保育所など）での適応状況

　こどもが学校や保育所な集団の場でどのような状況であるか。家族以外の大人との関係，特に友人関係はどうか。また，家族以外の支援者がいるかどうかなどの把握は重要である。通告受理後，在宅での親子支援になる場合，学校や保育所など関係機関との連携が必要であり，関係機関へのこどもや親の理解についてのコンサルテーションも重要となってくる。

### 5．その他

　なお，近年，性虐待のこどもに対し心理的負荷や先入観のゆがみを除いた中立的な聞き取りをする「司法面接」も児童心理司の役割として重要となってきている。

　虐待相談の大半が，在宅支援となるなか，トラウマケア，ペアレント・トレーニングやライフストーリーワークなど，こどもと保護者・家族の抱えるリスクやニーズ，ストレングスをアセスメントし，親子関係再構築を支援するためのさまざまな取り組みが求められており，心理職もこどもや親の状況に応じたさまざまな心理療法，支援プログラムなどの実施が求められてきている。また，児童養護施設などへ入所したこどもたちへは，特にこどもの権利擁護，意見を聴き生かしていくための支援が求められている。

## IV 児童福祉施設入所や里親委託時の支援

### 1．児童養護施設における心理職の役割

　児童養護施設は，保護者のない児童（乳児を除く。ただし，安定した生活環境の確保その他の理由により特に必要のある場合には，乳児を含む），虐待されている児童その他環境上養護を要する児童を入所させて，これを養護し，あわせて退所した者に対する相談その他の自立のための援助を行うことを目的とする児童福祉施設であり，主に保育士や指導員が生活ケアを行っている。

　児童養護施設に心理療法担当職員（心理職）が導入されたのは，1999（平成11）年度からであるため，心理職の役割はまだ十分には確立されていない段階である。心理職の役割は，主として以下のとおりであるが，被虐待児童の入所が増加していく中で年々重要となってきている。

①心理療法

　個別心理療法は，決まった時間に決まった場所で，心理職との一対一の関係を通して行われる。児童養護施設では，集団の生活であること，担当職員が決まってはいるが，交代勤務であること，職員の入れ替えやホームの移動等があることなどでなかなかこどもとの個別の時間を保証していくことは困難である。虐待を受けたこどもたちは不適切な養育により親との安定的な関係を築けていない場合が多い。また，たとえ虐待的な親であっても，親との分離体験を有しているのである。そのため，心理療法という一貫性や継続性が保証された場があることは，こどもにとって重要である。遊びの中で虐待体験を再現し，心理職に受け止めてもらうことで満たされなかった思いを埋めていくとともに，今まで抑えていた自身のニーズを表現してくる。

　また，こども達は虐待を受けてきたことを，自分が悪かったからと認識していることが多い。こどもなりの親への想いもある。それらを整理しこれからの親子関係を再構築していくための心理教育も重要である。

②生活場面における心理的援助

　こども達にもっとも必要なことは，安心して生活できる場の確保である。身辺の自立，おいしい食事と清潔な生活の日々，学習の習慣などを築いていくことがこどもの発達を促していく。

心理職が生活場面に直接関わるか否かについては，さまざまな意見があるが，生活場面に関わるメリットとして，こどもの様子やこども同士の人間関係，職員とこどもの人間関係などを体験できることや，個別治療の対象になっていないこどもたちの生活上のアセスメントができることがある。一方生活場面に入るということは，こども同士のトラブルの場面に遭遇したり，生活上の促しが必要であったりと，個別治療場面とは異なる対応を求められ，混乱を起こすことも考えられる。しかし，これは，心理職がその場に応じて適切にこども達に分かるように対応することで防ぐことができると思われる。

③コンサルテーション（児童養護施設職員等への助言および指導）
　ケースカンファレンスや職員会議において，また，日常生活の場で必要に応じて心理職の立場からこどもやこどもの行動に対する理解や対応について保育士や指導員と相談しながら助言を行っていく。さらに，発達障害や愛着障害，性的虐待の問題など，こどもの心理的問題に関しての職員への研修を行うことなども求められている。

④職員のメンタルヘルス支援
　虐待を受けたこどもへの生活ケアで最も難しいのは，虐待の再現行動と言われる挑発的な態度や抵抗，反抗を示す一方で他者に対して無差別的な愛着を示す行動である。こどもは特に自分の担当保育士，関心や愛情を寄せてくる人に対してこのような言動を行う。これでも自分を愛してくれるのかという「試し行動」である。保育士はこどもが自分に対してのみ敵対的な行動をとることに精魂疲れ果ててしまう。そして，こどもに対して怒りやネガティブな感情を向けてしまう。虐待の危険性も出てくるのである。そのような保育士の話にじっくり耳を傾けることやこどもの行動の意味を伝えていくことは重要である。
　現在児童養護施設は，より家庭的養育を目指して地域小規模化，グループホーム化してきている。生活単位が小規模化することによりこどもと職員との関係は親密になる。そのなかでこどもの抱えている愛着関係の課題が表出されてくるため，生活ケアをする保育士等直接処遇職員は，より個別性の高い専門的な対応を求められることとなる。心理職は，その職員一人ひとりへの支援はもちろん，職場全体のメンタルヘルスについて支援していくことが必要である。

⑤児童相談所との連携

第 7 章　児童虐待への心理支援の実際

　虐待を受けたこどものなかには，施設入所後も児童相談所での心理療法を受けるこどももいる。そのような場合，児童相談所との役割分担を行い，こどもや家族にニーズに応じた心理的支援ができるよう連携を行うことが必要である。また，家族再構築に向けて，情報交換やこどもと親の橋渡し役なども求められている。

## 事例 1 ：身体的虐待で入所，A 子，5 歳

　家族構成は継父 27 歳，母 25 歳，A 子 5 歳，弟 3 歳である。A 子と弟は，母の連れ子で，半年前に再婚とともに X 市に転居してきていた。幼稚園には行っていない。A 子は，身体も小さく若干言葉の遅れも認められた。継父は同居当時は A 子をかわいがっていたが，A 子が懐かないこと，おもらしがあることや行動が遅いことにイライラし，「はやくしろ」と A をたたくなど，叱責するようになった。A 子は継父の前では黙り込むのでさらに父の怒りをかっていた。ある日継父が A を殴った際 A 子は壁に頭をうち救急車で運ばれた。頭の怪我の他，体にあざやタバコの跡があったことから病院は児童相談所に通告した。継父は，A 子が 5 歳児らしくできるようしつけていたと繰り返した。児童精神科医の診断は，愛着障害と発達の遅れであった。児童相談所では，A 子と弟の施設入所を決定した。

　児童養護施設入所時，A 子は，体を硬くし弟と離れようとしなかった。生活ケアのなかで様子を見ながら，半年後から A 子の遊戯療法を行った。なかなか話をしたがらない A 子だったが，人形遊びは好きで，黙々と赤ちゃんのオムツを替えたり，ミルクを飲ませたり世話をしていた。心理職が「赤ちゃん気持ちいいね」など声を掛けていると，人形を叱ったり，「ダメダメ！　どうして言うこときかないの」など，人形を叩く，投げるなどをしては，包帯を巻いたりケアをするという遊びを始め，少しずつ体験したことを表現しつつある。それでもまだ自分の腕の傷跡については話せないし，夜尿も続いている。心理職は，ゆっくり A 子と関わり続けていく。

## 2．乳児院における心理職の役割

　乳児院は，乳児を入院させてこれを養育し，あわせて退院した者について相談その他の援助を行うことを目的とする児童福祉施設である。保育士，看護師などが生活ケアにあたっている。虐待に伴う乳児の発達上の問題は，愛着形成の問題である。乳児期は，大人との愛着関係の形成の時期であり，その発達が不十分なこどもたちも多い。生活ケアの担当者との十分な連携により「子どもの特定の大人との愛着関係の形成を図ること」が重要である。併せて親子関係再構築に向け

ての親への支援も大きな役割であるため，家庭支援専門相談員が心理職と共同で支援にあたっている。心理職が中心になるのは「乳幼児の発達,特に心理的発達」に関わる部分，「身体・運動」「社会・情緒」「認知・言語」を査定し，見立てることなど，こどもの発達のアセスメントに加え，親子の愛着関係についての心理教育や親子遊びを通して関係性の強化への支援を行うことである。

**事例2：ネグレクトで入所，B子，10カ月**

　家族構成は，父30歳，母30歳，B子の世帯である。在胎27週，660gで出生，6カ月入院後体重が2,860gになったところで退院した。病院からの連絡を受け，未熟児ケアのため保健師が訪問するも母親の拒否感が強かった。10カ月で体重が3,620gと栄養状態は悪く，体重増加しないため，再入院となった。1歳2カ月で5,800gとなり，退院するにあたり，病院と保健所，福祉事務所の協議により児童相談所へネグレクト通告があり，乳児院入所となった。

　両親は，面会時には，抱き方はおぼつかないながらも懸命にB子をあやしたり，ミルクや離乳食の世話を保育士と一緒に行った。心理職は，母子の遊びを手助けしつつ話を聴いたり母親の世話をほめたり付き添った。外出，1泊の外泊と親子交流を続け，1週間の外泊時には地域の保健師の訪問も行い関係づくりを行った。3歳4カ月9,950gになったころ家庭引き取りとなった。同時に保育園に入園し，市町村のこども家庭センターにおける子育て家庭支援として保健師や支援課職員の家庭訪問など定期的な支援が行われている。B子は身体も小さく，言葉の発達は遅れ気味であるが，元気に通園している。

### 3．児童心理治療施設における心理職の役割

　児童心理治療施設は，軽度の情緒障害を有する児童を，短期間入所または，保護者の下から通わせて，情緒障害を治療し，また退所した者について相談その他の援助を行い自立のための援助を行う施設である。児童福祉施設のなかで唯一「治療」を冠した施設であるため，医師の配置とともに心理職を児童10人に対し1人配置することが定められており，心理士の役割が他施設に比べ明確となっている。

　児童心理治療施設は，施設全体が治療の場であり，施設内外の活動すべてが治療であるという「総合環境療法」という立場を取っている（図2）。八木（2009）は，心理士の役割として，1）施設の治療と生活支援の舵取り，2）こどもの「個」の理解と「集団」でのあり方のアセスメント，関わりの修正，3）こども達

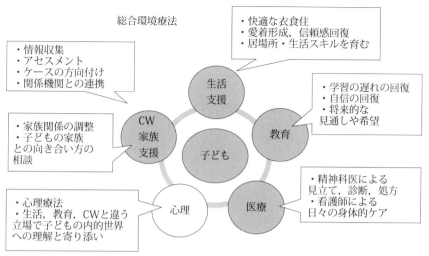

図2　児童心理治療施設における総合環境療法（新穂・中村，2017 より）

も職員も疲弊しない"環境づくり"，4）ソーシャルワーカーとしての視点をあげている。虐待を受けたこどもの場合，愛着とトラウマの問題への心理療法が必要であり，遊戯療法や描画・芸術療法，認知行動療法などが実施されている。

### 事例3：身体的虐待で入所，C男，小学2年

　家族構成は，母34歳，兄（小6），C男の世帯である。母子世帯であるが，父親との交流も続いていた。幼児期は，発語の遅れがあった。誰にでも人なつこく付いていくため迷子になったりしたこと，兄がC男をからかって窓から逆さにぶら下げたりなどがあったとのことだった。非常に落ち着きがなく，目に付くものに手を出す，教室でも席に着くことが困難，前の席の子の背中を鉛筆でつつくなどの問題行動が多く，父母ともに常に叱責し手が出る状態であり，児童相談所への通告となった。母は疲弊し切っており，心療内科への通院中であった。C男の診断名は，AD/HD，反抗挑戦性障害であり，児童心理治療施設入所となった。

　入所後C男は相変わらず友人とのトラブルが絶えなかったが，その都度保育士は，C男に何があったか，C男なりの気持ちを聴きとっていった。個人遊戯療法のなかでは，遊びを中心にしつつ，怒りのコントロールなどのプログラムを実施。また，学校では，友達と手が届かないところに机を置くなど構造化を図りつつ個別の学習指導をする中で，授業時間中座っていることができるようになった。家族はなかなか面会に来ないため家庭支援専門相談員が家庭訪問するなどの支援を

行った。4年生進学時の家庭引取りを目標に親子関係再構築支援を行い、外泊など試行、地域の学校との調整も行い、こどもの意向を大事にしつつ家庭復帰した。

### 4. 里親やファミリーホームへの委託における心理職の役割

里親とは、保護者のないこども、あるいは保護者に監護させることが不適当であると認められるこども（要保護児童）を一時的または継続的に自らの家庭内にあずかり養育することを希望する者であり、ファミリーホームとは、養育経験豊富な里親等が、養育者の住居において、5人または6人の要保護児童の養育にあたる事業である。現在里親委託率は約2割であり、欧米の6割～9割に比較して非常に少ない状況である。こどもの愛着形成のため、また家庭は本来こどもが育つ場であることから、2016年児童福祉法改正や2017年8月「新しい社会的養育の在り方検討会」報告書においても家庭養育（里親養育）推進が示されている。

里親委託の場合、児童相談所の児童福祉司の家庭訪問や、心理的ケアが必要な場合児童心理司による遊戯療法やカウンセリング等が行われている。

里親とこどもとの関係性が密接であるからこそ、こどもの「試し行動」が顕著にでてくることや、真実告知やライフストーリーワーク、実親の存在をどのようにこどもに伝えていくか、忠誠葛藤（こどもは実親への思いもあるし、里親にもよく思われたいし、失いたくない）などさまざまな課題について、心理的な支援、心理教育が求められている。

#### 事例4：ネグレクトで里親委託、D男、小学5年

家族構成は入所当時母23歳とD男の母子世帯である。ネグレクトのため4歳のとき児童養護施設に入所した。母親は入所当初は面会に来ていたが、お盆・正月だけになり、そのうち音信不通となった。そのため、小学4年生のときEさんに里親委託された。委託当初は、大人しく、言葉遣いも丁寧で大人しい子だと思っていたが、一緒に暮らし始め1カ月ほどすると、戸惑うことばかりになった。D男は朝起こすのが大変で、何か注意すると「うるせー」と怒鳴ってくる。そのくせ一人でいることを嫌がりべたべた隣に座ってくることもあった。里親委託前に児童相談所で「試し行動」について学んでいたのでこれだと思い、毎朝「おはよう」「ご飯一緒に食べよう」などと根気強く伝え続け、よい点はなるべくほめるようにした。1年たつ頃ようやく少し落ち着いてきた。学校であったことなど何度も聞いてもらいたいようだった。6年になり「俺のお母さんは何しようとやろ」とポツッとD男がつぶやいた。Eさんが、児童相談所に相談したところ、思春期

第7章 児童虐待への心理支援の実際

に入り自分の生い立ちなどが気にかかるようになったのだろうとライフストーリーワークをすることとなった。D男は、生まれたころの記録、施設入所したころのこと、母の写真やアルバムをみるなど自分自身の生い立ちから今までの振り返りを児童福祉司や児童心理司と一緒に行った。いろいろな葛藤はあったが、委託されて3年がたち、今は高校進学に向けて受験勉強に励んでいるD男である。

## ■ V 地域で家族を支援する、こどもは地域の一員として育つ

前述したように、児童相談所における児童虐待相談の9割以上は地域で、家族を支援する処遇となる。児童虐待の要因の一つとして、孤立がある。不適切な養育がある家族の場合、祖父母や親戚との関係はもちろん、地域との関わりがほとんどない家族が多い。家族を地域の一員としてどのように支援し、こどもの健康と成長を保障していけるかは地域の課題でもある。

親自身のこども時代の愛着関係にまつわる心的外傷体験がこどもの心理発達に大きな影響を及ぼすこと、親子関係の特徴や人との関係性のとり方のパターンがこどもとの間で反復されていくことして、虐待の世代間連鎖が言われている。全国の児童相談所における虐待の実態調査では、虐待者の被虐待体験は、約4人に1人の割合になっている。親たちは、こども時代、ほとんどケアを受けることができずに親になっている。ある性虐待の経験のある親が「この子はよその人に助けてもらってずるい、私の時は誰も助けてくれなかった」と言った言葉を忘れることができない。もちろん自分が辛かったからと言ってこどもに不適切な行為をすることが許されるわけではない。しかし、当時は助けをもとめることができない社会であったのである。現在は今、目の前にいるこどもたちや親への支援を丁寧に行うことにより世代間連鎖を断ち切っていくことは可能であると考える。

地域における関係機関のネットワークとして、「要保護児童対策地域協議会」がある。市町村を中心に地域の医療機関や学校、保育所、保健福祉センター、民生・児童委員、弁護士、など関係機関の構成員全体に守秘義務を課し、その中で情報の共有を図り家族やこどもへの支援をきめ細かく行うことができる仕組みである。支援を必要としている家族やこどものために専門機関や地域が継続的にネットワークを紡いでいくことが必要である。心理職もそれぞれの機関の専門職として、要保護児童対策地域協議会のメンバーとして個別検討会議等に出席を求められる機会が今後さらに増えてくると思われる。虐待は個々の機関だけで対応できるものではない。各機関が継続的に途切れることなく必要に応じた支援をでき

るようネットワークを構築していくことが重要である。心理職もその一員として，多くの機関と連携していくことが求められている。

なお，本章で示した事例は，個人が特定されないように複数事例を組み合わせ本質を損ねない範囲で再構築したものである。

◆学習チェック表
☐ 児童虐待相談の現状について理解した。
☐ 児童虐待相談への心理診断（アセスメント）について理解した。
☐ 児童福祉施設や里親へ入所となったこどもや家族への支援・親子関係再構築について理解した。
☐ 児童虐待を受けたこどもや家族への心理職の支援について理解した。

より深めるための推薦図書

川﨑二三彦（2006）児童虐待―現場からの提言．岩波新書．
杉山登志郎（2013）子ども虐待への新たなケア．学研教育出版．
庄司順一・奥山眞紀子・久保田まり（2008）アタッチメント：子ども虐待・トラウマ・対象喪失・社会的養護をめぐって．明石書店．
海野千畝子編（2015）子ども虐待への心理臨床．誠信書房．

文　　献

こども家庭庁：児童相談所虐待対応ダイヤル「189」について．https://www.cfa.go.jp/policies/jidougyakutai/gyakutai-taiou-dial/
厚生労働省（2016）子ども虐待対応の手引き 平成28年改正版．
厚生労働省子ども家庭局「新たな社会的養育の在り方に関する検討会」（2017）新しい社会的養育ビジョン．
厚生労働省雇用均等児童家庭局（2017）児童家庭福祉の動向と課題．児童相談所長研修．
前田研史（2009）児童福祉と心理臨床―児童養護施設・児童相談所などにおける心理援助の実際．福村出版．
増沢高（2011）事例で学ぶ社会的養護児童のアセスメント．明石書店．
松﨑佳子（2016）社会的養護におけるアタッチメントの問題．教育と医学，64(11); 54-61.
西澤哲（1999）トラウマの臨床心理学．金剛出版．
才村眞理（2009）生まれた家族から離れて暮らす子どもたちのためのライフストーリーワーク．福村出版．
新穂唯・中村有生（2017）ネグレクトを背景とした不登校女児への主体性を育む支援―総合環境療法における心理士の役割についての一考察．日本心理臨床学会第36回大会口頭発表．
杉山登志郎（2007）子ども虐待という第四の発達障害．学習研究社．
友田明美（2017）子どもの脳を傷つける親たち．NHK出版．
内海新祐（2013）児童養護施設の心理臨床―「虐待」のその後を生きる．日本評論社．
児童府福祉法の一部を改正する法律：2016（平成28）年5月成立，同年6月公布．

## 第8章

# こどもと親への心理支援の実際

増沢　高

⌒→ Keywords　子育て支援，ひとり親家庭，女性相談支援センター（配偶者暴力相談支援センター），母子生活支援施設，要保護児童対策地域協議会，こども家庭センター，児童相談所，児童家庭支援センター，社会的養護，親子関係再構築支援，里親支援センター

## ■ I　日本における「子育て支援」施策の展開

　高度経済成長期以降，核家族化の進行に伴い，育児の孤立化，母親の育児負担等の問題が顕在化し，地域子育て支援の必要性への認識が高まった。母親のみに任されてきた育児に対して，社会全体で，子育て支援を展開する施策が動き始めたのは，少子化が社会問題となった1990年代からである。1994年のエンゼルプラン，1999年の新エンゼルプランと，地域の子育て支援の推進がうたわれ，2003年には「次世代育成支援対策推進法」が制定（同年「少子化社会対策基本法」も制定）され，子育てが，国，地方公共団体，事業主および国民の責務として明記されるに至った。

　一方，1990年代は児童虐待が大きな社会的問題となる。1989年に国連で「子どもの権利に関する条約」が採択され，日本は1994年に批准する。これを契機に児童相談所（以下，児相）が家庭内児童虐待に対して積極的に介入するようになり，これまで潜在していた家庭内の児童虐待が顕在化する形で，児相で対応する児童虐待相談件数は増加の一途をたどるようになる。そして2000年に「児童虐待の防止等に関する法律」（以下，児童虐待防止法）が制定されるに至る。制定以降，同法と児童福祉の分野での主軸となる児童福祉法の改正が繰り返されるが，改正内容の多くは児童虐待の防止を目的としたものである。

　また，1990年後半には家庭内の夫婦間暴力（domestic violence; DV）が社会問題として注目され，2001年に「配偶者からの暴力の防止及び被害者の保護等に関する法律」（DV防止法）が制定された。2004年の児童虐待防止法の改正では，

こどもが DV を目撃することも，心理的虐待の定義に含まれた。さらに日本では，「こどもの貧困」が大きな社会問題となり，2013 年に「子どもの貧困対策の推進に関する法律（子どもの貧困対策推進法）」が制定される。現在，こどもの貧困は，こどもの安全と健康な育ちを阻害する児童福祉領域の中核的問題とみなされている。

　2016 年の児童福祉法の改正はこれまでにない大きな意味を持つ改正であった。法の理念規定に子どもの権利条約の精神に則った法であることを記し，児童福祉がこどもの人権擁護を基盤とすることをはじめて法律に明文化したのである。子どもの権利条約の一般原則は，差別の禁止（第2条），子どもの最善の利益の保証（第3条），生命，生存，発達の権利（第6条），子どもの意見の尊重（第12条）の4つである。以降，これらの原則に基づいてさまざまな施策が展開されるようになる。さらに同法では，市町村が児童が健やかに養育されるための基礎自治体であると明記し，市町村における支援をこれまで以上に重視するものとした。

　2022 年には，こどもまん中社会の実現に向けた「こども基本法」が制定された。この法律の基本理念には，子どもの権利条約の一般原則が盛り込まれているとともに，すべてのこどもへの養育環境の確保と，家庭や子育てに夢を持ち，子育てに伴う喜びを実感できる社会環境の整備をうたっている。また同年に，「こども家庭庁設置法」が制定され，子ども家庭福祉に関する諸問題について，省庁の縦割りを打破し，隙間事案に対応し，総合的に扱う内閣府直属の庁として，翌年に「こども家庭庁」が誕生した。ここでは，こども基本法に則って，内閣府総理大臣を会長とする「こども施策推進会議」を設置し，こども大綱を策定し，それを具体化するための「こどもまん中実行計画」を策定することとした。

　こうして，主に少子化問題の改善に向けてはじまった子育て支援の充実強化は，今日においては，こどもの権利擁護を基盤とし，こどもの意見表明と社会参加の保証，障害の有無・性的指向・生い立ち・成育環境等による格差・差別のない社会つくり，貧困対策，児童虐待防止，いじめ対策，体罰の防止，性犯罪や性暴力等の権利侵害防止，社会的養護の推進，ヤングケアラー支援，妊娠から出産・子育ての切れ目のない支援，こどもや若者等に関わる人材の確保・育成・支援等を主要なテーマとし，他の施策と関連付けられながら，市区町村を中心としたこどもまん中社会の実現を目指した新たな展開へと歩を進めている。

第8章 こどもと親への心理支援の実際

## ■ II　すべてのこどもと親を対象とした子育て支援

　2016年の児童福祉法の改正で，市町村は，こどもが心身ともに健やかに育成されるよう支援を行う基礎自治体であるとし，すべてのこどもとその家庭（里親および養子縁組を含む）および妊産婦等を対象に支援を行なう責務があることを明記した。

### 1．保育所，幼稚園，認定子ども園におけるこどもと親への支援

　2012年に子ども・子育て関連3法（「子ども子育て支援法」「就学前の子どもに関する教育，保育等の総合的な提供の推進に関する法律の一部を改正する法律」「（上記2法の）施行に伴う関係法律の整備等に関する法律」）が制定され，認定こども園，幼稚園，保育所を通した共通の給付である施設型給付，小規模保育や家庭的保育，居宅訪問形保育，事業所内保育を対象とする地域型保育給付等は，市区町村が主体として行なうとされた。

　近年は社会で働く女性が増加し，保育所等への乳幼児入所のニーズは特に都市部で高まっている。そのため，都市部では保育所が足りずに入所を待つ待機児童が増加し，新たな社会問題となっている。人口の集中する市区町村は，保育所等を増設するなどの措置をとっているが，待機児童問題の解消にはいたっていない。保育士の確保や保育の質の確保等，新たな問題も生じている。

　また2004年の児童虐待防止法の改正で，家庭からの保護を必要とするような児童虐待ケースについての支援は，それまで都道府県・政令市が担うとされていたが，これに市区町村も加わることとなった。また同法では，在宅支援においてはこうしたケースの優先的な保育所入所を推奨し，支援すべきとした（児童福祉法第24条4）。さらにこどもの一時預かり事業等の子育て支援事業をおこなう保育所等も増えており，地域のニーズに応じた機能の拡大が進みつつある。特に2022年の児童福祉法の改正において，虐待の発生を未然に予防するための支援の強化として，後述する市町村の「こども家庭センター」の設置に加え，保育所等の子育て支援の施設や場所において全ての子育て世帯やこどもが身近に相談することができる相談機関の整備が進められることとなった。

　今日，児童虐待等の深刻な課題を抱えたこどもと家族が保育所を利用するケースが増加している。保育の場は，こどもの養育状況の把握やこどもが抱えた課題の回復や健全な育ちを早期に保障する上で極めて重要である。一方で，入所する

こどもは不適切な養育環境による影響から心的発達等に課題を抱えている場合が少なくない。そのため通常の保育・教育活動に乗りにくいこどもが多く，かつ特別な配慮を必要とする保護者も増えていて，その対応に苦慮する状況となっている。こうした状況を背景に，保育士による体罰等の不適切保育が散見されるようにもなっている。

　このような課題を抱えたこどもと家族に対して適切な対応ができるよう保育士の専門性を高めることが喫緊の課題となっている。保育士等がこうしたこどもと保護者との信頼関係を構築し，有効な支援を届けるために，ケースの個別的な課題とその背景等を検討，理解する包括的なアセスメントを行う機能を有する必要がある。その際，心理的アセスメントや支援技術を学んできた心理職が保育園に赴き，保育現場が求める包括的アセスメントに貢献することが有益となる。すでにこの取り組みが始まっている保育所や自治体が複数ある。心理職が保育カウンセラーなどとして保育園を訪問し，保育士と共にカンファレンスを行なうなどして，心理的側面からコンサルテーションを行い，必要な場合は親子への心理的支援を行なうものである。困難に直面している保育士等支援者への支援としても評価されており，今後の発展を期待するところである。

## 2．市町村における母子保健分野の「子育て世代包括支援センター」

### ①周産期における母子保健事業

　市区町村の母子保健は，子育て支援特に周産期の支援においては，古くから重要な役割を担ってきた。こどもと保護者に対する母子保健での支援事業は，主に市区町村の保健センターで行なわれている。主な事業を表1に示す。

　毎年報告されている「子ども虐待による死亡事例等の検証結果等について」（社会保障審議会児童部会児童虐待等要保護事例の検証に関する専門委員会）によれば，全国で確認された心中以外の虐待による死亡は，毎年0歳児死亡が最も多く，その中で妊婦が「妊婦健康診査未受診」や「望まない妊娠／計画していない妊娠」である場合が多いことが指摘されている。これを受け，妊娠期からの予防的支援の重要性が認識され，特別に支援が必要な妊婦（特定妊婦）に対する早期把握と早期支援のために，医療機関，保健機関，福祉機関が協働しての取り組みが進められている。

### ②市町村「子育て世代包括支援センター」

　2016年の母子保健法の改正により，「子育て世代包括支援センター」（法律上

第8章 こどもと親への心理支援の実際

表1　こどもと保護者に対する母子保健事業

| 事業 | 内容 |
| --- | --- |
| 妊婦健康診査（妊婦健診） | 母子保健法第13条に定められており，必要に応じて妊産婦に対して健康審査を行なうもの。妊婦の健康管理の充実と経済的負担の軽減を図るために，公的負担の拡充が進められている。妊婦健診は，身体的健康のみならず，胎児虐待や出産後の養育困難さなど，福祉的なニーズについても把握し，支援につなげる場ともなっている。 |
| 産後ケア事業 | 退院直後の母子に対して心身のケアや育児のサポート等を行い，産後も安心して子育てができる支援体制の確保を目的としたもので，病院や助産所を利用した「宿泊型」，来所等による「デイサービス型」，利用者の自宅に赴く「アウトリーチ型」がある。 |
| 産前・産後サポート事業 | 身近に相談できる者がいないなど，支援を受けることが適当と判断される妊産婦およびその家族に対して，妊娠・出産や子育てに関する悩み等について，助産師等の専門家または子育て経験者やシニア世代等の相談しやすい「話し相手」等による相談支援を行うもの。来所等による「デイサービス型」，利用者の自宅に赴く「アウトリーチ型」がある。 |
| 乳幼児健康診査（乳幼児健診） | 母子保健法第12条に定められた1歳6カ月児健診と3歳児健診で，市町村に実施が義務付けられている。9割以上の親子が受診しているため，未受診の親子については，状況の確認が必要となる。妊婦健康診査と同様，福祉的ニーズの把握と，必要な支援につなげていく機会となる。 |

の名称は「母子健康包括支援センター」）を市区町村に設置することが努力義務とされた。このセンターは，妊娠期から子育て期に切れ目なく支援を提供するために，市区町村の子育て支援事業と母子保健施策事業を統合した構想のセンターである。2020年度末までに全市区町村での設置を目指したものである。

　保健と福祉との連携・統合は，子育て支援の展開において非常に重要な意味を持つ。利用者にとっては，妊娠期と子育て期で，相談窓口が同じであることは，妊娠期に築かれた支援関係を，出産後も継続でき，子育ての相談をしやすくさせる。また妊娠期に充分な支援を受けることは，こどもに対する肯定的な感情やこどもとの情緒的な結びつきを強めるといわれている。周産期は，虐待の早期予防と世代間伝達を食い止める非常に重要な時期と認識されている。妊娠期と出産後の子育て支援の一貫性，連続性を目指したこのセンターの展開は非常に重要となろう。心理職は，乳幼児健診の実施に貢献する場合が多いが，妊婦への心理的アセスメントやメンタルヘルスに関する心理的支援は有益となる。

### 3．市町村「こども家庭センター」

2016年の児童福祉法の改正で，市町村に「子ども家庭総合支援拠点」の設置が進められた。ここでは，一般の子育てに関する相談から養育環境等に複数の課題を抱えたハイリスクのケース，および妊産婦の相談に応じ，ここにおいても，児童福祉と母子保健部門との連携・協働がうたわれ，周産期からの切れ目ない支援の充実を目指すものとした。

2022年の児童福祉法の改正では，さらにこれを進めて児童福祉と母子保健部門との一体的運営を図るため，市町村は上記の「子ども家庭総合支援拠点」と「子育て世代包括支援センター」を統合し，すべての妊産婦，子育て世代，こどもに対し，母子保健・児童福祉の両機能が一体的に相談支援を行う機関として，「こども家庭センター」の設置を努力義務とした（児童福祉法第10条の2）。

ここでは新たに，支援対象者の課題の解決のために当事者ニーズに沿った支援方針を，当事者と作成し，共同・共有する「サポートプラン」作成することが示され，こども・当事者中心の支援が展開されることとなった。

こどもと家族への支援として市区町村が行なう事業として，児童福祉法に規定された事業を表2に示す。市区町村の規模は，人口数百人のところから百万を超えるところまで幅があるが，2017年から中規模市以上（人口約17万人以上）で心理職が配置されるようになった。

心理職が配置されている市区町村では，子育て支援としての心理職の役割として，「サポートプラン」作成時における心理的側面からのアセスメントへの貢献と，市町村の子育て支援事業の実施に伴う心理的役割からの貢献となる。面接室や家庭訪問による相談，親グループ，子育てに関する心理教育的プログラムの実施，さらにはさまざまな子育て支援事業の評価等があげられるよう。しかし，子育て支援の領域は，今なお多くのニーズが潜在しており，地域ニーズの掘り起こしをもとに，ニーズに適った新しい支援事業を，心理の立場から提案していくことも重要な役割となる。

## III　ひとり親家庭等への支援

### 1．親の離婚とこどもへの支援

ひとり親家庭の現状について，2021年度は，母子世帯数が119.5万世帯，父子世帯数は14.9万世帯で，平均年間収入（母又は父自身の収入）はそれぞれ272

表2　市区町村における子育て支援事業

| 事業名 | 内容 |
| --- | --- |
| 乳児全戸訪問事業 | 児童福祉法第6条の3第4項で規定された事業で，生後4カ月までの乳児のいるすべての家庭を訪問し，子育て支援に関する情報提供や養育環境等の把握を行い，乳児家庭の孤立化防止などを目的としたもの。児童虐待による死亡事例が0歳児に多いことから，早期の把握と支援の展開を目指したものである。 |
| 子育て援助活動支援事業（ファミリー・サポート・センター事業） | 乳幼児や小学生等の児童を有する子育て中の労働者や主婦等を会員として，児童の預かりの援助を受けることを希望する者と援助を行うことを希望する者との相互援助活動に関する連絡，調整を行うもの。活動の例として，保育施設までの送迎，保育施設の開始前や終了後または学校の放課後のこどもや病児・病後児の預かりなどがある。 |
| 一時預かり事業 | 日常生活上の突発的な事情や社会参加などにより，一時的に家庭での保育が困難となった乳幼児を保育所等で一時的に預かる事業。 |
| 地域子育て支援拠点事業 | 公共施設や保育所，児童館等の地域の身近な場所で，乳幼児のいる子育て中の親子の交流や育児相談，情報提供等を実施するもの。NPOなどさまざまな機関の参画による地域の支えあいを促進し，地域の子育て力の向上を目指したもの。 |
| 利用者支援事業 | 子育て家庭や妊産婦が，教育・保育施設や地域こども・子育て支援事業，保健・医療・福祉等の関係機関を円滑に利用できるように，身近な場所での相談や情報提供，助言等必要な支援を行うとともに，関係機関との連絡調整，連携・協働の体制づくり等を行うもの。 |
| 子育て短期支援事業 | 母子家庭等が安心して子育てをしながら働くことができる環境を整備するため，市町村が一定の事由により児童の養育が一時的に困難となった場合に，児童養護施設，母子生活支援施設，乳児院，保育所，ファミリーホーム等を活用して，こどもを預かる事業。大きく短期入所生活援助（ショートステイ）と夜間養護等（トワイライトステイ）の2つがある。 |
| 養育支援訪問事業 | 養育支援が特に必要であると判断される家庭に対して，保健師・助産師・保育士等が居宅を訪問し，妊娠期の支援，出産後間もない時期（おおむね1年程度）の養育者に対する相談や養育技術の提供等，虐待のおそれやそのリスクを抱える家庭に対する養育環境の改善や子の発達保障等のための相談・支援，児童養護施設等の退所または里親委託の終了により児童が家庭復帰した後の相談・支援等。 |
| 放課後児童健全育成事業 | 保護者が労働等により昼間家庭にいない小学校に就学している児童に対し，授業の終了後等に小学校の余裕教室や児童館等を利用して適切な遊びおよび生活の場を与えて，その健全な育成を図るもの。 |

表2つづき

| 事業 | 内容 |
|---|---|
| 子育て世帯訪問支援事業 | 訪問による生活の支援。 |
| 児童育成支援拠点事業 | 学校や家以外のこどもの居場所支援。 |
| 親子関係形成支援事業 | 親子関係の構築に向けた支援。 |

万円，518万円，世帯の平均年間収入はそれぞれ373万円（令和3（2021）年度全国ひとり親世帯等調査）だった。離婚件数は2020年度は19万3,253件（令和4（2022）年人口動態統計）で，うち未成年のこどもがいる離婚件数は11万1,335件で全体の約6割を占めている。

　離婚は，夫婦の双方だけではなく，こどもに大きな心的負担を与えるものである。離婚する家庭のこどもへの支援は，日本が立ち遅れていることのひとつである。こどもは，離婚に対して，罪悪感や両親に対するアンビバレントな感情を抱きやすい。両親を気遣い，そうした思いを言葉にすることもできにくい。ゆえにこどもの気持ちを受け止める相談者の配置は必須であるべきだろう。しかし日本では，こうしたこどもの心を受け止め，ケアを行なう機関はほとんど見当たらない。こうしたこども達も含め，心理職は潜在する心理的ニーズに目をむけて，体制の整備等に貢献したい。

## 2．ひとり親家庭への子育て支援

　ひとり親家庭の就労状況は，母子家庭が約86％，父子家庭が約88％で，その内正規の職員としての就労の割合は，母子は49％，父子は70％であった（令和3（2021）年度全国ひとり親世帯等調査）。近年こどもの貧困が社会的問題となっており，特にひとり親家庭の2組に1つは貧困な現状にある。貧困は，生命の安全や教育等の機会均等を損なわせ，暮らしと育ちの全体を脅かすものである。

　子どもの貧困対策推進法には，生活の支援，教育の支援，保護者に対する就労の支援，経済的支援の4つを柱に行動計画を立てて，支援の強化を図ることを明記した。具体的には，母子・父子自立支援員による相談，家庭生活支援による家事支援や児童の世話，児童養護施設，母子生活支援施設，乳児院，保育所，ファミリーホーム等でこどもを預かる短期入所生活援助（ショートステイ）と夜間養護（トワイライトステイ）の提供，親とこどもの双方への学習講座や放課後の学習支援，保護者の就業相談や就業訓練，養育費の相談や児童扶養手当の充実等の経済的支援などである。

## 3．母子生活支援施設による支援

　母子生活支援施設は，ひとり親家庭の母子が入所して，子育てや生活の支援，親子が抱えた心的課題の解決，自立支援等を受ける施設である。「配偶者のない女子又はこれに準ずる事情にある女子及びその者の監護すべき児童を入所させて，これらの者を保護するとともに，これらの者の自立の促進のためにその生活を支援し，あわせて退所した者について相談その他の援助を行うことを目的とする施設」（児童福祉法第58条）で，現在全国で219カ所（2024年4月1日現在）設置されている。児童福祉施設のひとつであるが，児童相談所の措置による入所と違って，都道府県または市区町村の福祉事務所での契約によって入所する。施設には母子支援員，保育士，少年指導員，調理員，心理職が配置されている。

　「母子が一緒に生活しつつ，共に支援を受けることができる唯一の児童福祉施設」という特性を活かして，母親に対する生活や養育の支援，就労支援，こどもへの学習支援，心的課題を抱えた母親とこどもの回復に向けた支援，親子関係再構築支援等が行なわれている。近年DV被害者やDVの目撃等の虐待による影響を受けた児童の入所が増加し，心理的支援や親子の関係調整のニーズが高まっている。そのため母親やこどもに対する心理的アセスメント，ケアに当たる職員へのコンサルテーションなど，心理職の専門性が求められている。

　今日，地域のひとり親家庭への支援拠点として，妊産婦の支援，母子の居場所つくり，就労や学習支援，ショートステイやトワイライトステイ等を行なう施設が増えてきている。こうした地域の支援においても，心的課題を抱えた親子へのアウトリーチによる心理的支援等，心理職に期待されるところは大きい。

## 4．女性支援事業

　2022年に「困難な問題を抱える女性への支援に関する法律」が制定され，2025年4月より施工された。この施行に伴い，これまで売春防止法を主な根拠として行われてきた婦人保護・女性支援について，今後は「女性の福祉」「人権の尊重や擁護」「男女平等」といった新たな視点に立ち，困難を抱える女性一人ひとりのニーズに応じて，多様な支援を包括的に提供する体制を整備することとなった。困難を抱える女性のニーズには，生活困窮，性暴力・性犯罪被害，家庭関係破綻などが含まれる。

　また，DV被害，ストーカー被害，性的なサービスや労働の強要等の人身取引が大きな社会問題となっている。これらの問題についても女性支援事業の対象とな

り,「配偶者からの暴力の防止及び被害者の保護等に関する法律」(平成13(2001)年制定, 令和5 (2023) 年改正),「ストーカー行為等の規制に関する法律」(平成12年年制定, 令和3 (2021) 年年改正),「人身取引対策行動計画2022」に則って支援が行なわれる。

① 「女性相談支援センター」(配偶者暴力相談支援センター)
　女性新事業を行うセンターで, 女性のさまざまな悩みに相談員が応じ, 緊急の保護や問題の解決に向けた支援を行う相談機関で, それまでの「婦人相談所」が令和4 (2022) 年1月より名称変更となった。都道府県に設置義務があるほか, 政令市も「設置できる」ものとされている。一時保護機能を持ち, 要保護女子, DV被害者, 人身取引被害者の相談・支援を行なう。「女性相談支援員」(旧婦人相談員) が, 相談・指導を行っている。なお女性相談支援センターに相談アクセスしやすい環境を整備することを目的として, 女性相談支援センター全国共通ダイヤル「＃8778」を開設することになった。

② 女性自立支援施設 (旧婦人保護施設。令和4 (2022) 年1月より名称変更)
　要保護女子, DV被害者, 人身取引被害者の保護, 自立のための支援を行う。

③ 母子生活支援施設や民間シェルター等
　婦人相談所の一時保護の委託先として活用される。妊娠段階から出産後まで一貫して母子の支援を行うことが可能となるよう, 2011年から支援が必要と認められる妊産婦も母子生活支援施設での一時保護の委託対象に加えた。

　2002年に女性相談支援センターに心理職 (心理判定員) の配置が予算化された。以降, 主に対象となる女性の心理アセスメントやカウンセリング等の心理的支援を行ってきている。しかし近年はDV被害, ストーカー被害, 人身取引被害等の女性やこどもが増加しており, 女性だけでなく, こどもに対する心理的アセスメントや親子の関係性へのアセスメント, およびそれぞれへの心理的支援が必要となってきている。しかしDVや虐待等のトラウマに対する心理的アセスメントと心理的ケアについては, その体制や実践はまだ十分とは言えない状況にある。女性とこどもの抱えた心理的課題を鑑みれば, 女性相談支援センターや女性自立支援施設, さらに母子生活支援施設等において, 女性だけでなく, こどもに対して, さらに親子関係に対する心理的ケアの充実が今後ますます必要とされよう。

## IV　要保護・要支援ケースへの支援

### 1．市区町村の要保護児童対策地域協議会

　市区町村における子育て支援は，保育サービスや子育て手当等の一般の子育て支援から，養育環境等に複数の課題を抱えたハイリスクの家族に対するより濃密な支援を提供するまで幅が広い。リスクが高じて，保護者のない児童または保護者に監護させることが不適当と認められる児童は「要保護児童」（児童福祉法第6条の3），それに準ずる児童を「要支援児童」と呼び，こどもの保護も視野に入れた支援の対象としている。また，特定妊婦（出産後の養育について出産前において支援を行うことが特に必要と認められる妊婦）も要保護児童等として，これらに含まれる。

　要保護・要支援児童のケースとそうでないケースとの間に明確な境界があるわけではない。要保護，要支援ケースの周辺には，非行児童やヤングケアラーなど逆境的な養育環境に置かれたこどもなどがおり，こうしたケースに対しても，早期に把握し，支援につなげる必要がある。これらのこどもとその家族は，複合的な課題を抱えている場合が多く，それに応じた多岐にわたる手立てを，必要な機関が協働して提供することが重要となる。

　こうした複数機関による協働の枠組みを「要保護児童対策地域協議会」（以下，要対協）という。要対協は児童福祉法に市町村にその設置の努力義務が定められており，要保護児童もしくは要支援児童とその保護者，または特定妊婦を対象とすると明記されている（第25条の2）。要対協は，関係機関が情報を共有し（個人情報保護法や各自治体の個人情報保護のための条例および守秘義務の規定等には抵触しない），ケースの課題を検討，整理し，支援方針を設定とともに，支援の進捗状況を管理することになる。

　先述した「こども家庭センター」は，この要対協の運営も担い，児童虐待通告の受理と対応，要対協によるケースの進行管理，ケアプランの作成と実施の中心機関となる。

　多くの市町村は要保護児童等の支援におけるアセスメントの重要性を認識しており，特に養育者とのアタッチメント形成の評価，被虐待体験等によるトラウマの評価，誤って学習した認知行動のパターンなどについてアセスメントできる心理職の配置を望む声は大きく，市区町村に心理職を配置する方向を国は示している[注1]。

表3 児童相談所の相談種別と概要

| 養護相談 | 児童虐待相談や保護者の失踪等，養育困難な状況におかれた児童に関する相談。 |
|---|---|
| 障害相談 | 知的障害，発達障害，重度の心身障害などの相談。 |
| 非行相談 | 虞犯や触法行為等のある非行児童に関する相談。 |
| 保健相談 | 低体重児，虚弱児，小児喘息等の疾患を持つこどもの相談。 |
| 育成相談 | しつけ，不登校，家庭内暴力，進路の適正等の相談。 |

## 3．児童相談所における支援

児童相談所（以下，児相）は児童福祉法に基づいて各都道府県に設けられた児童福祉に関する専門機関で，すべての都道府県および政令市に1カ所以上の設置義務（2006年から中核市に設置が，2016年から東京都の特別区に設置が可能となった）があり，全国で234カ所（2024年4月1日現在）に設置されている。市区町村が一般的な子育て支援から要保護児童のケース支援まで幅の広い対象を扱うのに対して，児相は，より重篤なケース，あるいは一時保護や施設入所等の行政権限を必要とするケースを中心とすることで，市区町村との役割分担がなされている。児相の児童福祉法に規定されている基本的機能は以下の4つに集約される。

①相談機能

こどもに関する相談で，専門的な知識や技術を必要とするものについて，総合的なアセスメントをもとに援助方針を定め，関係機関等を活用して一貫したこどもの援助を行なうもの（児童福祉法11条1項2号Rロ，児童福祉法12条2項）。児相が応じている相談種別を表3に示す。近年は心理的虐待（こどもの面前でのDV）による通告が増え，養護相談が増加し続けている。

②一時保護機能

必要に応じて家庭から離して一時保護をするもの（児童福祉法33条）で，本人の意見，意向の確認の上行われる。保護のねらいは大きく2つあり，深刻な虐待状況にあるなど，こどもの福祉が侵害されている状況にある子供の安全を守る

---

注1）心理担当支援員の配置人員として，人口17万から45万未満までの中規模市では心理担当支援員を常時1人，人口45万人以上の大規模市では常時2名を最低配置人員としている。

第8章 こどもと親への心理支援の実際

ために行われる「緊急保護」と適切な援助方針検討するために，十分な行動観察等の実施を含む総合的なアセスメントを行う必要がある場合に行う「アセスメント保護」がある（「一時保護ガイドライン」令和2（2020）年3月31日付け厚生労働省こども家庭局長通知）。

なお，2024年の児童福祉法の改正で，一助保護を行う場合，親権者等が同意した場合を除き，事前，あるいは保護開始から7日以内に家庭裁判所に書面で一時保護の許可請求をし，裁判所の一時保護状の発布を得ることとなった。

多くの児相で一時保護所を備えていて，そこで保護し，支援を行うが，一時保護は一時保護所以外での公的機関等に委託でき，例えば，3歳未満の乳児については乳児院に一時保護委託する場合が非常に多く，3歳以降でも児童養護施設等に一時保護委託されるケースも増えている。

③措置機能

里親や児童福祉施設にこどもを委託，通所，または入所させて，こどもへの必要な支援，指導を行なうもの（児童福祉法27条1項3号）。里親委託や施設入所には，本人の意見，意向確認が必要で，さらに原則，親権者または未成年後見人の同意を得て行う。同意が得られない場合等は，家庭裁判所に申し立て（児童福祉法第28条の申し立て）を行い，審判を経て委託，措置となる。

④市町村援助機能

市区町村における子ども家庭相談への対応について，市区町村間の連絡調整，市区町村への情報の提供その他必要な援助を行なうもの（児童福祉法11条1項1号，児童福祉法12条2項）。

児相には児童福祉司，児童心理司，一時保護所職員，医師，保健師，弁護士など多職種が配置され，これらの機能を担っている。

児童心理司は，全国で2,347人が配置されている（2022年度実績：令和5（2023）年度全国児童福祉主管課長・児童相談所長会議資料）。児相で担うケースに対して，心理的側面からのアセスメント（心理診断）を行い，児相の総合的なアセスメント[注2]（総合診断）に貢献し，必要な心理的支援を行なっている。また

---

注2）児童心理司による心理診断，児童福祉司による社会診断，医師による医学診断，一時保護所の行動診断の4つによって総合診断がなされる。

市区町村や施設あるいは里親に対して，心理的側面からのコンサルテーションの役割を担っている。

### 4．児童家庭支援センター

児童家庭支援センターは，児童に関する相談の内，専門的な知識と技術を必要とするものに応じ，必要な助言を行うと共に，市町村の求めに応じて，技術的助言や必要な援助を行なう他，要保護児童とその保護者に対して支援を行なう機関である。児童家庭支援センターは全国で138ヵ所（2019年10月1日現在）設置されている。

児童家庭支援センターは都道府県・政令市が設置主体でありながら，市町村の支援事業を行うという特徴を持っており，都道府県・政令市と市区町村との連携・協働を促進する上でも重要な役割を担う機関となっている。また乳児院や児童養護施設が，入所したこどもの支援だけでなく，市区町村の子育て短期支援事業等の委託を受けるなど市町村の支援事業も請け負う施設が増えており（施設の多機能化），これを推進するために，児童家庭支援センターを併設する施設が増えている。相談員として心理職が配置されており，市町村におけるこどもと親への支援の専門機関としての特徴を備えている。児相や市区町村，児童福祉施設，学校等関係機関との連携の要となって支援を行なっている。

### 5．要保護・要支援ケースにおける心理職の役割

要保護・要支援ケースに対応する心理職は，当該と地域の支援機関とその事業を理解し，こどもと家族に対する直接的な支援のみならず，さまざまな事業がより有効に展開できるよう協力することである。このためには，多職種，多機関との協働により支援を展開する力が求められ，要対協の個別ケース検討会議に参加するなどして，多機関支援チームのアセスメントに心理的な側面から貢献することである。

また要保護・要支援ケースとなる家族は，子育ての不十分さへの罪悪感，問題を指摘されることの恐怖や不安，あるいは支援機関への不信感などから，支援を受けることに消極的または拒否的な場合が少なくない。こうしたケースに対応するためには家庭訪問による支援も含め多職種協働によるアウトリーチの力が求められる。

第8章 こどもと親への心理支援の実際

## Ⅴ　社会的養護におけるこどもと親への支援

### 1．児童福祉施設における親子関係再構築支援

　保護者のない児童や、保護者に監護させることが適当でない児童を、公的責任で社会的に養育し、保護するとともに、養育に大きな困難を抱える家庭への支援を行うことを社会的養護という。社会的養護のあり方として、児童を家庭から分離し、家庭に代わって養育を担う代替養育がある。代替養育には、里親、ファミリーホーム、施設養護の3つの形態があり、全国で約4万5千人の児童が代替養育の対象となっている。代替養育を担う施設としては、乳児院、児童養護施設、児童心理治療施設、児童自立支援施設、自立援助ホームがある。施設では、家庭的養育が推進されており、施設の生活単位の規模を小さくして、一般家庭に近い形で地域に溶け込んで養育を行なう設定（施設の小規模化と地域分散化）が進められている。

　施設に入所となったこどもの多くは、心身に深刻な課題を抱えている。ゆえに、従来の健やかな育ちを促す養育に加え、心的課題の回復のための支援、さらには家族の抱えた課題の改善のための支援や親子関係再構築に向けた支援の強化が求められる。時に2022年の児童福祉法の改正では、親子再統合支援として、ピア・カウンセリング、心理カウンセリング、保護者支援プログラムなどの事業などによる、親子関係の再構築の推進強化が示された。

　施設では生活指導員、保育士、家庭支援専門相談員、心理職、栄養士等が配置されている。2009年に常勤心理職の配置が公的に認められ、多くの施設が心理職を配置するようになった。心理職にはこどもと親への心的アセスメントや心理的支援、保護者のアセスメントや心理的支援等で貢献してきているが、今後は親子の関係性のアセスメントと関係の改善に向けた心理的支援等での貢献も期待されている。

### 2．養育里親，ファミリーホームにおける支援と親子再統合支援

　里親やファミリーホームは、社会的養護の主要な機能として養育を担う。養育里親やファミリーホームはこどもを委託した児童相談所や里親等を支援する児童福祉施設と連携し、チームとしてこどもの養育にあたると共に、実親に対する支援や親子の関係調整に努めることとなる。日本では里親やファミリーホームへの委託率が他の先進諸国に比べて低く、里親への委託の推進が図られている。

2022年の児童福祉法の改正で里親に対する支援を行う「里親支援センター」が新たな児童福祉として設置されることとなった。里親支援の一連の流れは，里親のリクルート，里親への研修，里親候補者とこどもとのマッチング，里親・里子への相談支援，実親への支援，実親との関係改善に向けた支援等が計画的に行われる必要がある。従来は児童相談所が里親認定と委託，および定期的な訪問を行い，ここに児童福祉施設に配置された里親支援専門相談員や心理職等が，里親とこどもの相談援助，里親のレスパイト，里親会等のネットワークつくりなどの支援を行なってきたが，里親支援センターが設置されることで，より手厚い支援が可能となろう。心理職は，上記支援に協力し，自立支援計画策定の際の協力（ケースアセスメント），こどもへの心理的支援，こどもと里親との関係調整，実親とこどもとの関係改善に向けた支援などで貢献することが期待される。

　社会的養護を担う里親養育とは別に，血のつながらない者同士が親子関係となる養子縁組がある。これには当事者の合意および養子が未成年の場合の家庭裁判所の許可で成立する普通養子縁組と家庭裁判所の審判による特別養子縁組がある。養子縁組がされた養親やこどもに対する支援も，里親への支援と同様に重要で，児相や施設，養子縁組あっせん機関との協働による支援が求められている。

---

◆学習チェック表
□　市区町村の子育て支援事業の概要を理解した。
□　母子保健における周産期の親子への支援の事業の概要を理解した。
□　家庭支援センターの役割について理解した。
□　児童相談所の機能について理解した。
□　女性支援事業における支援の概要を理解した。
□　代替養育における親子再統合支援について理解した。

より深めるための推薦図書
　新たな社会的養育の在り方に関する検討会（2017）新しい社会的養育ビジョン．
　こども家庭庁（2023）こども大綱．
　こども家庭庁成育局・支援局（2024）こども家庭センターガイドライン．

　　　文　　献
新たな社会的養育の在り方に関する検討会（2017）新しい社会的養育ビジョン．
久保田まり・松本しのぶ・前川美行ほか（2023）地域での早期支援における保育所の役割と課題．子どもの虹情報研修センター．
厚生労働省児童家庭局（2008）児童家庭支援センター設置運営要綱．厚生省児童家庭局長通知．
厚生労働省（2022）令和3年度全国ひとり親世帯等調査．

厚生労働省社会・援護局総務課女性支援室（2024）困難な問題を抱える女性への支援について．
こども家庭庁（2023）こども大綱．
こども家庭庁（2024）令和5年度全国児童福祉主管課長・児童相談所長会議資料．
こども家庭庁（2024）社会的養護の施設等について．https://www.cfa.go.jp/policies/shakaiteki-yougo/shisetsu-gaiyou
こども家庭庁支援局（2024）児童相談所運営指針．
こども家庭支援局（2023）親子関係再構築のための支援体制強化に関するガイドライン．
こども家庭庁支援局（2014）里親支援センター及びその業務に関するガイドライン．
こども家庭庁支援局（2024）一時保護ガイドライン．
こども家庭庁成育局・支援局（2024）こども家庭センターガイドライン．
こども家庭庁成育局（2024）地域子育て相談機関設置運営要綱．
こども家庭庁こども家庭審議会（2024）こどもまんなか実行計画2024の策定に向けて（案）．
増沢高・上野昌江・中板育美ほか（2024）周産期からの早期支援における市町村の母子（親子）保健と児童家庭福祉の連携・協働．子どもの虹情報研修センター．
みずほ情報総合株式会社（2017）子育て世代包括支援センター業務ガイドライン．平成28年度子ども・子育て支援推進調査研究事業「子育て世代包括支援センターの業務ガイドライン案作成のための調査研究」．

## 第9章

# 認知症高齢者の心理支援の実際

下垣　光

**Keywords**　アルツハイマー型認知症，グループホーム，ユニットケア，認知機能障害，リアリティ・オリエンテーション（RO）

# I　認知症とは

## 1．認知症とは

　認知症（dementia）とは，正常に発達した記憶などの認知機能をはじめとする知的活動の能力が持続的に低下する状態であり，さらに日常生活や社会生活に支障をきたす特徴がある。

　記憶の低下は，誰もが加齢により出現することはめずらしくはない。しかし認知症による記憶障害とは，体験全体の記憶の低下と比較的最近の記憶である近時記憶の低下が同時に起きるという特徴がある。よく知られている例としては，認知症高齢者が朝食を食べた直後に，「私の朝ご飯，まだかしら。まだ食べていないわ」と介護家族に訴えることがあげられる。

## 2．認知症の原因となる疾患

　認知症には，さまざまな原因疾患がある。最もよく知られている原因疾患は，アルツハイマー型認知症である。アルツハイマー型認知症は，脳内におけるアミロイドβタンパク質の蓄積などにより，神経線維の束ができる神経原線維変化や老人斑の出現，神経細胞の脱落などの特徴があり，脳の変性性疾患である。また脳の変性疾患としての認知症には，他にもレビー小体型認知症や前頭側頭型認知症などがある。レビー小体型認知症では，脳内にレビー小体という物質の沈着があり，症状としては認知機能障害に加えて，幻視やパーキンソン症状，睡眠障害などが出現し，前頭側頭型認知症では，脳の前頭葉から側頭葉にかけての萎縮により，性格変化と社会的行動の生涯の出現，自己の行動の統制がとれなくなる，

第9章 認知症高齢者の心理支援の実際

表1 認知症の主な原因疾患

| 脳血管性の疾患 | 脳血管障害による認知症, 脳出血, 脳梗塞, など |
|---|---|
| 変性疾患 | アルツハイマー病, 進行性核上性麻痺, パーキンソン病, レビー小体型認知症, 前頭側頭型認知症, ハンチントン舞踏病, など |
| 内分泌・代謝性中毒性疾患 | 甲状腺機能低下症, 下垂体機能低下症, ビタミンB12欠乏症, 透析脳症, 低酸素症, 低血糖症, アルコール脳症, 薬物中毒, など |
| 感染性疾患 | クロイツフェルト・ヤコブ病, 脳膿瘍, 脳寄生虫, 進行麻痺, など |
| 外傷性疾患 | 慢性硬膜下血腫, 頭部外傷後遺症, など |
| その他 | 正常圧水頭症, 多発性硬化症, 神経ベーチェット, シェーグレン症候群, など |

病識の著しい欠如などの症状に特徴がある。これらの脳細胞の変化による変性性の疾患は，発病は，40歳代からおきることが知られており，65歳未満の発病の場合，若年性認知症として診断され，進行が早いケースも少なくない。

認知症の原因疾患として，代表的な疾患のもうひとつには，脳血管性認知症がある。原因は脳の血管が詰まったり破れたりした状態が，脳血管障害により脳の血流量や代謝量が減少させ，認知機能の低下をもたらすと考えられている。その他に特徴的な症状として，片麻痺，小刻み歩行などの歩行障害，頻尿，尿失禁，構音，嚥下障害が出現する。

認知症の原因となる疾患は他にもあり，主な原因疾患を表1に示す。

### 3．認知症に類似した疾患

認知症と区別すべき疾患・病態としては，せん妄，うつ病による仮性認知症などがある。

せん妄とは，脳血管障害ないし脱水や低栄養状態，不眠や発熱などの身体状態の悪化や，薬の副作用などの合併により，意識レベルが変動し，記憶や見当識の障害とともに思考障害,幻覚が見られる（特に幻視）などの症状は急速に出現し，数日から数週間の持続するなどの特徴がある。しかし原因となる状態の改善により，回復することがある。

うつ病による仮性認知症では，うつ状態などの気分障害と共に，認知機能の低下があり，その自覚に悩む点に特徴がある。自発的な活動は減少し，アルツハイマー型認知症などの初期段階と表面的には違いが周囲にはわかりにくい。うつ病に対する適切な治療により改善する可能性がある。

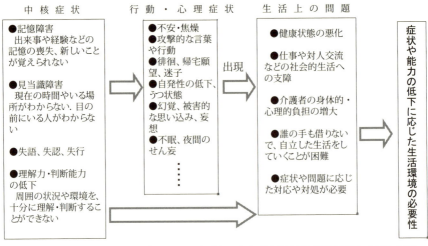

図1 認知症の症状とそれを背景とする生活上のさまざまな問題（児玉ら編，2009より）

## II 認知症による症状の特徴とさまざまな心理問題

認知症による症状は，中核症状と行動・心理症状に大別される。さらにそれらの出現が日常生活におけるさまざまな問題の引き起こすことに特徴がある（図1）。

### 1．中核症状──認知機能の低下

中核症状の特徴は，認知機能障害であり，特に記憶障害が代表的である。記憶障害では，記銘力の低下が顕著であり，短期記憶から長期記憶への定着の失敗としての近時記憶の障害がある。さらに短期記憶の障害としては，2つのことを同時にできない，注意が別のところに向くとそれまでやっていたことを忘れてしまうなどの作動記憶における「注意分割」の困難もおきやすい。また「個人的な体験」や「出来事」の記憶の低下などの長期記憶におけるエピソード記憶の低下もある。

記憶障害と同様に認知症における代表的な認知機能障害は見当識障害である。
見当識障害とは，時間，場所，人物などについて「見当がつかなくなる」障害であり，特に認知症がなければ誰もが「わかること」ことが見当がつかない状態をさす。例えば，現在の時間を正確に答えなさい，と問われれば，答えられないことは誰でも生じやすいが，今の季節は？などと聞かれて「まったくわからない」

第9章 認知症高齢者の心理支援の実際

となることは簡単にはおきない。自宅にいても「家がどこにあるのか？」、同居している夫や妻に対して「誰だかわからない」などの状態は、場所や人物の見当識障害の典型的な特徴である。この他にも認知機能の低下には、失認、失語、失行などの神経心理障害や計画に物事に取り組む行動ができなくなる実行機能障害などがあり、徐々に進行していく傾向がある。

このような認知機能の低下は、認知症の診断をするうえで、最も重視される。認知症の診断の補助のために作成された認知機能検査があり、代表的な検査が、HDS-R（長谷川式簡易知能評価スケール：第4章の図1）とMMSE（ミニメンタルステート検査；表2）である。

MMSEでは、30点満点中、合計得点が23点以下が認知症疑いであり、27点以下は軽度認知障害（MCI）が疑われる。HDS-Rとの大きな違いは、質問だけではなく模写等の課題があることである。なお、HDS-RもMMSEも認知症のスクリーニングテストであり、認知機能の低下を早期発見はできるが、確定診断はできない。

## 2．行動・心理症状──心理的な混乱、精神的な不安定さの出現

中核症状の出現は、行動・心理症状の出現に影響を与える。行動・心理症状は、不安・焦燥、攻撃的な言葉や行動、自発性の低下、うつ状態、幻覚、妄想、不眠、夜間のせん妄などの精神症状と、徘徊、異食、失禁、性的逸脱行動、モノを壊すなどの行動などが含まれる。これらの症状は、介護に関する負担、ストレスなどの中心的な原因となりやすい。これらの状態が出現することは、介護やコミュニケーションにおける対応の困難さをもたらし、その状態の一つでも出現すると、介護者はその行動が出現しないか目を離せなくなり、対応のために時間的に拘束されることとなる。さらに「わざとしているんじゃないか」と自分に対する嫌がらせなどの意図的な行動として介護者が受け止めることもおきやすい。財布をどこかにしまい忘れたにもかかわらず、「あんたが盗ったんだろう」と被害的に思いこむ「物とられ妄想」は介護者に大きな心理的な負担をあたえることとなる。

## III　認知症高齢者の心理支援の実際

### 1．介護サービスによる支援──支援環境の整備

認知症が社会に問題として認識されたのは、1972年に発表された有吉佐和子氏の小説『恍惚の人』がきっかけのひとつとされる。このことは社会に認知症の

第2部　福祉心理学的心理支援の実際

表2　MMSE（森ら，1985）

| 1：日時（5点） | 今年は何年ですか。<br>いまの季節は何ですか。<br>今日は何曜日ですか。<br>今日は何月何日ですか。 |
|---|---|
| 2：現在地（5点） | ここは，何県ですか。<br>ここは何市ですか。<br>ここは何病院ですか。<br>ここは何階ですか。<br>ここは何地方ですか。 |
| 3：記憶（3点） | 相互に無関係な物品名を3個聞かせ，それをそのまま復唱させる。1個答えられるごとに1点。すべて言えなければ6回まで繰り返す。 |
| 4：7シリーズ（5点） | 100から順に7を引いていく。5回できれば5点。間違えた時点で打ち切り。<br>あるいは「フジノヤマ」を逆唱させる。 |
| 5：想起（3点） | 3で示した物品名を再度復唱させる。 |
| 6：呼称（2点） | 時計と鉛筆を順に見せて，名称を答えさせる。 |
| 7：読字（1点） | 次の文章を繰り返す。「みんなで，力を合わせて綱を引きます」 |
| 8：言語理解（3点） | 次の3つの命令を口頭で伝え，すべて聞き終わってから実行する<br>「右手にこの紙を持ってください」<br>「それを半分に折りたたんでください」<br>「机の上に置いてください」 |
| 9：文章理解（1点） | 次の文章を読んで実行する。「目を閉じなさい」 |
| 10：文章構成（1点） | 何か文章を書いてください。 |
| 11：図形把握（1点） | 次の図形を書き写してください。 |

問題についての関心を高めることになったが，一方その具体的な行動についての表現は，「ボケ」は大変，なってしまったらおしまい，などのマイナスイメージなどの偏見を増長することになった。

認知症に対する具体的な支援やサービスは，1970年代になく，1984年の厚生省による「痴呆性老人処遇研修事業」の開始により，特別養護老人ホームにおける介護に従事する寮母職に対する研修が始まった。その後，特別養護老人ホームや老人保健施設における痴呆専門棟，痴呆性老人を対象とする痴呆専門の老人病

# 第9章 認知症高齢者の心理支援の実際

院，在宅生活において痴呆性老人が専門的に利用できる通所介護のE型デイサービスなどが1980年代から90年代にかけて施設および在宅の福祉・医療のサービスとして広がった。

2000年にスタートした介護保険制度は，認知症に対する支援を大きな転回点となった。介護保険制度において認知症高齢者に対する有効な介護サービスとして整備されてきた代表的なサービスは，グループホームとユニットケアである。

①グループホーム

グループホームは，1980年代半ばから，老人病院や特別養護老人ホームなどの集団生活で個人の行動を制限するルールを必要とする施設生活とは異なる支援に関心がある人たちにより広がった。その特徴は，「少人数」での共同生活で，基本的に一戸建ての住宅を使用しており，料理をしたりするなどの家庭生活なかでの日常的な行為をする点にある。介護保険制度により，グループホームは，「認知症対応型共同生活介護」として制度に位置づけられ，共同生活の空間をユニットとし，9つの居室までが1つのユニットに含むことが可能になった。その結果，現在は一戸建ての住宅を改修するよりは，あらたに食堂などのリビングを共有空間とし，9つの居室を備えた施設を建築するないしその構造を有する建築（例えば職員寮など）を改修する形態が主流となっている。

②ユニットケア

特別養護老人ホームなどのグループホームなどの少人数の共同生活とは異なる比較的大規模な施設において，在宅に近い居住環境の下で，入居者一人ひとりの個性や生活のリズムを尊重し，また，入居者相互が人間関係を築きながら日常生活を営めるように介護を行うことがユニットケアである。ユニットケアの背景には，特別養護老人ホームなどの施設の多くが，4人ないしそれ以上の人数が同室で生活する多床室という施設構造が，個人のプライバシーを損ない，集団生活にあわせることを求めることへの批判がある。そこでは個人のペースでの生活や自立よりも，介護する側の効率が優先されやすい傾向もあり，多床室から個室，集団をできるだけ小規模化するなどの工夫をすることにより利用者中心の介護に転換することを意図している。

基本的な特徴は，多様な生活空間の確保など居住環境を重視した構造であり，個人的空間から公共的空間まで多様な生活空間を重層的に確保し，個室の近くに共用スペースを設けること，内装（壁，間仕切りなど）についても，色彩や素材

(例：木材の使用）などにおいて，高齢者の精神的なゆとりと安らぎへのきめ細やかな配慮があることにある。さらに個室の広さは，原則8畳（約13.2平方メートル）以上とし（収納スペース，洗面設備スペースを含む。トイレの面積を除く），利用者が個室内に家具等を持ち込めることが前提となっている。さらにユニットケアは，基本的には利用者が10人前後でひとつのユニット（生活単位）とし，そのなかで簡単な調理，食事，談話などを通じて交流が図られるよう，ユニットごとに共用スペースを設けることになり，従来の特別養護老人ホームとは異なる介護をすることが求められる。このような個室・ユニットケアの推進は，数十人が集められて食事をおこなうなどの集団活動を中心とした介護を変えていくことが期待され，制度がスタートしているが，ユニット内での介護者の意識が，個人のペースを尊重することがない場合，あらたな小集団処遇になる危険性もあり，介護そのものの意識を変える研修が必要となっている。

### ③認知症と支援環境

特別養護老人ホームなどの施設へ認知症高齢者の入所は，それまでの在宅生活と異なる環境になり，結果として徘徊などのさまざまな行動・心理症状の出現につながる可能性がある。ここの施設に入った理由の説明を忘れたり，場所の見当識障害の影響は無視できない。

施設環境と在宅環境を比較すると，施設環境は，「集団的生活」と「地域からの隔離」の特徴があり，在宅環境の特徴である「生活の継続性」や，自宅ではあたりまえにある「役割や居場所」がうしなわれやすい。認知症高齢者の住環境についての米国の代表的な研究者のひとりであるワイズマン Weisman（1991）は，表3に示すようなアルツハイマー型認知症と環境デザインの関連性における4つの基本的前提を指摘している。

ここでは，認知症によるさまざまな問題を解決するための手段としての環境の有効性を指摘しており，環境とは単に建築環境における物理的な側面だけでない

表3　アルツハイマー型認知症と環境デザインの役割（Cohen & Weisman, 1991）

- 建築環境の役割は，物理的なものだけではなく，価値あるケアとなること。また認知症のある高齢者のさまざまな症状や行動の原因が建築環境にある場合があること。
- 物理的な環境は，それだけが独立したものではなく，そこでどのようなケアがおこなわれるか。また施設の運営などを含むシステム全体を構成する一部分であること。
- 認知症のある人にとっての環境は，「住宅としての質」に重点をおくこと。
- 認知症のある高齢者施設は，系統的なプロセスを踏んで計画されるべきである。

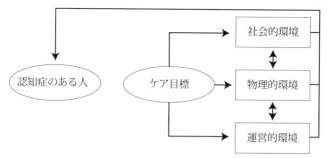

図2　認知症高齢者と施設環境（Cohen & Weisman, 1991 を一部改正）

ことを強調しており，特に介護と切り離せるものではないこと，また支援体制と結びついたものであると指摘している。さらに施設の環境特性と介護（ケア）との関係を図2に示している。

社会的環境とは，認知症高齢者の介護者，およびその人を巡る周囲の人そのものが環境であることを意味しており，理解や対応などの対人コミュニケーションが環境であるとしている。物理的環境では，視覚，聴覚や嗅覚などの五感の感覚的な刺激の影響や，時間や場所の見当識，それまでの生活の中で慣れ親しんだものにより落ち着くことができることにつながる，今まで気にならない些細な刺激でも大きな影響を与えることを強調している。さらに運営的環境とは，介護者が一致し一貫性のある対応をすることが，認知症高齢者の不安や混乱を軽減する可能性があり，介護者やチームの安定がケアと切り離せないとしている。

## 2．認知症高齢者の心理特性

### ①ステレオタイプな先入観が個人差を見落としやすい

高齢者の心理的特性は，高齢者は頑固であるなどのステレオタイプなイメージで一般的に理解されやすく，認知症についてもほぼ同様の理解がされやすい。しかし認知症の原因疾患はさまざまな疾患があり，行動・心理症状の出現は一様ではない。加齢による身体的な変化も個人差がある。また個人差が顕著になる背景のひとつに，家族関係の影響が大きさがある。特に高齢者は家族のつきあいが長い，積み重ねが長い特徴があり，その人の行動パターンに与える影響は無視できない。

### ②生涯発達──ライフイベントの影響が大きい

認知症高齢者の行動や態度は，過去の経験の延長線から理解する必要がある。

仕事とか家族関係，学校のことなど，さまざまなライフイベントが現在のその人の生活に影響を与えていることは避けられない。ライフイベントには2つの要素があり，1つは個人的なライフイベントで，結婚，出産，就職，独立といった，個人的な経験がライフイベントの1つの特徴になる。もう1つが社会的な出来事で，その典型的なものに戦争や高度成長期などがあげられる。これらの体験が，その人の今の行動に深く影響を与えており，現在のその人の価値観とか信念とか判断のバックボーンがそこにあると考えられる。また生涯発達は過去の経験だけではなく，生き甲斐とか将来の目標なども，認知症高齢者にとっても，今を支えている。特に，その人を支える「未来」として，世代間の交流が，自分の存在が未来にもつながるような感覚を与えることが考えられる。

③意欲への働きかけが必要

認知症高齢者の心理的特性においてはずすことのできない特性は，高齢期が意欲の低下が起きやすい時期であるという点にある。

高齢期における心理的変化（Peck, 1955）としては，

①引退の危機（仕事や役割の喪失）
②身体的健康の危機（心身機能の低下）
③死の危機（自我の超越，配偶者などの死の克服）

がある。これらは，誰もが避けることのできない変化であり，上記の心理的危機は，しばしばやる気を失い，自信や意欲を喪失することにつながる場合がある。認知症高齢者が楽しみにしていること，これからやってみたいと思っていることがないとはいえない。しっかりと聞き取っておくこと。そして支援に反映させることが必要になる。

④できない人とみなされてしまう

記憶障害などの認知機能障害の存在は日常生活のなかでさまざまな失敗を重ねていくことが多くなり，その結果として周囲の人は，「わかない」，「できない」と決めつけることが多くなりやすい。高齢期は意欲が低下しやすい時期であるにもかかわらず，認知症になることはそれが一層強く感じられることになるといえる。

### 3．認知症高齢者への心理支援における実践

①記憶を刺激する

認知症高齢者において，失われていない記憶を最大限に活用することが，効果的な心理支援として考えられる。記憶に働きかけるプログラムとしては「リアリティ・オリエンテーション」（以下，RO）があり，記憶と現実認識へのリハビリテーションに用いられる。記憶の中の見当識にへの働きかけとは，日付や月，天気，人物などの，基本的なことを確認していくことをおこなう。RO には，24 時間 RO とクラスルーム RO の 2 つに大別され，クラスルーム RO は，ゲームのような感覚で勉強会形式で時間感覚を高め，場所について話し，いま自分がどこにいて何時くらいで，と教室で勉強していく形で記憶をしていく。24 時間 RO は，1 日の中で何時に何をするといった時間割のようなもので強弱をつけ，時間帯やできごと作り，それを繰り返し行うことで記憶の保持をしていく。

それ以外にも手続き記憶を重視したアプローチもある。手続き記憶は，その人の役割感や自尊心を高めることにつながる。その人の感情を高めることにつながるということで，工芸や園芸などのプログラム全体が持っている意味がある。

②社会性と感情への働きかけ

社会性や社交性を意識した働きかけでは，役割行動が大きな比重となる。その人がまだできる役割があるということは，社会の中で居場所があるということにもつながる。プログラム活動やグループワークは，認知症高齢者一人ひとりに応じた役割があることが望ましい。リーダーや準備をお手伝いする人，率先してプログラムをこなす人，さまざまなパターンがあるが，参加者一人ひとりのパターン，手続き記憶等をうまく生かしながら社会性を刺激することが心理支援として必要となる。

感情面への働きかけについては，認知症高齢者が「安心できる」声かけ，コミュニケーションに大きな比重がある。感情が情報として伝達されるコミュニケーションは，基本的には非言語コミュニケーションが重要な役割がある。声の強さやトーンは，イライラ感やストレスがたまっているとき反映されやすい。また表情や仕草，手を握るなどの身体接触は，言葉を発することなくとも「安心」につながるといえる。

③環境を活かした関わりをすること

認知症高齢者が認知機能障害により，環境への適応が困難になりやすい。したがって環境そのものを工夫することにより心理支援が大きな影響を与える。

1）見当識への支援

図3　みやすく大きめのサイズで作成されたカレンダー

　認知機能が低下，特に見当識への対応としては，例えば時計やカレンダーを見やすく掲示したり，トイレやお風呂の場所がわかりやすい目印を活用する，時計やカレンダーを大きく見やすいものを提示する（図3）などにより，時間や見当識障害への対応になると考えられる。
　2）生活の継続性への支援
　認知症高齢者への心理支援では，その人の失われていない，残されている能力を活かすことが重要な意味を有している。それまでの生活パターンを維持していくためには，慣れ親しんだ行動様式とライフスタイルの継続として，食事づくりや洗濯などの家事を実際におこなうこと，そのためのその人が使いこなせるキッチンや洗濯機などの用品を準備することなどの幅広い工夫が環境に求められる。特に施設では，地域での自宅での生活から隔離されてしまいやすい傾向にあるため，できるだけ大事にしている人形や写真などの個人的なものを持ち込んだり，施設的でない家庭的な雰囲気を感じてもらうための家具を準備することも環境の力を活かした心理支援といえる。

◆学習チェック表
☐　認知症の原因となる疾患の特徴を理解した。
☐　認知症高齢者の利用できる介護サービスについて理解した。
☐　認知症の中核症状と行動・心理症状を理解した。

第 9 章 認知症高齢者の心理支援の実際

- ☐ 認知症高齢者の心理特性について理解した。
- ☐ 公認心理師に期待される認知症高齢者の心理支援の実際を理解した。

## より深めるための推薦図書

介護福祉士養成講座編集委員会（2009）認知症の理解，新・介護福祉士養成講座　第12巻．中央法規出版．

加藤伸司（2014）認知症の人を知る．ワールドプランニング．

大川一郎・宇都宮博・日下菜穂子・奥村由美子・土田宣明編（2011）エピソードでつかむ老年心理学（シリーズ生涯発達心理学）．ミネルヴァ書房．

水野裕（2008）実践パーソン・センタード・ケア―認知症をもつ人たちの支援のために．ワールドプランニング．

## 文　　献

Cohen, U. & Weisman, G. D.（1991）Holding On to Home: Designing Environments for People with Dementia. The Johns Hopkins University Press.（岡田威海監訳，浜崎裕子訳（1995）老人性痴呆症のための環境デザイン．彰国社．）

藤田和弘監修，山中克夫ほか著（2006）認知症高齢者の心にふれすテクニックとエビデンス．紫峰出版．

介護福祉士養成講座編集委員会（2009）認知症の理解，新・介護福祉士養成講座　第12巻．中央法規出版．

加藤伸司（2014）認知症の人を知る．ワールドプランニング．

児玉佳子・足立啓・下垣光・潮谷有二編（2009）認知症高齢者が安心できるケア環境づくり―実践に役立つ環境評価と整備手法．彰国社．

水野裕（2008）実践パーソン・センタード・ケア―認知症をもつ人たちの支援のために．ワールドプランニング．

森悦朗・三谷洋子・山鳥重（1985）神経疾患患者における日本版 Mini-Mentarl State テストの有用性．神経心理学，1; 82-90．

Peck, R. C.（1955/1968）Psychological development in the second half of life. In: Neugarten, B. L. (Ed.)（1968）Middle Age and Aging: A Reader in Social Psychology. University of Chicago Press, pp.88-92.

第2部　福祉心理学的心理支援の実際

第 10 章

# ひきこもり・自殺予防の心理支援の実際

徳丸　享

> **Keywords**　社会的孤立，多様性，包括的な支援，家族支援，生活困窮者自立支援制度，自殺対策基本法，地域自殺対策緊急強化事業，追い込まれた末の死，ゲートキーパー，遺族支援

## I　ひきこもりの心理支援

### 1．ひきこもりの実態

　ひきこもりに関する調査は，厚生労働省によるものと内閣府によるものがある。2006 年度の厚生労働科学研究「こころの健康についての疫学調査に関する研究」では，ひきこもり状態にあるこどものいる世帯は 0.56%，全国で約 26 万世帯と推計された。また，内閣府が 2010 年に実施した「若者の意識に関する調査（ひきこもりに関する調査）」による調査では，6 カ月以上にわたって「ふだんは家にいるが自分の趣味に関する用事のときだけ外出する『準ひきこもり』」が 46 万人（1.19%），「ふだんは家にいるが，近所のコンビニなどには出かける」「自室からは出るが家からは出ない」「自室からほとんど出ない」にあてはまる狭義のひきこもりの人が 23.6 万人（0.61%），両者を合わせた広義のひきこもりは 69.6 万人（1.79%）と推計した。内閣府は，その後 2015 年度に，2 回目の調査を実施し，広義のひきこもりは 54.1 万人で前回調査より 15 万人減少したという結果を公表した。しかし，この調査ではひきこもりの長期化・高年齢化が明らかになった一方で，こども・若者育成支援推進法の対象が 39 歳まであることから，40 歳を超えてひきこもっている人は調査対象とされず，長期化・高年齢化の実態が反映されなかったことに疑問が呈された。そのため内閣府は 2018 年に 40 歳〜64 歳を対象とする調査を行ったところ 61.3 万人がひきこもりの状態にあることがわかった。さらに 2023 年 3 月に公表された 2022 年度「こども・若者の意識と生活に関する調査」の結果，有効回答数に占める広義のひきこもり群の割合は，15 歳〜39 歳で 2.05%，40 歳〜64 歳で 2.02% であったことから，およそ 146 万人

# 第10章 ひきこもり・自殺予防の心理支援の実際

が広義のひきこもりの状態にあると推計された。この調査では，以前の調査結果よりも女性の割合が増加しており，中高年では男性よりも女性の割合が多いことも明らかとなった。

また，地方自治体でも独自の調査が数多く行われているが，その一つである東京都の「実態調査からみるひきこもる若者のこころ」（2008年）では，無作為抽出による15歳から34歳の住民1,388名の回答から，「ふだんは家にいるが自分の趣味に関する用事のときだけ外出する」「ふだんは家にいるが近所のコンビニなどには出かける」「自室からは出るが，家からは出ない」「自室からほとんど出ない」を選択した72名のうち，専業主婦，妊婦，失業して6カ月以内，明らかな虚偽などの回答を除いた10名（0.72％）を「ひきこもり」とした。東京都内の2006年10月1日の当該年齢人口は349.1万人であったことから，都内でひきこもりの状態にある若者の推定人数は2.5万人以上と推定された。

この他，特定非営利活動法人KHJ全国ひきこもり家族会連合会は，2002年から毎年，全国の会員に対する調査を行っている。この調査は毎回テーマを設定して行われ，家族や本人のニーズはどんなことか，また，どのような支援が役に立ったかなどを示したほか，長期化・高年齢化の傾向を早くから明らかにしている。

## 2．ひきこもりの支援施策

ひきこもりの支援は，1998年に精神科医の斎藤環が『社会的ひきこもり―終わらない思春期』を著し，「二十代後半までに問題化し，六か月以上，自宅に引きこもって社会参加をしない状態が持続しており，ほかの精神障害がその第一の原因とは考えにくいもの」と定義したことにより，社会の関心が高まった。しかし，当時はまだひきこもる人に支援が必要だという認識は希薄であった。

そうした中，2002年に伊藤順一郎らによって『10代・20代を中心とした「社会的ひきこもり」をめぐる地域精神保健活動のガイドライン（暫定版）精神保健福祉センター・保健所・市町村でどのように対応するか・援助するか』（厚生労働省障害保健福祉総合研究事業地域精神保健活動における介入の在り方に関する研究［H12-障害-008］）およびその完成版が2003年に報告された。これによると，ひきこもりは単一の疾患や障害の概念ではなく，多様性をもったメンタルヘルスに関する問題と捉え，生物学的要因が強く関与している場合もあるが，明確な疾患や障害の存在が考えられない場合もあり，ひきこもりの実態は多彩だと述べている。こうした状況にある人は「社会的ひきこもり」と呼ばれ，長期化する特徴があることから，ひきこもりは精神保健福祉の対象であるとした。この研究

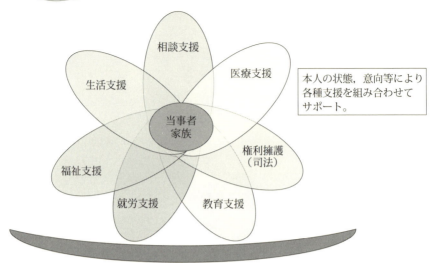

各分野が協力，連携した包括的支援，多職種支援

図1　住み慣れた地域における包括的な支援について（厚生労働省，2010より）

に基づいて翌2003年に一般向けパンフレット『「ひきこもりかな？」と思ったら』が作成され，厚生労働省はこのパンフレットを各都道府県・指定都市等に業務参考資料として配布し，地域住民への普及啓発および関係機関と連携した相談活動の充実を図るよう周知した。

その後，2010年には，斎藤万比古らの研究によって『ひきこもりの評価・支援に関するガイドライン』が作成され，ひきこもりの定義や関連要因，評価の観点，地域連携，家族支援，当事者への支援，訪問支援の方法や留意点が示された。

これと並行して厚生労働省は，2009年度から「ひきこもり対策推進事業」を創設し，ひきこもり支援の基本スタンスとして，ひきこもりの多様性について，住み慣れた地域における包括的な支援について（図1），家族支援の重要性についての考え方を示し，各都道府県・指定都市に，ひきこもりに特化した第1次相談窓口としての機能を有する「ひきこもり地域支援センター」整備等を進め，2013年度からは「ひきこもりサポーター養成研修，派遣事業」が加えられた。

2015（平成25）年に施行された生活困窮者自立支援法では，ひきこもる人の社会的孤立を防ぐ施策として就労支援等を行うと同時に，ひきこもり地域支援センターと連携して支援するとされている。

厚生労働省は，支援の地域格差を解消するため，2022（令和4）年度に「ひきこもり支援ステーション事業」を創設して市町村における相談窓口の早期設置や

支援の核となる相談支援・居場所づくり・ネットワークづくりを促進している。2023（令和5）年度には，基礎自治体における研修の拡充や支援者支援の推進を図っている。

### 3．ひきこもり支援の方法

#### ①ひきこもりの定義および評価の留意点

　厚生労働省のひきこもりの評価・支援に関するガイドラインでは，ひきこもりは「さまざまな要因の結果として社会的参加（義務教育を含む就学，非常勤職を含む就労，家庭外での交遊など）を回避し，原則的には6カ月以上にわたっておおむね家庭にとどまり続けている状態（他者と交わらない形での外出をしていてもよい）を指す現象概念」と定義し，尚書きとして，「ひきこもりは原則として統合失調症の陽性あるいは陰性症状に基づくひきこもり状態とは一線を画した非精神病性の現象とするが，実際には確定診断がなされる前の統合失調症が含まれている可能性は低くないことに留意すべき」としている。

　ひきこもり支援の難しさの1つは，この定義が示すとおり現象概念であるという点にある。つまり，ひきこもりは心理・社会的要因が想定される非精神病性の現象であるからこそひきこもりと呼ぶ意味があるが，一方，統合失調症，双極性障害，強迫性障害，不安障害，適応障害，アルコール使用障害，その他のアディクションなどが関連してひきこもっている場合もある。また，発達障害の特性がひきこもりと親和性をもっているとも言われている。精神障害や発達障害がどのように関連しているかを適切にアセスメントすることができる知識や支援経験が必要である。

　また，疾患や障害の可能性は低いと見立てられたひきこもりの事例では，本人のパーソナリティや親子関係，家族状況などからひきこもる背景を適切に見立てて，支援の目標を設定することが大切である。こうした見立て・アセスメントは，当事者本人が相談場面に登場することが少なく，家族からの間接的な情報に頼らざるを得ないため，インテーク時点での情報収集だけでなく，支援を行っている間はつねにこの作業を繰り返していく姿勢が大切である。支援中の新たな情報によって見立てが変わることは稀ではない。

#### ②支援の方法

　支援を行うに当たってはその方法を適切に選択しなければならない。支援方法は，情報提供，家族への支援，当事者への支援，個別支援，グループ支援，訪問

支援といった観点からそれらの適用や留意点を整理することができる。

　相談を受ける際には、自身が所属している機関が提供できる支援および自分が行うことができる支援とクライエントのニーズのマッチングを考慮する。他に適切な支援機関があれば、その情報提供を行うことができるようホームページやパンフレットで地域の支援機関に関する情報を収集したり、公的機関等が作成する支援機関名簿などを備えておくことも必要である。さらには近隣の支援機関を訪ねて情報交換をしておくことや図1に示されるような多職種支援を促進する地域の連絡会をつくるなど顔の見えるネットワークをつくれるとよいだろう。

　家族支援はひきこもり支援においては必須である。相談の最初からひきこもり当事者が来談することはほとんどなく、多くは母親あるいは父親がクライエントとして訪れる。家族の相談では、短期間では解決が難しいひきこもりの問題に、焦らず、諦めずに取り組んでいくために相談を継続することが最初の目標となる。相談を続けることによって、家族は見通しをもつことができ、家族自身の気持ちにゆとりが生まれる。そして、面接や心理教育プログラムをとおして粘り強く、一貫性のある対応ができるようになり、家族の関係が変化して、徐々に当事者にも小さな変化が生じるようになることが期待できる。支援方法としては、個別支援およびグループ（家族数組が合同で話し合いをする）による支援が用いられる。個別支援ではその家族に固有の課題に焦点を当てやすく、一方、家族グループの方法は、相談の機会を多く保つことができ、ひきこもりで苦労しているのは自分だけではないことがわかり（グループの治療要因の1つと言われている）、進度の異なる他の家族の話を聞いて希望をもったり、自身の対応を振り返ったりすることができるという特徴がある。筆者はグループによる支援を主とし、参加者の希望や状況の急な変化など、その必要に応じて個別面接を組み合わせる方法をとっている。

　当事者への支援では、本人の状況、状態を慎重に見立てることが重要である。どのような経緯で来所することになったのか、今はどのように過ごしていて、何か希望や要望があるのかなど本人が語ることができる程度に応じて話を聞くことが基本となる。継続的な支援をする場合は決まった担当者による相談を継続することがたいへん重要である。家族支援同様、個別支援だけでなく、グループによる支援やデイケアを利用することも選択肢となるが、その場合も個別面談を継続して、グループに対する不安や緊張、グループの楽しさなども話し合いながら集団場面に適応していくことが必要であろう。さらに就労支援などの課題に臨むときは、一段と高くなる不安や緊張について気負わずに話せる個別支援者の存在が

第10章　ひきこもり・自殺予防の心理支援の実際

当事者の安心感を支えるものとなる。

　訪問支援では，当事者を訪ねる前の情報収集，家族の覚悟といった事前準備が極めて重要である。訪問支援を行うと決断する状況は，当事者に変化が期待できない月日が続いていることが多く，支援者の訪問を予告された当事者はたいへん不安が高くなっていたり，強い拒否感を抱いていることがある。訪問支援者は1回目の訪問から会えるとは限らないことを想定した計画を立てることが大切であろう。また，初回から会えた場合でも，当事者の不安や抵抗を過小評価することなく受けとめて，次回につなげていく慎重さが求められる。

## 4．福祉心理学的支援の実際

　ひきこもりはその背景も今の状況も多様であり，したがって支援の考え方や方法も医学的，心理学的，福祉的，教育的などさまざまな要素が，それぞれの支援の種類による比重をもって複合的に組み合わされている。ここでは保健所で実施されている家族支援とアウトリーチによる支援を相談窓口から就労準備支援までを総合的に支援する体制をつくって行っているNPO法人の取り組みを紹介したい。

　2016（平成28）年度資料によると，東京都内にある30保健所のうち，家族グループは13カ所，ひきこもり相談または思春期相談を標榜する個別相談窓口は4カ所，当事者グループは2カ所と精神保健福祉センター1カ所で実施されている。この他，子ども若者育成支援推進法に基づく事業が5つの区市で実施されていた。その他の保健所ではひきこもりに関する個別相談を精神保健福祉相談において受け入れるとしていた。

　家族グループは，おおむね月に1回実施されているが，心理職を2名ずつ置いている区では月2回実施されていた。この区では地区担当保健師が窓口となって相談を受け，必要に応じて精神科医師によるひきこもり専門医相談や心理職によるひきこもり家族教室につなぐシステムとなっている。継続的支援は主に心理職が行う家族教室がその役目を担っていた。この家族教室には母親または父親，その両方で，10家族12〜15人程度が参加している。

　とある20代後半の当事者の50歳代の母親は，自身の体調不良や老親の介護などの困難があったが，粘り強く参加を継続して，はじめは関わろうとしなかった父親の理解と協力も得て，民間支援団体の訪問支援を利用することを決断し，これが功を奏して息子は就職に辿り着いた事例があった。この間，5年以上の時間が必要だったが，長期間の相談継続は家族グループによって支えられた。母親は

何度も諦めかけた気持ちは他の参加者や心理職の励ましで乗り越え，粘り強く対処することができたと振り返った。また，40歳に近づいた発達障害特性のある息子をもつ母親は，以前はできていた短期間のアルバイトが見つけづらくなっていることを心配しつつ，何とか早く仕事に就いてほしいが，最後は本人次第なので，今は親が残してやれるものだけは準備しておこうと考えていると語っているが，これは家族グループでさまざまな家族の話を聞くうちに，息子に否定的であった気持ちが，息子の対人関係の困難さを理解するようになった一例である。

　ひきこもりの支援においては，当事者が社会とのつながりを取り戻すことが目標となるが，それは就労とは限らない。社会とのつながり方は多様であり，医療に係ることや障害福祉サービスを利用することがひきこもりの状態から抜け出す一歩となることもある。ひきこもりの背景には容易には解決できない問題があるかもしれず，そうした困難さを深く理解し，当事者の成長や家族関係の変化を支援し，それぞれが受け入れられることの幅を広げて，自分なり，家族なりの生き方を見つけていけるよう支援する，こうした視点がひきこもりの心理支援では大切である。

　ひきこもりの長期化・高年齢化とその親の高齢化が複合する状況は親が80歳，子が50歳になりつつあることから8050問題と言われ，早急な対応が求められている。公認心理師はひきこもり相談の充実に貢献するとともに，後述の自殺対策等も含めて，こころの健康に関する事業全体に関わって，保健師や精神保健福祉相談員（精神保健福祉士）とともに，地域のメンタルヘルスの向上に寄与することが望まれる。

　次にアウトリーチ（訪問支援）に積極的に取り組んでこれまでのひきこもり支援の限界を乗り越えた佐賀県の特定非営利活動法人NPOスチューデント・サポート・フェイスの活動の特徴を見てみたい。スチューデント・サポート・フェイスでは子ども・若者育成支援推進法に基づく佐賀県子ども・若者総合相談センターや佐賀市生活自立支援センター，地域ひきこもり支援センターである「さがすみらい」，さが若者サポートステーション，たけお若者サポートステーションを受託し，臨床心理士，キャリアコンサルタント，社会福祉士，教員免許取得者，理学療法士といったスタッフを常勤配置して多職種による体制のなかでアウトリーチ支援を実践している。事前準備を重視し，独自に開発したアセスメント指標を用いて，対人関係，メンタルヘルス，ストレス耐性，思考（認知），環境を5段階で評価し多職種のコンセンサスを図り，本人のひきこもる権利を尊重しつつ，多面的にアプローチし，最終的には関係性を再調整して終結する。こうした支援において公認心理師が果たす役割は大きい。

第10章　ひきこもり・自殺予防の心理支援の実際

## ■ II　自殺予防の心理支援

### 1．自殺の実態

　日本の自殺者数は，警察庁の自殺統計によると，1998（平成10）年以降，14年連続で3万人を超えていたが，2012（平成24）年に15年ぶりに3万人を下回り，2017（平成29）年は2万1,321人となった。その後2年間は2万1千人を下回ったが，コロナ禍以降は再び増加に転じている。厚生労働省の人口動態統計で長期的な推移をみると，戦後の1955（昭和30）年前後，1985（昭和60）年前後に，2万5千人程度の2つの山を形成した後，1998（平成10）年に急増し，以後連続して3万人前後の状態が続いていたことがわかる。

　人口の増減の影響を排除して自殺の推移を見ようとする際には，自殺死亡率（人口10万人当たりの自殺者数）を指標とする。日本の人口に急激な増減はないため，自殺者数と同様の傾向であり，1998（平成10）年に急上昇し，2003（平成15）年の25.5をピークとして2011（平成23）年まで高い水準が続いていたが，2019（令和元）年には16.0まで低下した。

　自殺の統計には，厚生労働省の「人口動態統計」と警察庁の「自殺の状況（警察庁）」がある。前者は，日本人を対象として，死亡時点での住所地において，死亡診断書等に基づいて計上される。後者は，外国人を含み，発見地を基に，捜査等で自殺と判明した時点で自殺統計原票を作成して計上される。どちらも1月～12月までの1年を単位として集計されている。

　厚生労働省と警察庁による，「令和5年中における自殺の状況」では，自殺者数は男性1万4,862人，女性6,975人の計21,837人であった。年齢別では50歳代が4,194人で19.2％と最も多く，次いで40歳代3,625人16.6％，70歳代2,901人13.3％，60歳代2,798人12.8％であった。20歳代は2,521人11.5％，20歳未満は810人3.7％となっている。2019（令和1）年までの減少傾向は，コロナ禍以降上昇に転じており，50歳代以下の成人および若年層の自殺死亡率が上昇している。

　自殺はさまざまな要因が連鎖して起こると言われている。そのため自殺の原因・動機に関して自殺統計では，遺書等の自殺を裏付ける資料により原因・動機を推定している。2021（令和3）年までは，自殺者一人につき3つまで計上可能としていたが，令和4年からは，家族等の証言から考えうる場合も含め，自殺者一人につき4つまで計上可能としている。したがって，原因・動機特定者の原因・動

機別の合計と原因・動機特定者数とは一致しないこと，また，自殺者数とも一致しないことに留意が必要である。

2023（令和5）年は，健康問題12,403件，経済・生活問題3,376件，家庭問題3,200件，勤務問題1,935件，交際（男女）問題797件，学校問題370件，その他1,302件となっている。

職業別では，有職者11,954人，無職者14,779人，学生・生徒等1,241人であった。なお，無職者には，失業者，年金受給者・生活保護受給者などが含まれるが，その一つの「その他の無職者（ひきこもり）」は，1,072人（男性739人，女性333人）となっている。

日本の自殺について国際的に比較すると，『平成30年版 自殺対策白書』の厚生労働省作成資料によると，主要国の自殺死亡率は，ロシア21.8，日本19.5，フランス15.1，米国13.4，ドイツ12.6，カナダ11.3，英国7.5，イタリア7.2となっている。その他の国では，最も高いのはリトアニア30.8，次いで韓国28.5，スリナム24.2となっている。諸外国でも男性の自殺死亡率が高い傾向にあるが，日本では女性の自殺死亡率も高いことが目立っている。また，先進7カ国のうち15歳から34歳の死因の第1位が自殺であるのは日本のみであり，自殺死亡率は米国，カナダのおよそ1.5倍，フランスの2倍と突出して高くなっている。

## 2．自殺対策の取り組み

### ①労働者のうつ病対策

1998年に自殺者が急増したが，その対策は労働者のうつ病対策の観点からのものであった。労働省（当時）は2000年に「事業場における労働者の心の健康づくりのための指針」を発して，事業場のメンタルヘルスを労働者自身による「セルフケア」，管理監督者による「ラインによるケア」，事業場内の健康管理担当者による「事業場内産業保健スタッフ等によるケア」，事業場外の専門家による「事業場外資源によるケア」を推進するよう求めた。続いて2001年には中央労働災害防止協会による「職場における自殺の予防と対応」が公表され，自殺の予兆，日常の配慮と相談対応，相談体制，自殺後に残された人への対応など具体的な対策が示された。その後，職場のメンタルヘルス対策は2度の労働安全衛生法改正等によってストレスチェック制度の創設につながっていった。

### ②自殺対策基本法と自殺総合対策大綱

一方，自殺者数は3万人を超えたまま推移し減少する気配のないまま経過して

第 10 章　ひきこもり・自殺予防の心理支援の実際

いた状況から自殺予防活動や遺族支援に取り組む民間団体の働きかけを受けた超党派の国会議員の議員立法によって自殺対策基本法が 2006（平成 18）年 6 月に成立し，同年 10 月に施行された。この法律の目的は，自殺対策の基本理念と基本事項を定めて，自殺対策を総合的に推進し，自殺の防止や遺族支援を充実することであった。これにより自殺対策が国の挙げて取り組む課題となり，翌 2007（平成 19）年に自殺対策の基本的かつ総合的な指針を示した自殺総合対策大綱が閣議決定された。大綱では自殺に対する 3 つの基本認識として，「自殺は（その多くが）追い込まれた末の死」，「自殺は，（その多くが）防ぐことができる社会的な問題」，「自殺を考えている人は悩みを抱えながらもサインを発している」が示された（カッコ内は 2012（平成 24）年の見直しの際に加筆修正された）。また，「社会的要因も踏まえて総合的に取り組む」等の 6 つの基本的考え方や「早期対応の中心的役割を果たす人材（ゲートキーパー）を養成する」「遺された人の苦痛を和らげる」など当面の重点施策 9 項目が示された。これまで個人の問題とされてきた自殺が，社会の問題となる大きな転換点であった。こうした取り組みを着実に推進するため，内閣官房長官を会長とする自殺総合対策会議を設け，有識者等による自殺対策推進会議が置かれたほか，自殺予防総合対策センターが設置された。さらに自殺対策の数値目標として，2016 年までに 2005 年の自殺死亡率を 20％以上減少させることが掲げられた。

　2012（平成 24）年には「誰も自殺に追い込まれることのない社会の実現を目指す」ことを謳った大綱の見直しが行われ，地域レベルの実践的な取り組みを中心とする自殺対策への転換が図られた。また，当面の重点施策として「自殺や自殺関連事象等に関する正しい知識の普及」，「様々な分野でのゲートキーパーの養成の促進」，「大規模災害における被災者の心のケア，生活再建等の推進」，「児童虐待や性犯罪・性暴力の被害者への支援の充実」，「生活困窮者への支援の充実」などの施策が新たに盛り込まれた。

　法律の施行から 10 年目の 2016（平成 28）年 4 月，自殺対策基本法は大幅な改正が行われた。この改正では，2012（平成 24）年の大綱で掲げられた「誰も自殺に追い込まれることのない社会の実現を目指す」ことが法律の目的に明記され，自殺対策を一層推進する姿勢が示された。そして，基本理念に「自殺対策は，生きることの包括的な支援として，全ての人がかけがえのない個人として尊重されるとともに，生きる力を基礎として生きがいや希望を持って暮らすことができるよう，その妨げとなる諸要因の解消に資するための支援とそれを支えかつ促進するための環境の整備充実が幅広くかつ適切に図られることを旨として，実施さ

図2 自殺総合対策大綱（概要）（厚生労働省ホームページより）

れなければならないこと，また，保健，医療，福祉，教育，労働その他の関連施策との有機的な連携が図られ，総合的に実施されなければならない」と規定された。その他，自殺予防週間と自殺対策強化月間の法定化，都道府県および市町村の自殺対策計画策定の義務化，国の地方自治体への交付金の交付，学校は児童生徒の心の健康保持に係る教育・啓発に努めること，精神科医とその地域における心理，保健福祉等に関する専門家，民間団体等との円滑な連携確保等が盛り込まれた。また，この法改正と時期を同じくして，自殺対策業務は内閣府から厚生労働省に移管された。

2017年には第3次となる自殺総合対策大綱が策定され，基本理念として，自殺対策は社会における「生きることの阻害要因」を減らし，「生きることの促進要因」を増やすことを通じて，社会全体の自殺リスクを低下させる方向で推進するものとすることを新たに掲げられた。2022年には4回目の見直しが行われ，コロナ禍の影響で自殺の要因となるさまざまな問題が悪化したことという認識に基づいて，子ども・若者の自殺対策の更なる強化，女性に対する支援の強化，地域自殺対策の取組強化，総合的な自殺対策のさらなる推進・強化等が重点施策に掲げられた（図2）。

## 3．地域自殺対策緊急強化事業と福祉心理学的支援

　全国の地方自治体が自殺対策を実施するためには，国が自殺対策の指針を示すことに加えて，財政的な支援が不可欠であった。そのため，内閣府は2009年に地域自殺総合対策緊急強化基金を造成し，補助率10/10（地方負担なし）で地方自治体の自殺対策事業を後押しした。この基金による地域自殺対策緊急強化事業においては，5つの事業メニュー，1）対面型相談支援事業，2）電話相談支援事業，3）人材養成事業，4）普及啓発事業，5）強化モデル事業が設けられ，事業の方向性が示され，全国でさまざまな取り組みが行われることとなった。

　たとえば東京都では対面型相談事業として，NPO法人ライフリンクに「こころといのちの総合相談会」の実施を委託し，弁護士やカウンセラーが人間関係のストレス，仕事の悩み，多重債務など法律にかかわること等について，無料で事前予約不要の相談会を行った。これは自殺は生きづらさの複数の要因が重なったときにリスクが高まること，自殺に追い込まれる前に問題に対処することが大切であるという視点から，仕事のストレス，休職や職場復帰をめぐる法律的な問題，こうした状況から波及して起こる人間関係の悩みなどについて，それぞれの専門家に相談できるというものである。このように多職種が連携して，どのような内容の困りごとでも一度の機会に相談ができる形式はワンストップ相談とよばれ，自殺対策事業では広く行われている。この事業においては臨床心理士の職能団体である東京臨床心理士会（現東京公認心理師協会）が会員をカウンセラーとして派遣する形で協力した。

　また，保健所等においては，普及啓発事業として，学生や市民のボランティアと協力して，駅頭などで，悩みや生活の困りごとに関する相談窓口一覧チラシやカード，標語入りグッズを配布する活動を実施したほか，人材養成事業として，ゲートキーパーを養成するための講座を開催したりしている。ゲートキーパーは，自殺の危険を示すサインに気づくことができ，声をかけたり，話を聞いて，必要な支援につなげ，見守ると言った適切な対応ができる人のことで，「命の門番」という意味である。自殺対策では，専門家だけでなく誰もが，悩んでいる人に寄り添い，関わりを通して「孤立・孤独」を防ぎ，支援することが重要であることから，1人でも多くの人がゲートキーパーとしての意識を持てるようになることが重要である。筆者は保健所の心理職として，福祉事務所や健康保険課など窓口業務をもつ部署の職員，ホームヘルパーやケアマネージャーなど福祉サービス従事者，民生委員，児童委員，理美容・旅館・クリーニング業の従事者など，さまざ

まな仕事の人々がゲートキーパーの役割を担えるよう研修を企画した。

また，保健所などの相談支援機関では既存の業務の中でさまざまな自殺に関する相談を受けている。例えば，1）長くうつ病を患って生活保護を受けて療養生活を送っている人の友人から，その人が死にたいと言っていたが，昨日から連絡が取れないので心配だ，2）DVから逃れてこどもを連れて上京したが，うつ病もあって仕事は短時間しかできず，保育園にも入れられない，どうしようもないと言った相談がある。こうした相談には，ネットワークを駆使して，ケースワーカーや保健師と連携して対処したり，支援の窓口となりそうな部署につなぐと言った対応をとる。そして，3）いまから死のうと思っているという電話がかかることもあるが，そういうときははじめから説得したりせずに，そのひとが話しやすいように応対を続けて，考えや気持ちを丁寧に聞くことが大切であり，落ち着いたならば，来所しての相談を提案し，次に会う約束をするようにしている。

この他，精神障害者デイケア，アルコール依存症やうつ病，ひきこもりの家族支援，精神保健ボランティアの活動支援など地域精神保健活動の諸事業，そして障害者総合支援法における障害福祉サービス，小規模事業場の勤務者や主婦等の健診事業など，すべての活動に自殺予防の視点が含まれるようにすることをとおして，コミュニティ全体のメンタルヘルスを向上させていくことが望まれる。

◆学習チェック表
☐ ひきこもりの実態と支援策について理解した。
☐ ひきこもり支援における公認心理師の役割について理解した。
☐ 自殺の実態と自殺対策について理解した。
☐ 自殺対策における心理学的アプローチについて理解した。

より深めるための推薦図書

厚生労働省（2010）ひきこもりの評価・支援に関するガイドライン 2010.
厚生労働省（2017）自殺対策大綱.
一般社団法人日本臨床心理士会（2017）ひきこもりの心理支援—心理職のための支援・介入ガイドライン.
岡檀（2013）生き心地の良い町—この自殺率の低さには理由がある．講談社.
髙橋祥友（2006）自殺予防．岩波新書.

文　献

近藤直司・長谷川俊雄編，蔵本信比古・川上正己著（1999）引きこもりの理解と援助．萌文社.
狩野力八郎・近藤直司（2000）青年のひきこもり—心理社会的背景・病理・治療援助．岩崎学

第 10 章　ひきこもり・自殺予防の心理支援の実際

　　術出版社.
蔵本信比古（2001）ひきこもりと向き合う─その理解と実践的プロセス．金剛出版．
厚生労働省（2002）10代・20代を中心とした『社会的ひきこもり』をめぐる地域精神保健活動のガイドライン（暫定版）─精神保健福祉センター・保健所・市町村でどのように対応するか・援助するか．
厚生労働省（2010）ひきこもりの評価・支援に関するガイドライン．
厚生労働省自殺対策推進室・警察庁生活安全局生活安全企画課（2024）令和5年中における自殺の状況．https://www.mhlw.go.jp/content/001236073.pdf（2024年8月取得）
境泉洋編（2017）地域におけるひきこもり支援ガイドブック─長期高齢化による生活困窮を防ぐ．金剛出版．
内閣府（2010）若者の意識に関する調査（ひきこもりに関する実態調査）報告書（概要版）．
一般社団法人日本臨床心理士会監修，江口昌克編（2017）ひきこもりの心理支援─心理職のための支援・介入ガイドライン．
斎藤環（1998）社会的ひきこもり─終わらない思春期．PHP新書．
東京都（2017）実態調査からみるひきこもる若者のこころ─平成19年度若年者自立支援調査研究報告書．
徳丸享（2016）自殺予防における心理職─地域精神保健活動が果たす自殺予防機能．精神科治療学，31; 1169-1172.

第11章

# 精神障害者への心理支援の実際

大塚ゆかり

**Keywords** 障害者総合支援法，精神保健福祉法，生活のしづらさ，自己決定，障害受容，権利擁護，連携，コンサルテーション，環境づくり

## I 精神障害者を支える制度とサービス

### 1．障害者基本法

　日本には，障害者支援の法律や制度の基本となる考え方を示した「障害者基本法」がある（1970［昭和45］年公布）。障害者基本法には，障害の有無に関係なく，すべての人が互いに尊重し合い共生する社会の実現のために，障害のある人の自立と社会参加がうたわれている。支援する法律や制度に関する基本的な計画（障害者基本計画）を政府，都道府県，市町村が立てることや差別の禁止，療育，職業，雇用，住宅などにおける支援制度を整えることが定められている。

　1993（平成5）年の障害者基本法の改正により，精神障害者も対象となった。それまでの精神障害者は医療の対象であった。しかし，精神障害者は疾病と障害を持つ。安心した生活を送るには，医療サービスと福祉サービスを活用し，生活のしづらさを軽減することが重要である。

### 2．精神保健福祉法

　精神保健福祉法は，精神障害者の医療および保護，自立・社会復帰の促進，精神障害発生の予防を目的とする。

　3年以上精神障害の診断または診療に従事した経験を含む5年以上の医師としての臨床経験を要件とする精神保健指定医，精神科病院に入院した障害者の人権擁護，適切な医療および保護の確保を目的とした都道府県・特別市に精神医療審査会の設置等を定めている。また，精神障害者の自発的入院である任意入院，非自発的入院であり自傷・他害のおそれがある場合の措置入院・緊急措置入院，自

第11章　精神障害者への心理支援の実際

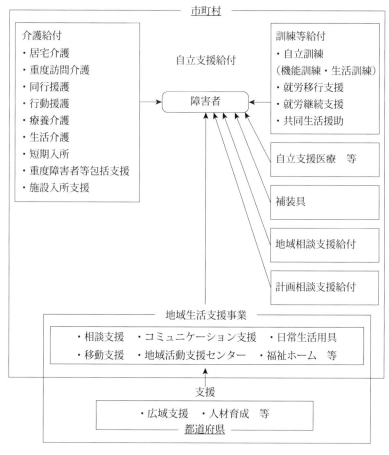

図1　障害者総合支援法：自立支援システムとしての給付

傷・他害のおそれがなく家族等の同意で行われる医療保護入院，家族等が見つからない場合の応急入院が定められている。精神障害者保健福祉手帳の交付も精神保健福祉法に基づいてなされる。

　なお，心神喪失者等医療観察法は，重大な他害行為を行った精神障害者であって心神喪失者・心神耗弱者に対して，症状改善・再発防止・社会復帰促進を目的に適切な医療・観察・指導を行うことを定めたものである。

### 3．障害者総合支援法

　図1は，障害者総合支援法の給付の概要を示したものである。自立支援給付の

実施主体は市町村であり，都道府県は広域支援や人材養成等の後方支援を行う体制となっている。

　障害には知的障害，肢体不自由等さまざまな障害があるが，障害者総合支援法では障害の種別・支援区分に応じた給付が行われる。介護給付のうち居宅介護は，いわゆるホームヘルプサービスであり，身体介護の他，調理，洗濯，掃除等の家事援助や生活に関する相談援助が提供される。行動援護は，外出移動中の介護であり，知的障害者，精神障害者であって行動上著しい困難を有し常時介護を要する者が対象となる。短期入所は，いわゆるショートステイであり，必要とする障害者が対象となる。重度障害者等包括支援は，居宅介護，重度訪問介護，生活介護，短期入所，自立訓練等を包括的に提供するもので，常時介護を要する障害者であって，意思疎通を図ることに著しい困難があり，四肢麻痺および寝たきりの状態にある者ならびに知的障害または精神障害により行動上著しい困難を有する者が対象である。

　訓練等給付のうち自立訓練は，機能訓練，生活訓練である。就労移行支援は，求職活動に関する支援，職場体験，知識・能力向上に向けた訓練，適性に応じた職場の開拓を行うもので，65歳未満の障害者であって，通常の事業所に雇用されることが可能と見込まれる者が対象となる。就労継続支援のA型は福祉工場等の雇用型，B型はいわゆる授産施設での非雇用型である。共同生活援助は，いわゆるグループホームであり，一人暮らしは困難な障害者が（新規設置のグループホームの場合）2名から10名以下で世話人・生活支援員等の元で地域での共同生活を営む。またグループホーム退所後の相談等も行う。従来のケアホーム（共同生活介護）も含む。

　なお，2018年4月より就労定着支援「なんらかの就労系サービスを利用した後で，一般就労した人が対象。最長3年間，本人，家族，勤務先と連絡を取って訪問したり電話相談に応じたりする」と，自立生活援助「施設，病院，グループホームからアパートに移って一人暮らしをする知的障害者・精神障害者に原則一年間で自立生活アシスタントが週1～2回訪問して各種相談に乗る」の2つのサービスが始まっている。

　自立支援医療は，従来の身体障害者更生医療，障害児の育成医療，精神障害者通院医療費を統合したもので，支給決定を受けた者が自立支援医療機関で医療を受けた場合に支給される。

　地域相談支援給付には地域移行支援と地域定着支援があり，地域移行支援は，障害者支援施設や精神科病院に入院している者等を対象に，住居の確保その他の

地域での生活に移行するための相談，地域移行のための障害福祉サービス事業者への同行支援等を行う。地域定着支援は，退院・退所，家族との同居からの一人暮らし移行者等を対象に，常時の連絡体制，相談，障害福祉サービス事業者との連絡調整等の緊急時支援等を行う。

　計画相談支援給付は，障害福祉サービスの利用を申請した者に対して，サービス利用等計画を作成する。

　地域生活支援事業は，上記給付を補完するものである。

　サービス利用の手続きについては，給付申請→『障害支援区分（区分1～6）』の認定→特定相談支援事業者による「サービス等利用計画」の作成（セルフケアプランの提出も認められている）→支給決定→サービス等利用計画の確定→サービスの利用→モニタリングによるサービス利用計画の修正という流れになる。

　特定相談支援事業者の相談支援専門員は，障害者のサービス利用の手続きとして「サービス等利用計画」を作成する。相談支援専門員は，各障害福祉サービス事業者等が立てる「個別支援計画」と自分が作った「サービス利用等計画」に齟齬がないように調整する。いわゆる「ケアプラン」と呼ばれているのは，相談支援専門員が作る「サービス等利用計画」と各障害福祉サービス事業者のサービス提供責任者や障害者支援施設のサービス管理責任者が作る「個別支援計画」の両方の総称である。

　このように，障害者総合支援法では精神障害者の生活上の支援，就労・自立に向けた各種の支援サービスが提供されることになっており，健康保険法，生活保護法，介護保険法（65歳以上の障害者は介護保険法が優先法となる），国民年金法（1級の認定で月額約8万5千円の障害基礎年金が支給される)，障害者雇用促進法（従業員40人以上の民間企業の場合，2.5％の法定雇用率で障害者を雇用する義務がある）等と併せて障害がある人の生活を支えている。また，精神障害者の地域生活を支援するために「精神障害者にも対応した地域包括支援システム」の構築，「重層的相談支援体制整備事業」が進められている。

## II　精神障害者の困難さへの理解

　精神障害者は，精神科医療機関への受診以前から生活のしづらさを抱えている。一人悩み，苦しみ，抱え込んでいることが多い。また家族も同じように不安などを抱えている。両者とも誰にも相談することもなく生活している人が多い。

　精神障害者と家族の生活支援は，地域での相談支援体制の構築により始まる。

しかし，地域特性や相談支援体制の不備などにより，多くの場合医療機関に繋がり始めて支援を受けられることが現状である。

地域での相談支援体制には，行政機関である保健所，精神保健福祉センター，役所の障害福祉課，民間の障害者相談支援事業等がある。

## 1．障害受容の難しさの理解

障害には多様な障害がありそれぞれの障害の特徴があるが，公認心理師は精神障害および精神障害がある人の困難の特殊性について理解を深めておく必要がある。精神障害者は，本人や家族が精神疾患についての理解不足や社会の偏見や差別等により医療機関への受診が遅くなり，早期発見早期治療が難しい場合が多い。

精神障害の障害とは何なのか。生活する上で障害を受け入れることができると福祉サービス等を受けやすくなる。

1つ目には，疾病の影響による症状が継続することで，障害と認定されるものがある。

障害を持つと経済的なサービスとして障害年金を受給することができる。障害年金において障害認定を受けるには，初診日から1年6カ月経過した時が障害認定日とされている（症状や状況によっては異なることあり）。

また，精神保健福祉法を根拠とする「精神障害者福祉手帳」がある。

2つ目には，社会的環境からもたらされる障害である。偏見，差別などによる生活のしづらさである。

偏見，差別により在宅での生活を余儀無くされ，周囲の人たちも気がつかないまま時間だけが経過している。また，本人や家族も「まさか自分が」「まさかうちの子が」という思いもあり，受け入れることが難しい。

精神障害者は生活のしづらさと疾病の症状からくる障害を併せ持っている。

## 2．地域生活の困難さの理解

精神障害者の生活支援の課題として，医療機関への長期にわたる入院があげられる。病状が安定したにもかかわらず，受け皿のなさや医療機関側の認識不足，本人の諦めなどにより，現在も多くの人が長期入院という状況がある。

20万人いる長期入院の精神障害者を地域生活に戻すACT（assertive community treatment；包括的地域生活支援）という取り組みが行われている。統合失調症がある人は幻覚等が激しい急性期には入院治療が必要である。しかし，寛解期には積極的に退院が促進されるべきである。ところが，寛解期の統合失調者は部屋の

片付けもできない等のエネルギーのなさが目立つことも多い。何十年も入院している人はすっかり病院での生活に慣れてしまっており，地域のグループホームやアパートで自分で生活していくという意欲も能力も低下している。長い入院で生活技術や社会的な技術の能力が低下し，退院後は新たな技術を身につけることや持っていた技術を回復することに多くの時間が必要となる。「こんなはずではなかった」「以前はできたのに」など自信喪失するような気持ちになりやすい。また，入院生活では食事や入浴など病院側が行い，退院後「自分では行えない」「めんどくさい」「わからない」などの不安から退院を希望しない人も多い。長年の入院生活が患者の地域で生活する意欲を奪い，また住まい探しや高齢化の課題などがさらに長期入院にしている。

したがって，精神障害者の退院にあたっては手厚い支援が必要となる。地域移行支援事業では，地域移行支援事業所が病院に出向いていき，入院患者の退院感気を促すことや退院に向けての不安の軽減，外出支援等を行う。ピアサポーター（精神疾患を経験した当事者）が支援者として活躍している。医療・福祉等の支援者や地域住民の意識や関わり方が障害者の能力や意欲そして実際の地域生活に大きな影響を与える。

なお，精神障害者の地域生活の場としての共同生活援助（グループホーム）については，理念的には大変すばらしいものである。しかし，退院促進という名目で塀で囲った病院の敷地内にグループホームを設置して地域生活ですと称している形だけのものもある。また，買い物や娯楽等に出かけ地域の社会資源を活用し地域の人々と関わり合いながら生活するためのグループホームであるが，精神障害者のこれまでの生活体験の希薄さや陰性症状により，近所のレストランすら利用することもなく寝る場所が単に病院ではないだけというひきこもり場所になっていることもある。

現在福祉分野への心理職の配置は進んでおらず，このような精神障害者への心理的支援も十分ではないが，まさに今後の活躍が期待される業務内容ということができる。

## III　クラブハウス活動

精神障害者支援については，障害者総合支援法を基本として公的なサービス提供が行われているが，公的なサービス以外のサービス（支援）も精神障害者を支

える大きな役割を担っている。その一つの取り組みとしてクラブハウス活動がある。

### 1．クラブハウスとは

クラブハウスは，1940年代のニューヨークで精神病院を退院した障害者達が「We are not alone」を合言葉に自助グループを創り始めた活動である。その活動がクラブハウス第1号の「NYファウンテンハウス」に発展した。障害者の自助活動を基本に相互支援を重視する総合的かつ効果的な地域リハビリテーションモデルであり，全世界に広がっている。

クラブハウスでは，サービス利用者は『メンバー』と呼ばれ，スタッフとパートナーシップを組み対等な立場でさまざまな仕事に携わる。治療行為は行われず，日本の障害者総合支援法の事業とも異なる。

スタッフはマネージメントサービスを提供し，メンバーが自助の力を養い，メンバー同士が相互支援するシステムが作られている。メンバーはクラブハウス運営に必要な仕事を分担し，働くことによって自分が役立ち，かかせない存在であるという意識を持つ。クラブハウスの仕事を通じて，自信と誇りを取り戻し，自立と社会参加を促進し一般企業で働くことを体験する。

一般企業で体験するプログラムに「過渡的雇用（就労）プログラム」がある。スタッフの十分な支援があり，複数の過渡的雇用を経験することにより，働くことへの自信を取り戻しフルタイムの仕事に挑戦をしていく。クラブハウスは就職後もメンバーを支援し続ける。

### 2．世界のクラブハウス

世界のクラブハウスは国際クラブハウス推進センター（ICCD；International Center for Clubhouse Development）に加盟しているものが多い。そこでは世界共通の運営規約に基づいて運営がされている。

クラブハウスは精神疾患で苦しんでいる人々が安心して成長できる環境で，共に働き，交流し合いながら回復していく過程に参加するところである。地域のコミュニティを基盤としたアプローチであり，精神科治療を補完する役割を担っている。

### 3．我が国におけるクラブハウスの活用事例

精神障害者が精神科病院を退院し，安心した地域生活を送るための一つとして

第11章 精神障害者への心理支援の実際

クラブハウスの利用が考えられる。

クラブハウスにはメンバー登録が必要である。メンバーに登録することによって仲間として迎えられ、共に活動する環境が整えられる。

クラブハウスでは、朝ミーティングが開かれスタッフもメンバーも参加し、その日の活動について情報提供がなされ、参加者が自らの仕事を自分で選択し決める。Aさんは受付、Bさんは昼食作りなど。クラブハウス運営に必要な仕事の役割を担っていく。

クラブハウス内の仕事で得た自信をさらに高めるために一般就労への「過渡的雇用プログラム」を活用することができる。一般企業において期間限定（9カ月）で体験をする。例えば、企業にきた手紙を仕分けし、各部署に届けることや書類のコピーなどをする事務仕事を担当する。その職場には、クラブハウスからジョブコーチ（スタッフや経験したメンバー）が訪問し安心して挑戦できるように支援する。企業とクラブハウスが連携し契約をする。過渡的雇用プログラムを複数箇所経験することで、一般就労へと繋げていく。

クラブハウスのメンバーは、メンバー同士の相互支援活動が重要視されている。あるメンバーが入院をすればお見舞いの手紙や訪問をし、必要に応じて自宅にもスタッフとメンバーがお見舞いに訪れる。孤立しない、させない環境が作られている。

このように、クラブハウスではファーマルな医療サービスや福祉サービスなどを補完するインフォーマルなサービスが行われ、メンバーの地域生活を支えている。公認心理師は、公助・共助・互助・自助という幅広い視点を持ち、公民を合わせた総合的な支援を見据えつつ、既成の枠組みに捕らわれることなく必要な支援サービスを開発していく姿勢も必要である。

## Ⅳ　就労に至ったAさんの事例

精神障害者の生活支援は、疾病と障害を持ちながら生活をする生活者を支援することである。

Aさんは、精神疾患を罹患しているが、家族の一員、長男、地域住民、友人、仲間などの役割を担っている。

高校卒業以来、会社勤めを継続していたが、意欲の低下や不眠、楽しみの喪失、人が自分のことを何か言っている、観られているなどの思いにとらわれがちになり仕事がはかどらず退職となった。職場を離れる不安、経済的には実家にいるの

で何とか生活はできるが，家族への負い目や気遣いが増えていた。その頃は相談することもなく，体調が回復せず，家族とともに内科を受診した。検査の結果，身体的にはどこも不調はなく精神科を紹介され，精神科病院に繋がった人である。

表1はAさんのリカバリーの流れを示した表である。途方に暮れた時期，思い悩んだ時期等の大きな困難を乗り越えて就労に至ったことがわかる。

現在，大手の企業等には心理カウンセラーや職業カウンセラーを配置するところもあるがまだ少ない。障害者雇用促進法も改正され，精神障害者雇用も企業で進んでいく状況では，カウンセラーやソーシャルワーカーの企業への配置が重要となってくる。医療機関への継続的な受診やリハビリテーションの方向性を決めていく過程において福祉サービス等の利用には精神保健福祉士等への相談が有効である。精神障害者の生活支援には，医療については精神保健福祉法，福祉については障害者総合支援法，雇用については障害者雇用促進法などの法制度が用いられる。

Aさんが少しでも安心して生活すること，暮らし続けることができるために社会資源の活用が必要になる。初めての人や事柄に対して不安を覚えるのは当たり前のことであるが，その不安を取り除き，回復に必要な状況に合わせて社会資源の紹介を行い環境を整えていくことが重要であることがこの事例からもわかる。

障害者の生活支援には，障害者総合支援法による福祉サービスを組み合わせて用いられることが多いが，利用するにはサービス等利用計画が必要であり，相談支援専門員が作成をする。その人の希望に対して目標を達成するための計画になる。相談支援専門員が全体のマネージメント等を行う役割を担っている。また，福祉サービス利用ごとに個別支援計画も必要であり，サービス管理責任者が計画作成を行う。さまざまなサービスを使用するが，Aさんの生活全般を各サービス提供機関がAさんを中心に，ケア会議を開催し，Aさんの思いや情報の共有を行うクライエント参加型のケア会議を開催していることがAさんの就業につながっている。

このように，どの段階においてもAさんが自らの人生を自ら選択決定できるように応援するチームを作り上げていくことが重要なことである。生活支援や就労支援においては，退院後の生活や一般雇用が継続できるように定着支援になるようなサービスが求められる。

第 11 章　精神障害者への心理支援の実際

## V　公認心理師に必要な基本姿勢

　精神障害者への心理支援は，公認心理師が病院のスタッフであり入院中の患者に対して心理検査の実施・心理療法の実施等を行う際あるいは病院・クリニック（診療所）のスタッフとして外来通院患者に対して心理支援を行う際には白衣を着ていわゆる従来型の面接室面接の技法か集団療法の技法を使うのみでよい。しかし，退院支援のスタッフや福祉支援のスタッフとして心理支援を行う分野にも公認心理師が配置されるようになることが予想・期待される。その場合には，業務によっては『患者』という視点ではなく『クライエント』『障害がある地域生活者』という視点で接する必要があり，本章で中心的に述べてきたように精神障害者の地域生活支援や就労支援といった業務の中でさまざまな形でさまざまな働きかけを行う中に心理職としての専門性を発揮・確立していく必要がある。

　もちろん，公認心理師は支援対象者の自信の形成，心的な安定と前向きさの形成，ストレスコーピング等の自己コントロール力の形成等のいわゆる心理学的な視点と技術を持つ必要があるが，福祉分野での心理支援においてはより幅広い支援視点と支援理念を持っておくことが必要である。以下は，そのような公認心理師が持つべきいくつかの視点である。

### 1．クライエントを取り囲む環境を理解する

　家族関係，友人・知人，近隣の住民との関係を含めアセスメントをする。
　クライエントが住まう地域特性はどうなのだろうか。都会なのか地方なのか，そこでのコミュニティはどのくらいの影響力を持っているのかにより，クライエントと家族のストレスも変わってくる。コミュニティのつながりがプラスにもなりマイナスにもなる。
　例えば，家庭訪問や訪問看護に出向く時に医療機関の名前の入った社用車で行くことはどうだろうか。可能な限り，クライエントが住み続けやすい環境づくりを心がけることが必要である。

### 2．クライエントが経験してきたことを理解する

　クライエントの学校生活や職場生活，プライベートな時間などどのようなことに関心を持ち，学んできたのか。また身につけてきたのか。
　失敗やストレス等に対する対処技能は，経験から身につけていくものである。

表1 Aさんのリカバリー過程

| 事例 Aさん（30歳） Aさんの思い：「私の夢は正社員になること」 高校卒業後，製造業に就職。23歳の時に体調崩す。両親，弟と同居。 「○○」はAさんの語り・気持ち ||||||
|---|---|---|---|---|---|
| 在宅生活 | 医療機関 | 就労支援B型事業所 | アルバイト他 | 一般企業 ||
| 「これから，どうすればいいのか」 | | | | 仕事を退職 「退職したくないがやむを得ない」 ||
| 「バイトも，やっぱり，むりなのか」 「相談するところは？ 病院は何科なのか？」 | 内科受診 精神科紹介 精神科初診 入院（3カ月） | | 何もしないではいられない 本屋でバイト （2カ月） | ||
| 「こんなに休んでいたら働けなくなる」 「家族には迷惑をかけてしまうな」 「家にいると近所の人からどう思われるだろうか」 | 退院後，外来通院（2週間1回） デイケア利用（週3回） 「何をやるのだろう。他の人とうまくできるか？」 | 退院後 デイケアと就労支援B型事業所体験利用開始 13：00〜16：00（週2回） 障害者相談事業所にてサービス等利用計画作成 利用契約 13：00〜16：00（週3回） | | ||
| 「母親は大丈夫かなぁ。朝が辛い」 | | 就労支援事業所にて個別支援計画作成 「何とかできそうだ。長期目標は正社員。短期目標は休まず通うこと」 | | ||
| 寝つきはいいが，途中で覚醒する。 「事業所は休みたくない」 | 薬を飲むと動けない。 薬を飲むと辛いけど言えない。 | 計画モニタリング（1ヶ月ごとに半年続く） 「慣れてきたら半日か1日にしたい」 | | ||

第 11 章　精神障害者への心理支援の実際

| 在宅生活 | 医療機関 | 就労支援B型事業所 | アルバイト他 | 一般企業 |
|---|---|---|---|---|
| 「病院でも話ができるといい」 | | 利用開始6カ月<br>計画相談支援員とご本人とケア会議<br>欠席が目立つ<br>生活リズムが崩れ病院で薬のことを含め相談 | | |
| 「病院と事業所に相談できて少し安心」 | カウンセリング（デイケア日の午前中に実施）導入 | 外来同行<br>本人と相談し，カウンセリングを依頼連携を取る | | |
| 家では何もしない。<br>「部屋に閉じこもりたい。家族には悪いけど」 | 定期的なカウンセリング<br>「カウンセリングが受けられるからデイケアは終了したい」 | 家族調整<br>本人と母親と面接<br>困り事，生活の様子，家族関係等 | | |
| 就労支援事業を増やす。<br>「働くぞ！」 | デイケア終了。<br>外来（月1回）<br>「カウンセリングも終了しようかな」 | 利用開始1年<br>個別支援計画の見直し | | |
| 「少しは家のこともしなくければ」<br>「働くための生活支援の相談や支援をしてくれると聞いたけれど」 | 外来の曜日変更相談<br>「将来，働いたらカウンセリングを利用できる平日は外来に来られない。不安なことなど外来等で話すと薬が増えるかもしれない」 | 事業所に毎日通う。<br>必要に応じて面接<br><br>利用開始3年目<br>サービス等利用計画，個別支援計画<br>職場体験等計画<br>障害者就業・生活支援センター紹介<br>「将来，働く時には病気のことをオープンかクローズか？今の所は，病気も心配だからオープンで経験したい」 | | 就業・生活支援センター<br>職業評価<br>職業カウンセリング<br>就労体験等<br>「前の仕事のことを思い出したら不安になった」 |

177

表1 つづき

| 在宅生活 | 医療機関 | 就労支援B型事業所 | アルバイト他 | 一般企業 |
|---|---|---|---|---|
| 「家で何ができるかな。家族だけだと話しにくいから、事業所のスタッフにも相談したい」 | 外来通院を継続できるように情報交換<br>頑張りすぎも禁物と指導。 | ハローワークの障害者窓口同行<br><br>働くための生活支援<br>本人との定期的な面接 | 体験職場訪問<br><br>体験職場訪問 | |
| 「何とか頑張りたい」 | | 企業体験を数回繰り返し自信の回復。<br><br>障害者雇用で採用され利用終了 | 1年後<br>ジョブコーチ派遣 | 企業体験実習（A企業）<br>スーパー品出し<br>「人相手ではないからいいかも」「病気のことも知ってくれているから安心」<br><br>企業体験実習（B企業）<br><br>企業体験した企業に障害者雇用で採用される |
| 「就職できたけどこれからも不安」 | | 終了者対象のOBOG会<br>（就労定着支援） | | |

生活技術，社会的技術，対処技術は私たちが暮らしていくために必要な技術である。クライエントがどのような能力を持っているのか，また潜在的な可能性を持っているのかを理解する。

## 3．クライエントから学ぶ姿勢を持つ

クライエントはそのクライエントの専門家である。私たちは目の前の専門家から学ぶ姿勢が大切である。

専門職は，クライエントを理解したつもり，わかったつもりになることやクライエントには常に支援が必要と思い込んでしまう事が多い。

専門職はクライエントの能力を回復する機会，新たなものを獲得する機会を奪ってしまうこともある。今ここで，クライエントの向かう方向はどの道なのか，速さはどのくらいなのか，気持ちに寄り添いながら共に歩み続けることが重要である。専門職が独りよがりに一人歩きしないことである。

## 4．クライエントの自律性を尊重する

精神障害者と専門職との関係は一時的なものではなく継続されるものである。クライエントのことは，クライエントが選択し，決定する。クライエントの人生はクライエントのものであるという視点が重要である。

選択決定できる方法を考え活用する。クライエントの能力や技術に合わせて選択するための材料を提供しなくてはならない。その上で決定する。決定したものを尊重することが重要であるが，実際には尊重できない状況になることもあるのが現実である。それは，専門職が抱えるジレンマであるが，クライエントが決定した理由や思いを理解することが大切であり，解決に向けてクライエントと話し合っていくことが大切である。

## 5．社会に目を向ける

公認心理師は，社会の状況や変化に関心を持つことも大切である。そこには価値観の変化も含まれる。多種多様な価値観を知ることでお互いを理解し尊重できる。支援者とクライエントは，共通の社会に生活する者同士として，お互いに関心を持ち，権利を擁護し，認め合う態度を醸成することから適切な心理支援が始まる。

◆学習チェック表
- ☐ 精神障害者を支える制度とサービスについて理解した.
- ☐ 精神障害者の困難さを理解した.
- ☐ 公的なサービスとそれ以外の支援サービスについて理解をした.
- ☐ 公認心理師が精神障害者を支援するときに必要な基本姿勢について理解をした.

より深めるための推薦図書

伊藤順一郎（2018）病棟に頼らない地域精神医療論—精神障害者の生きる力をサポートする．金剛出版．

蔭山正子（2016）精神障がい者の家族への暴力という SOS —家族・支援者のためのガイドブック．明石書店．

Rapp, C. A. & Goscha, R. J.（2006）The Strengths Model — Case Management with People with Psychiatric Disabilities. Oxford University Press.（田中英樹監訳（2014）ストレングスモデル，第3版—リカバリー志向の精神保健福祉士サービス．金剛出版．）

精神保健福祉研究会（2016）四訂　精神保健福祉法詳解．中央法規出版．

YPS横浜ピアスタッフ協会編（2018）当事者が語る精神障がいとリカバリー—続・精神障がい者の家族への暴力という SOS．明石書店．

# 第12章 家族・職員への心理支援の実際

長野恵子・利光　恵・藤岡孝志

**Keywords**　介護負担，家族支援，心理教育，家族会，セルフヘルプ・グループ，共感疲労，支援者支援，二次的トラウマティック・ストレス，共感満足，心的外傷後成長

　公認心理師の職務には，要支援者の支援と，その家族や関係者への支援とがある（公認心理師法第2条の3）。本章では，福祉対象者の家族への心理支援と，福祉施設職員等への心理支援とを解説する。

## I　福祉対象者の家族への心理支援（長野・利光）

　わが国では少子高齢化がさらに進み，2037年には3人に1人が65歳以上となり，認知症高齢者の数も増え続けると推計されている。多くの人々が家族のケアの当事者となる時代が到来する。この節では，福祉対象者と生活を共にしている家族の典型例として，高齢者を介護している家族と障害児・者を養育・介護している家族を取り上げて，その支援における心理学的知見を紹介する。

　なお，心理支援を担う心理職者の養成が社会的責務となっているのは，1）介護・養育にまつわる困難を引き受ける家族を社会から「隠れた患者（The hidden patients）」にしないためであり，2）本人の能力を見出し意思を尊重し希望を実現しようとする介護・養育では，家族共々の生き方を自問自答する心理的な課題にとりくむからであり，3）障害児・者の高齢化，老々介護や認認介護，ヤングケアラー，介護と育児のダブルケア，介護と仕事の両立など，家族の困窮に対応するには，制度的援助の拡充のみならず，多職種との連携を図るなかでの心理支援が不可欠になる，といったことがあるからである。

### 1．高齢者，障害児・者の家族の心理支援の必要性

①高齢者を介護する家族の心理を理解する
　1）高齢者介護の困難性の背景

高齢者の介護はあらかじめ計画を立てることができない。日々，その都度，介護者となった家族は，自らの家族観や人生観が試されるかのような困難に——心理的には困難というより試練に——遭遇することになる。福祉サービスの一層の充実が図られるとしても，家族の試練に伴う疲弊感は，親子関係や夫婦関係での役割が入れ替わることよる心理的困惑のみならず，介護の年限の見通しがつかないことや介護の終着点が死であることに由来する孤立感や閉塞感とも重なり合って，介護者が自ら解きほぐすことのできない心理的（情動的）ほつれとなってしまう。このほつれは，ことに養育や家事の経験のない介護者の場合には，断ち切るほかないという事態に陥り易い。

２）介護をめぐっての心情（負担感，否認，喪失感，肯定感）

家族として高齢者を介護する体験は，社会生活（仕事や対人関係）の調整，経済的な工面，身体的疲労の回復，自己充足の時間の確保など，心理的安定を保つことができないという困難が負担感をもたらす体験となる。介護家族の負担感を評定する尺度である荒井ら（2003）による日本語版 Zarit 介護負担尺度短縮版（J-JBI_8）は，家族理解の手がかりのひとつとなる。

介護の負担感に苛まれていても，高齢者に認知障害があることや自立した生活が困難になっていることを認めたくないといった家族であるからこその否認が生じることがある。家族として共々に築いてきた過去（家族史）を確かめ合うことができない喪失感も生じる。家族の日々の介護努力は，同居していない人々には，たとえ親族であっても伝わりにくい試行錯誤の連続である。このことによる社会との心理的な隔たりは，介護家族に孤立感をもたらしかねない。やむをえず施設への入所を検討するときには，家族を手放す（見捨てる）という罪悪感と向き合うことになる。認知症による変容を看る家族は，"愛する人の身体は目の前に存在するが，自分たちが見知っている心は存在しない"という，「あいまいな喪失」における「別れのない喪失」状態（Boss, 1999）を体験する。

しかし，介護体験を人間としての学びが広がり深まる機会とすることができるなら，否定的感情は自己成長の糧となる。実際，間近にいるからこそ気づくことが多々ある。「小さなことでも喜ぶのを見て自分も嬉しくなる」といった肯定的感情は，否定的感情とも向き合い，両感情のあいだを往来するうちに体得する感情である。介護家族のこの体得過程に寄り添うことは心理職が引き受ける支援であろう。

周囲に開示できない日々を送っている介護家族への支援はもちろん，介護家族の負担感を軽減して深刻な事態となるのを防ぐ心理職には，多職種連携のもとデ

イサービス,ショートステイ等によるレスパイトや施設入所等の種々の福祉サービスをどのように活用するかといった総合的な視野が求められる。

②障害児・者の家族の心理的理解

　障害児・者を養育・介護する親の心理的負担感は障害種によって異なる。そこで,障害種別に行われた調査研究の一端を紹介する。

　先天性心疾患児の親は,生後間もない時期から繰り返される手術治療に立ち合い,さらに在宅で疾患管理を行う療養生活がストレスになるが,こうしたストレスは,情緒・集団・情報・評価のいずれのソーシャルサポートによっても軽減する(廣瀬ら,2015)。制度的援助と心理支援とのより効果的な協力関係の構築が必要になる。

　重症心身障害児・者の日常のケアをして生活を支えている母親は「病気になると,家族に自分の代わりになる者がいない」が,「命へ直結する医療的ケアを代わってほしいとは言えない」といった葛藤状態にある(千葉,2013)。しかし,重症心身障害児・者の家族の主観的幸福感については,重症心身障害児・者の養育が過酷である母親が,他の家族構成員と比較すると,幸福度が高い(阿尾,2014)ということもある。第三者が捉える葛藤や困難の度合いと,養育者自身の役割や努力の認知とが一致するとはかぎらない。

　自閉症スペクトラム症(ASD)児・者をもつ家族の困難は,1)障害特性の理解と対応が難しい,2)社会のASD児・者について社会的理解を得ることが難しい,3)家族生活に制約が生じる,の3つに集約される(柳澤,2012)。

　障害児・者は,その兄弟姉妹(同胞)の心理的成長に良い影響を及ぼすが,その一方で,同胞がさまざまな制約や犠牲を強いられることもある。障害児・者の同胞への心理支援の実践は親への支援に比べて立ち遅れているのが現状である。

　障害受容という観点で障害児・者の家族の心理を捉えると,障害について段階を追って直線的に受け入れていくのではない。家族は,障害児・者の成長発達や状態像の変化,自らの状況変化などが複合的に影響し,揺れ動きながら暮らしている。心理支援を行う者には,その揺れ動きを受けとめて,家族のその都度の決断を信頼して寄り添っていく力が必要である。

## 2．高齢者,障害児・者の家族への心理支援の実際

　障害や疾病の特性によって具体的な困難は異なるものの,養育者・介護者となる家族の負担感や葛藤といった心理は,言葉による説明が及ばないところである。

第2部　福祉心理学的心理支援の実際

```
┌─────────────────────┐   ┌─────────────────┐   ┌─────────────────────────┐
│介護者としての役割の受け入れ│   │年齢，性別，既往歴    │   │介護以外の役割、生活状況 │
│介護の継続意思         │   │現在の健康状態      │   │（育児，仕事，社会的役割な │
│被介護者との関係性      │   │介護による身体面への負担│   │ど）                  │
│介護負担感            │   └─────────────────┘   │経済状態               │
│性格傾向              │         身体面             │住居形態               │
│認知・行動パターン      │       ／      ＼          │被介護者との同・別居（距離）│
│アサーティブネス       │    心理面 ── 社会面        │ソーシャルスキル        │
│ストレスレベル         │                          │認知症・介護に関する知識 │
│ストレスへのコーピングスキル│                          │福祉サービスに関する知識・利用│
└─────────────────────┘                          │家族・友人・隣人のサポート│
                                                 └─────────────────────────┘
```

図1　介護者の支援ニーズ・アセスメント（深津，2017より）

このことを念頭に置きながら，家族への実践的な心理支援に共通することを取り上げる。

①家族の支援ニーズのアセスメント

　家族への心理支援を行うにあたって，まず家族の支援ニーズについて身体・心理・社会の側面からの総合的評価を基本にして，各ニーズの重要度を考慮したのち，支援を行う。イギリスの高齢者介護における実践を参考にして，深津（2017）がニーズ評価の項目を要約しているのが図1である。この要約は，障害児・者の家族支援においても大いに参考となる。

②家族支援の実際

　高齢者，障害児・者の家族への心理支援の実践例として4つの形態を取り上げる。

　1）個別カウンセリング

　家族が抱える悩み，主に不安をめぐって個別に行われる相談のこと。家族の了解がえられるなら，明らかになった問題は心理職で抱え込まずに，諸福祉サービスの活用も含めた多職種連携のもとで，チームとして支援する。同じような悩みを抱えている家族グループへの参加が有効な場合がある。

　2）家族教室

　現在，介護者のための家族教室を開催している病院や一部の福祉施設の中には

心理職がスタッフとして関わっている場合がある。一般的な家族教室は疾病や障害についての理解と対応法を学ぶ心理教育と，家族間の交流促進と思いや悩みの共有を図る茶話会形式のグループセッションで構成され，毎月ないし2カ月に1回開催される。5回ないし6回を1つのシリーズとし，各回の家族教室にはテーマが設けられる。心理教育では，高齢者，障害児・者の言動への対応をより適切なものにする技法を学び理解を深める。グループは，心理職が同席しているので，互いに巻き込み合うことなく負担感や孤独感と距離をとって自己を省察する場となる。

　心理教育の内容は，認知症者の家族の場合，認知症に関する基本知識，認知症者の行動・心理症状（BPSD）の解説と事例ごとの対応法などとなる。障害児・者の家族の場合，障害特性の解説，養育・介護についての助言などがあり，共通して社会資源に関する情報提供と活用の仕方が含まれる。具体的な心理支援として，例えば，ストレスマネジメント教育を実施し，コーピング法として呼吸法や臨床動作法を用いたリラクセーション実習で，家族介護者がほっとする感じをからだで覚え，セルフケアの意義について身をもって知るということがある。参加者同士が支え援け合うことでリラックス感を味わう実技は，対人関係のアイスブレイキングにもなる。

　3）体験を語り合う家族会の実践例

　筆者が心理職（ファシリテーター）として親同士で運営するグループ活動と協働している実践例を紹介する。筆者は，NPO団体と共に地元の行政とも連携し，「地域で障害児・者を育てている親が安心して子育ての話ができる場所を作る」ことを目的に，月1回，各回90分の障害児・者の親を対象にした集団心理療法を行っている。

　グループ実施中：ファシリテーター（促進者）は，話し手だけでなく聞き手の表情や仕草を丁寧に観察する。話題によっては，聞き手に動揺が生じる。話すつもりがなくても，話し手に触発されて自己開示しすぎることがある。特定のメンバーが時間を占有しないようにするが，促進者を補助する役目のメンバーがいると全員参加が実現しやすい。時間の制限は，心理的安定を保つための枠として機能する。話し足りない場合でも，毎回のセッティングも持ち時間も促進者も同じであることは，家族会が居場所になる可能性をもたらす。

　終了時：促進者はその回の話題を集約し，心理教育的まとめを試み，アンケートを実施する。グループ中に気になったメンバーには，動揺を抱えたままの帰宅にならないように終了時に声をかける。

参加者たちの子は年齢も障害種も異なっているので，傾聴が臨床的に意味のあるものになる。我が子と障害が異なっている子についての話は，我が子に新たな眼差しを向けるきっかけになる。子育ての先輩になる親の話は，子育てを見通すのに役立つ。子育ての後輩になる親の話は，過去を振り返って，引きずっていた気持ちを整理するのに役立つ。互いに守秘義務を果たしていることが他者を信頼することにつながっている。心理職が同席するグループには，互いの相違が自己発見と相互尊重を促進する可能性がある。

　4）その他の実践
　介護や養育の内容が似通っていることを前提にして，家族や親が企画・運営を担っているのがセルフヘルプ・グループである。認知症者の介護家族のセルフヘルプ・グループとして歴史があり，全国規模で活動している例に，「認知症の人と家族の会」がある。心理職が，このような家族会を支援するボランティア，介護・看護・行政の専門職と協働する機会が増えることだろう。すでに，家族会の支援者に心理職が助言を行っている先駆的取り組み（無藤，2017）もある。今後，各地域に家族介護者が立ち寄る会が設けられ，「新オレンジプラン」が地域での展開を提起している認知症カフェが増えるにつれ，心理職が家族支援の一翼を担うようになることが期待される。

　発達障害児の親へのサポートとしては，2010年より厚生労働省が発達障害者支援体制整備事業の一環として，発達障害児の養育経験を活かして診断を受けて間もない親の相談・助言を行う者（ペアレント・メンター）の養成事業を推進している。心理職の実践に，メンターとの協働も加わることだろう。

　障害児・者の同胞支援については今後の拡充を期待するが，30年にわたる「ASD児・者のきょうだい教室」での心理的支援に関する平川（2004）の報告がある。

　なお，2023年4月，こども家庭庁の発足により，こども家庭審議会に「障害児支援部会」が設置され，障害児及びその家族に対し，障害の疑いのある段階から切れ目のない一貫した支援体制の構築へ向けて取り組んでいく旨が表明されている。今後の家族支援の充実に注視したい。

## 3．小　括

　Ⅰ節では高齢者・障害児者の家族支援を中心に述べたが，生活困窮者・暴力被害者等すべての福祉支援対象者に対して本人および家族の心理支援という視点と技術が必要であることはいうまでもない。家族支援における心理職は遅れてきた専門職であり，活躍の場を自ら開拓することになる。この領域の心理職には，個

別面接，集団心理療法，障害特性の理解，家族アセスメントにとどまらず，疾病や障害についての医学的知識，医療と福祉制度に関する知識，加えて多職種連携，地域連携を工夫することになる。支えて援けるには，介護・養育の負担感や困窮ゆえの心身の不調さらには共倒れにつながりかねない深刻な問題に直面し，何をどうしていいか見当がつかないときにこそ，最後までその場に踏みとどまる者でありたい。

## II 福祉施設職員等への心理支援
### ——共感疲労とストレスマネジメント（藤岡）

ここで取り上げるのは，福祉関連職種の現場の労務環境などの課題だけでなく，福祉施設職員が抱えざるを得ない特有の課題である。利用児・者との関係性の中で起きてくるストレスであり，また，さらに，養育方針の違いや支えが不十分であることによる孤立感，疎外感，無力感など，同僚や上司との関係の中で起きてくるストレスである。これらのことに，心理職の専門性としてどう取り組んでいくのかということが重要である。このような課題を理解するうえで重要な概念の一つに共感疲労がある。本章では，この共感疲労を中心に論述するが，まず，職員等への心理支援を考えるうえでの諸概念を整理していく。

### 1．支援者を支援するための諸概念の整理

これまでの支援者支援では，多くの場合，対処は支援者個人の自己調整に任されてきた。しかし，支援者が共感的に関われば関わるほど，クライエントの傷つき等にさらされてしまう。また，その傷つきにさらされやすい場に自ら身を置くことをもって専門性の行使とみなされ，支援者のジレンマとも考えられる状況が生じていた。このような点を考えると，職員等への心理支援は支援者個人の自己調整に任されてよいレベルのものではなく，臨床現場を成立させるうえで必須のことともいえるであろう。

このような支援者を支援するために多くの研究がなされてきた。ここで基礎的な理解として押さえておかなければいけないのは，以下の諸概念である。すなわち，バーンアウト，二次的トラウマティック・ストレス，共感疲労，代理トラウマ，感情労働，共感満足，心的外傷後成長，レジリエンスである（図2）。

①バーンアウト

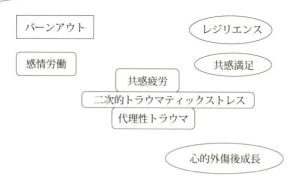

図2　支援者支援学の諸概念（藤岡，2016）　それぞれの概念の位置関係は，概念的な近さを表している。また，□は，支援者に対して配慮を有する側面，○は支援者を支援する上での肯定的な側面を表している

バーンアウト研究の歴史は1970年代から始まる。1970年代に，フロイデンバーガー Freudenberger, H. J. が初めてこのバーンアウト（Burnout；燃え尽き）という概念を提唱した（Freudenberger, 1974 ほか）。興味深いのは，彼は精神保健領域に限らず，保育現場等のこども家庭福祉領域に関する論文も書いており，多くの現場を想定した強い問題意識があったことがうかがえる。なお，バーンアウトについては他書を参考にされたい（久保，2004 ほか）。

②二次的トラウマティック・ストレス

1980年代になると，上記バーンアウト概念に加え，面接場面や施設等の臨床場面（食事をしながら会話をするなどの生活場面面接等）での支援者の傷つきに注目するようになってきた。その草分けであるフィグリー Figley, C. R. は，二次的PTSDという概念を提唱し，DSM-Ⅲで登場したPTSDについて，その当初からトラウマを一次，二次，三次と波紋が拡がるように人々を侵蝕するものであるととらえた（Figley, 1995 ほか）。二次的トラウマティック・ストレス（STS；Secondary Traumatic Stress）とは，クライエントや被支援者の傷つきを目撃したり，傾聴したりすることで生じる「支援者の傷つき」であり，「ケアの代償（cost of caring）」とも言う。フィグリー（2002）は，二次的トラウマティック・ストレスを，「トラウマとなりうる出来事に苦しんでいる人のケアをすることから生じる自然な行動と感情」と定義している。後に見るように，フィグリー自身は共感疲労概念に統合していくが，この概念の独自性に注目しているのが，ブライド Bride, B. E. であり，STS尺度を開拓している（Bride et al., 2004）。

### ③共感疲労

　1990年代に入って,看護師であるジョインソン Joinson, C. によって,共感疲労(compassion fatigue)という言葉が初めて使われた。二次的トラウマテック・ストレス概念を提唱したフィグリーは,この共感疲労に注目し,むしろ,バーンアウトとは一線を画す概念として,1990年以降,二次的トラウマティック・ストレス概念と同等であると述べるようになる。フィグリーは,共感疲労を「クライエントと一緒にトラウマティックな出来事を再体験している時に生じる緊張と不安,および,無力感,混乱,支援からの孤立の感覚」と述べている(Figley, 2002)。この疲労＝Fatigueという言葉は特別な意味合いを持っている。19世紀から20世紀にかけてのフランスで活躍した精神科医ピエール・ジャネ Pierre Janetがこの Fatigue という言葉について詳しく書いており,彼は,トラウマティックな体験が基礎にある疲労の場合に,Fatigueという言葉を使用しているのである(藤岡,2008)。支援者の対人支援技能としての「共感」が,むしろ支援者を傷つけやすくする諸刃の剣となることを考慮すると,「支援者(援助者)の宿命としての共感疲労」に,支援者はその臨床活動の中で向き合わなければならないことを指摘しなければならない(藤岡,2011)。

### ④代理トラウマ

　パールマンら(Pearlman & Saakvitne, 1995)は,代理トラウマ(vicarious trauma)の概念を提唱し,クライエントのトラウマの表現・表出に持続してさらされることによって,支援者自身の臨床観,人生観,支援観,援助観まで影響を受けてしまうということを強調している。支援者支援における支援者の複雑性PTSDを取り上げていると筆者は考えている。高邁な志をもって就職した新人職員が,施設の中で虐待を受けたこどもから(被虐待児ゆえの情動調整不全等からくると考えられる)暴言や時には暴力を受けたりすること,また認知症高齢者の,認知症がゆえのさまざまな行動障害にさらされ続けることによる傷つきの連続は,支援者自身の人生観や臨床観にまで影響を与えてしまうのは想定しておく必要がある。支援者と面接する際に,代理トラウマを念頭において,支援者の複雑性PTSDへの対処を考えなければならないだろう。

### ⑤感情労働

　感情労働(emotional lavor)は,感情を労働の内容とする場合の課題を論議する概念である。ホックシールド Hochschild, A. R. らが中心となって提唱した

(Hochschild, 1983)。支援者が，自身の感情を行使しながら支援者としてその職務を行う上で，その職務を演技行為と見立て，表層演技と深層演技とに分け，真の感情の表出（深層演技）を自己調整しながら行うことで，支援をしてくことが大事であるとしている。

⑥共感満足

スタム Stamm, B. H. は，共感疲労概念の持つ否定的な側面を補って余りある肯定的な側面に焦点を当てたものして，共感満足（compassion satisfaction）という概念を提唱した（Stamm, 1999 ほか）。共感疲労がたとえ高くなっても，共感満足が高く保持されると，共感疲労はむしろ肯定的に評価されるというのが根底にある。支援者のバーンアウトリスクや共感疲労になってしまう傾向を否定的にとらえるのではなく，むしろ，このような傾向こそが支援者の特徴の一つであり，肯定的な側面からの支援も併せて行なっていくという支援者支援の多様性を踏まえたとらえ方であり，この点も支援者支援の際の大きな留意点となる。

⑦ポストトラウマティック・グロース（心的外傷後成長）

心的外傷後成長（posttraumatic growth）は，カルホーン Calhoun とテデスキー Tedeschi らによって，構築，推進されている概念である（Calhoun & Tedeschi, 2006）。成長に向かうための苦悩やもがき（struggles）は，トラウマティックな体験を克服したり，あるいは，その体験と適度な距離をとる上で極めて重要であり，支援者支援に新たな視点を提供するものと考えられる。支援者支援は，支援者がさまざまなストレスにさらされながらも，そのストレス源に時に向き合い，時に距離を取り，そして，（プライベートを充実させることを提案するなどして）意識しながらそこから離れることで行われていくものである。支援者としての成長をじっくりと見守る姿勢が周りには必要であり，その際，その支えとなる人の存在は大きい。なお，類似の概念として，レジリエンス（精神的回復力，心的弾力性）がある。

## 2．支援者支援が，支援の現場で必要な意味

①支援者の統合感へのクライエントや施設利用児・者からの侵蝕

福祉施設において，支援者自身が自信をもって仕事をしていくという支援者の統合感への利用児・者からの侵蝕は，支援者の宿命であるともいえる。支援者のPTSDへの支援が必要なゆえんである。また，児童養護施設等でのこども同士の

第12章 家族・職員への心理支援の実際

けんかは，職員にとっては，夫婦喧嘩を見せられているこどものように，まさに（職員にとっての）『面前DV』である。利用児・者からの攻撃だけでなく，利用児・者間の攻撃の目撃と，それによる支援者のPTSDは十分起こりうることである。また，利用児・者の過去の歴史を職務上知ることは，傷つき，共感疲労や代理トラウマをこうむることも想定しなければならない。支援者を支援することは，利用児・者にとって本来必要な支援者を，利用児・者の抱える課題性がゆえに侵蝕し崩壊させてしまわせないことであり，かつ，もっとも支援を受けるべき対象（支援者）を（利用児・者の）目の前から失わせないようにすることである，と理解しなければならない。支援者を支援する際の重要な視座である。

②支援者のありようが利用児・者との関係性に影響を与えること

　支援者が支援を受け，また，適切な自己支援を行うことで，崩れることなく，利用児・者の前で凛として心と体の軸を立て，立ち現れるということで，利用児・者は，自分が向き合っていくさまざまな課題に向き合う際のパートナーとして，認識してくれるようになってくる。

　こども家庭福祉領域でいえば，安定した愛着の対象として，こどもたちの前に一貫して立ち現れることを意味している。支援者支援が，愛着の修復や愛着の形成に寄与するということは意外な盲点である（藤岡，2008）。言葉の出し方，表情，しぐさ，立ち方などさまざまな側面で，こどもとの関係性が影響を受けていると考えられる。

### 3．支援者支援の具体的な方法

　対策としては，まず，自己チェックリストの活用がある。バーンアウト尺度も有効であるが，共感疲労については，共感疲労・共感満足尺度（短縮版）がある（藤岡，2011ほか）。共感疲労はその合計点から低，中，高によって分け，低い「柳に風タイプ」（共感疲労に柔軟に対処して，疲労を蓄積しないタイプ），「中間タイプ」，そして高い数値を示す「横綱相撲タイプ」（共感疲労を正面から引き受け，次第に疲労が蓄積していくタイプ）に分けている。そして，横綱相撲タイプが，バーンアウトリスクも他のグループに比べて，有意に高かった（藤岡，2011）。このように自分の支援者としてのスタイルを知ることは大事である。支援者としてのありようを仕事以外の私生活も含めて振り返る機会を与えられるからである。できれば，健康診断のように年に1回は自己チェックをするとよいであろう。施設全員の自己チェックができると，毎年の共感疲労などの分布の変化を見ること

ができ，施設全体の支援者支援の方向性を検討する際の基礎資料としても活用できる。当然のことではあるが，適用にあたっては守秘義務の遵守，結果の伝え方など考慮すべき点は多い。

　苦しい時ほど，「助けて」と言えなくなる「サイレンス（沈黙）反応」というのもある。支援者支援を念頭において職員を支援する人が職場やチームの中で少なくとも一人いることがこのような職員の多様性やサイレンス反応への対処を可能にしていく。また，仕事と私生活の切り離し（意図的な分断）は，フロイデンバーガーの頃から指摘されている。行きや帰りの電車や車，徒歩等は，仕事モードとプライベートモードへの変換のポイントとなる。健康な生活を心掛けること，からだに出てきている微かな不調感などへの対処も，支援者自身の自己支援としても，他者支援としての支援者支援としてもとても重要である。からだを通した臨床的支援アプローチを支援者自身が，また支援者を支援する人が習得して，心身の「軸」感覚を重視し，自分のからだの動きづらさをこころの活動不全としてとらえて，動作を通して自己調整感や主体性感覚を回復させていくことが大事となる。

　筆者の関わった職員の方で，施設での職場が変わり，仕事が大きく変わった中で無理をしていた時に，自分のからだおよびその動きに向き合うことで「無理をしていた自分」に気づき，そのような「体験の仕方」に動作を通して自分自身で対処できたことで，物事への主体性感覚が回復し，無理をせず，前向きに仕事をすることができるようになった。これも，支援者支援におけるからだを通した自己支援，他者支援と言えるだろう。また，対人的なストレスの多い職場では，人との「つながり感覚」を身近な家族や友人と共有し，つながりの実感を回復するというのも，支援者としての臨床感覚を保持するうえで重要である。あわせて，いつも多くの人に囲まれている職場であるだけに，「一人になる時間」も自分をふりかえるために必要である。

## 4．小　　括

　共感疲労がたとえ高くてもそれに対処することで，高い支援の質が保持される。厳しい現実に日々直面する支援者としての側面を，包括的に支援することが望まれるのであって，共感疲労を低減させることだけが支援者支援の目的ではない。最も身近で最も気づかれにくいのが支援者支援かもしれない。

第12章　家族・職員への心理支援の実際

◆学習チェック表
- □ 高齢者や障害を持つ人を介護する家族の心理を理解した.
- □ 高齢者や障害児・者の家族への具体的な心理支援の方法について理解した.
- □ 支援者支援の諸概念について理解をした.
- □ 支援者支援の方法について理解をした.

より深めるための推薦図書

　小海宏之・若松直樹編（2017）認知症ケアのための家族支援―臨床心理士の役割と多職種支援．クリエイツかもがわ．

　中田洋二郎（2009）発達障害と家族支援：家族にとっての障害とはなにか．学習研究社．

　久保真人（2004）バーンアウトの心理学．サイエンス社．

　藤岡孝志（2008）愛着臨床と子ども虐待．ミネルヴァ書房．

文　献

阿尾有朋（2014）重症心身障害児（者）の家族における主観的幸福感の構造―ソーシャルサポート満足度との関連性についての検討．特殊教育学研究，52(3); 181-190.

荒井由美子・田宮菜奈子・矢野英二（2003）Zarit 介護負担度日本語版短縮版（J-ZBI_8）の作成：その信頼性と妥当性に関する検討．日本老年医学会雑誌，40; 479-503.

Boss, P.（1999）Ambiguous Loss. Harvard University Press.（南山浩二訳（2005）さよならのない別れ　別れのない「さよなら」―あいまいな喪失．学文社．）

Bride, B. E., Robinson, M. R., Yegidis, B., & Figley, C. R.（2004）Development and validation of the Secondary Traumatic Stress Scale. Research on Social Work Practice, 14; 27-35.

Calhoun, L. G. & Tedeschi, R. G.（Eds.）（2006）Handbook of Posttraumatic Growth: Research and Practice. Routledge.（宅香菜子・清水研監訳（2014）心的外傷後成長ハンドブック：耐え難い体験が人の心にもたらすもの．医学書院．）

千葉信彦（2013）重症心身障害児をもつ母親へのサポートネットワークに関する一考察―重症心身障害児支援と家族支援の側面から．東北福祉大学研究紀要，37; 175-186.

Figley, C. R.（Ed.）（1995）Compassion Fatigue: Coping with Secondary Traumatic Stress Disorder in Those Who Treat Traumatized. New York; Brunner/Mazel.

Figley, C. R.（Ed.）（2002）Treating Compassion Fatigue. New York; Brunner-Routledge.

Freudenberger, H. J.（1974）Staff burnout. Journal of Social Issues, 30; 159-165.

藤岡孝志（2011）「共感疲労の最適化水準モデル」とファンクショニング概念の構築に関する研究．日本社会事業大学研究紀要, 58; 171-220.（「日本社会事業大学リポジトリ」2012 年よりダウンロード可能）

藤岡孝志（2016）支援者支援学（1）支援者支援学とは．こころの科学，189; 92-98.

深津亮（2017）理論編5　認知症家族介護者の心理と支援．In：北村伸・野村俊明編：これからの対人援助を考える―くらしの中の心理臨床⑤認知症．福村出版，p.193.

平川忠敏（2004）自閉症のきょうだい教室．児童青年精神医学とその近接領域，45(4); 372-379.

廣瀬幸美・倉科美穂子・林佳奈子・橋浦里美（2015）先天性心疾患乳幼児をもつ親の育児ストレス―背景要因およびソーシャルサポートとの関連．小児保健研究，74(3); 375-384.

Hochschild, A. R.（1983）The Managed Heart: Commercialization of Human Feeling. University of California Press.（石川准・室伏亜希訳（2000）管理される心―感情が商品になるとき．

世界思想社.）
Joinson, C.（1992）Coping with compassion fatigue. Nursing, 22(4); 116-218.
無藤清子（2017）高齢者の家族介護者を支援するサポーターと臨床心理士の協働．In：日本家族心理学会編：家族心理学年報35　個と家族を支える心理臨床実践Ⅲ．金子書房，pp.76-90.
Pearlman, L. A. & Saakvitne, K. W.（1995）Trauma and the Therapist: Countertransference and Vicarious Traumatization in Psychotherapy with Incest Survivors. W. W. Norton.
Stamm, B. H. (Ed.)（1999）Secondary Traumatic Stress: Self-Care Issues for Clinicians, Researchers, & Educators. Sidran Press.（小西聖子・金田ユリ子監訳（2003）二次的外傷性ストレス―臨床家，研究者，教育者のためのセルフケアの問題．誠信書房．）
柳澤亜希子（2012）自閉症スペクトラム障害児・者の家族が抱える問題と支援の方向性．特殊教育学研究，50(4); 403-411.

# 第13章 福祉・介護分野での多職種協働（IPW）と心理職の位置づけ

城戸裕子

**о→ Keywords** 多職種協働，専門職，チームアプローチ，チームケア，ケアマネジメント，連携

　福祉ならびに介護の現場では，対象である利用者（患者）は，身体的，精神的，社会的な援助を必要とし，それらを複合的に組み合わせた包括的支援を求められている状況が多い。そのため，個々の支援においては精通した専門家からのアプローチが必要となり，結果として多職種での支援と連携が不可欠ということになる。

　利用者（患者）支援の場において，各専門職がそれらの専門性を活かし，直接的または間接的に関わることについては，チームアプローチ，チームケア，専門職協働などの表現が用いられることが多い。しかし，その定義や概念については，さまざまな解釈がなされており，未だに整理されているとはいいがたい。

　2000年の介護保険法の施行により，ケアマネジメントの手法と共に多職種連携協働（以下，IPW）という表現が広く周知されるようになった。IPWとは，Inter Professional Work の略である。前述したチームアプローチなどの表現と同様にIPWの手法や概念などの研究も緒に就いたばかりであり，確立に至っていないともいえる。しかしながら，それぞれの専門職の役割を理解することで，多職種間の連携や協働が効果的に行われることにも注目したい。

## I　多職種協働に関わる専門職とその役割

　保健医療福祉分野に従事する専門職は，主に国家資格である。国家資格は，国の法律に基づき，各分野における個人の能力，知識が判定され，特定の職業に従事すると証明される資格であり，公認心理師もその中に含まれる。

　資格ごとに業務独占資格や名称独占資格という分類が法制度の中で位置づけら

表1　保健医療福祉関係職種に係る国家資格など一覧（日本医師会，2015）

| 名称 | 資格の性格 | 制度創設年 |
| --- | --- | --- |
| 医師 | 業務独占<br>名称独占 | 1948（昭和23）年 |
| 歯科医師 | 業務独占<br>名称独占 | 1948（昭和23）年 |
| 薬剤師 | 業務独占<br>名称独占 | 1960（昭和35）年 |
| 保健師 | 名称独占注1) | 1948（昭和23）年 |
| 助産師 | 業務独占 | 1948（昭和23）年 |
| 看護師 | 業務独占 | 1948（昭和23）年 |
| 准看護師<br>（都道府県知事交付） | 業務独占 | 1951（昭和26）年 |
| 理学療法士 | 業務独占注2)<br>名称独占 | 1965（昭和40）年 |
| 作業療法士 | 業務独占注2)<br>名称独占 | 1965（昭和40）年 |
| 言語聴覚士 | 業務独占注2)<br>名称独占 | 1997（平成9）年 |
| 社会福祉士 | 名称独占 | 1987（昭和62）年 |
| 精神保健福祉士 | 名称独占 | 1997（平成9）年 |
| 介護福祉士 | 名称独占 | 1987（昭和62）年 |
| 保育士 | 名称独占注3) | 2003（平成15）年 |

注1）保健指導業務に関して名称独占とされている。
注2）業務独占は，保健師助産師看護師法第31条第1項および第32条の規定にかかわらず，診療の補助として行う業務である。
注3）以前は，「保母」であった。平成13年，児童福祉法改正により法定資格となった。

れており，その範疇の中で業が実践されている。

　文部科学省は，国家資格について次のように明記している。「業務独占資格とは，『有資格者以外が携わることを禁じられている業務を独占的に行うことができる資格』をさし，名称独占資格とは，『有資格者以外はその名称を名乗ることを認められていない資格』である」（野中ら，2014）。

　保健医療福祉分野において多職種連携に関わる職種は，多種多様であるが，表1に国家資格などの一覧を示す。

　次に公認心理師が臨床現場で関わることの多い主な各専門職とその役割を説明

# 第13章　福祉・介護分野での多職種共働（IPW）と心理職の位置づけ

する。

　医師：医師は，医師法により定められており，同法第1条では「医師は，医療及び保健指導を掌ることによって公衆衛生の向上及び増進に寄与し，もつて国民の健康な生活を確保するものとする」と明記されている。医師は，主に医療機関である病院や診療所，高齢者入所施設，児童心理治療施設などに勤務をしている。介護保険サービスにおいて，利用者の自宅を訪問して診療することも多くなっている。

　保健師：保健師は，保健師助産師看護師法により定められており，同法第2条において「保健師とは，厚生労働大臣の免許を受けて，保健師の名称を用いて，保健指導に従事することを業とする者をいう」と明記されている。保健センターや保健所などで公衆衛生，産褥婦や新生児への保健指導を行うほか，地域包括支援センターなどで虚弱高齢者に対しての支援を行っている。

　助産師：助産師は，保健師助産師看護師法により定められており，同法第3条において「助産師とは厚生労働大臣の免許を受けて，助産又は妊婦，褥婦もしくは新生児の保健指導を行うことを業とする女子」と明記されている。保健師，看護師には性差の区分がないが，助産師は女子に限られている。

　医療機関での産婦人科，新生児集中治療室（NICU），助産院などに勤務していることが多い。

　看護師：看護師は，保健師助産師看護師法により定められており，同法第5条において「厚生労働大臣の免許を受けて，傷病者若しくは褥婦に対する療養上の世話又は診療の補助を行うことを業とする者をいう」と明記されている。看護師が国家資格であるのに対し，准看護師は都道府県知事の免許を受けることとなる（同法第6条）。医療機関，訪問看護ステーション，企業内医務室，保育所など勤務場所は多岐にわたっている。近年では，医療的ケアが必要な児童生徒のケアのために学校保健現場にも，そのニーズが求められている。

　理学療法士：理学療法士は，理学療法士及び作業療法士法の第2条3項において，「医師の指示の下に理学療法を行なうことを業とする者」と定められている。ここでいう理学療法とは，同法第2条にて「身体に障害のある者に対し，主としてその基本的動作能力の回復を図るため，治療体操その他の運動を行なわせ，及び電気刺激，マッサージ，温熱その他の物理的手段を加えること」をさしており，PT（Physical Therapist）ともいわれている。医療機関の機能訓練回復室や高齢者施設，訪問リハビリテーション，肢体不自由児施設などに勤務している。

　作業療法士：作業療法士は，理学療法士及び作業療法士法第2条4項におい

て「医師の指示の下に，作業療法を行なうことを業とする者をいう」と定められている。ここでいう作業療法とは，同法第2条2項において「身体又は精神に障害のある者に対し，主としてその応用的動作能力又は社会的適応能力の回復を図るため，手芸，工作その他の作業を行なわせることをいう」とされている。OT（Occupational Therapist）ともいわれ，医療機関の機能訓練回復室や高齢者施設，訪問リハビリテーション，肢体不自由児施設などに勤務している。

言語聴覚士：言語聴覚士は，言語聴覚士法第2条において「音声機能，言語機能又は聴覚に障害のある者についてその機能の維持向上を図るため，言語訓練その他の訓練，これに必要な検査及び助言，指導その他の援助を行うことを業とする者」とされている。ST（Speech-Language-Hearing Therapist）ともいわれている。医療機関や高齢者施設，訪問リハビリテーション，教育機関，肢体不自由児施設などに勤務している。

社会福祉士：社会福祉士は，社会福祉士及び介護福祉士法により定められており，同法第2条において「社会福祉士の名称を用いて専門的知識及び技術をもって，身体上若しくは精神上の障害があること又は環境上の理由により日常生活を営むのに支障がある者の福祉に関する相談に応じ，助言，指導，福祉サービスを提供する者又は医師その他の保健医療サービスを提供する者その他の関係者との連絡及び調整その他の援助を行うことを業とする者をいう」とされている。行政機関，福祉事務所，社会福祉協議会，医療機関での相談支援室，地域包括支援センターなどに勤務している。ソーシャルワーカー（SW；Social Worker）という名称を使用される場合もある。

精神保健福祉士：精神保健福祉士は，精神保健福祉士法に定められており，同法第2条で「精神障害者の保健及び福祉に関する専門的知識及び技術をもって，精神科病院その他の医療施設において精神障害の医療を受け，又は精神障害者の社会復帰の促進を図ることを目的とする施設を利用している者の地域相談支援（障害者の日常生活及び社会生活を総合的に支援するための法律の利用者に関する相談その他の社会復帰に関する相談に応じ，助言，指導，日常生活への適応のために必要な訓練その他の援助を行うことを業とする者をいう」とされている。精神科ソーシャルワーカー（PSW；Psychiatric Social Worker）の名称が用いられていることも多く，医療機関での相談支援室，精神保健センター，心理臨床センターなどに勤務している。

介護福祉士：介護福祉士は，社会福祉士及び介護福祉士法により定められている。同法第2条2項において「介護福祉士の名称を用いて，専門的知識及び技術

第13章　福祉・介護分野での多職種共働（IPW）と心理職の位置づけ

をもって，身体上又は精神上の障害があることにより日常生活を営むのに支障がある者につき心身の状況に応じた介護を行い，並びにその者及びその介護者に対して介護に関する指導を行うことを業とする者をいう」とされている。ケアワーカー（CW；Care Worker）ともいわれる。医療機関，訪問介護事業所，高齢者入所施設，グループホームなどに勤務をしている。

　**保育士**：保育士は，児童福祉法に定められている。同法第18条4において「保育士の名称を用いて専門的知識及び技術をもって児童の保育及び児童の保護者に対する保育に関する指導を行うことを業とする者をいう」とされている。主に児童福祉施設（保育所，乳児院，児童養護施設等）などに勤務をしている。保育士は厚生労働省の管轄であるが，幼稚園教諭は文部科学省管轄であり，その役割は区分されている。

　その他として介護保険法施行により，新たに加わった介護支援専門員について記す。

　**介護支援専門員**：介護支援専門員は，介護保険法に定められている。ケアマネジャー（CM；Care Manager，ケアマネ）ともいわれ，介護保険法でのケアマネジメントを担う要の職種でもある。同法第69条2項において「厚生労働省令で定める実務の経験を有する者であって，都道府県知事が厚生労働省令で定めるところにより行う試験に合格し，かつ，都道府県知事が厚生労働省令で定めるところにより行う研修の課程を修了したものは，厚生労働省令で定めるところにより，当該都道府県知事の登録を受けることができる」とされている。ここでいう実務の経験とは，一定の医療福祉分野での資格取得かつその分野で5年間の実務経験を有する者，資格保有はないが医療福祉分野での実務経験を10年以上などの要件を指している。介護支援専門員は，実務経験者のみが受験資格が得られることから専門的技術や知識が豊富な者とする意味合いが強いこともわかる。主に要支援者，要介護者に対し，心身の状況に対応した適切な居宅サービス，または施設サービスの利用について，行政機関，サービス事業所，施設などとの連絡調整を行っている。居宅介護支援事業所，施設，地域包括支援センターなどに勤務をしている。

　紹介した国家資格等を有する専門職以外にもさまざまな職種や人的資源が協働し，連携していることが医療保健福祉分野では必要不可欠である。例として，児童福祉分野では行政機関，学校の教職員，警察，児童相談所の相談員などがあげ

199

られる。たとえば，DV（ドメスティック・バイオレンス）などの被害から母子を守る支援に関しては，勤務先の職員や上司，母子生活支援施設職員，シェルターの職員，母子支援員などである。

また，地域住民やボランティア，民生委員などの存在も必要不可欠であり，連携には欠かせない役割を果たしていることはいうまでもない。

## II 多職種協働とチームアプローチ

### 1．多職種協働とは

個人が「個」として存在することは明らかではあり，家庭，学校，企業，地域など，社会のいずれかの集団の中の一要員としての位置づけがある。仮に社会からの孤立が認められたとしても，その個人は社会という集団の中に帰属していることには変わりはない。その個人は，「ヒト」である。人への支援を考えた場合，帰属する集団の持つ特性，特徴，地域性などはさまざまであり，一つの括りとして捉えることは可能であるが，個々への支援についてまとめることは困難である。なぜなら，人は個々に欲求や解決すべき課題が異なり，またそれらは身体的，心理的，社会的支援が複合かつ複雑に絡み合っているからである。

そのため，多種多様な視点と専門的見地を以て支援に臨まなければ，それらの解決は望めないといえる。

WHOは，ヘルスチームについて「健康に関するコミュニティのニーズによって決定された共通の目的を持ち，ゴール達成に向かってメンバー各自が自己の能力と技能を発揮し，且つ他者の持つ機能と調整しながら寄与していくグループである」と述べている。ここでいう共通の目的，メンバー各自の能力と技能の発揮，他者の持つ機能と調整，寄与していくグループが「多職種協働」の基本となるものだといえる。

わが国において，2000年に施行された介護保険法では加齢に伴い，心身の変化により要介護状態となった要介護者に対し，尊厳保持，国民の共同連帯の理念，自立支援という目的のもと，医療と福祉サービスを提供する枠組みとなっている。要介護高齢者は，日常生活でのレベルが良好であっても加齢に伴う特性から重大な疾患が潜在している可能性が高く，何らかの疾病や異常が発見されたときには状態の悪化も予測される。

特に認知症を抱える高齢者においては，その疾患に由来したコミュニケーションや意思疎通の困難さを抱える事例も多く，本人からの訴えを適切に判断できな

第13章 福祉・介護分野での多職種共働(IPW)と心理職の位置づけ

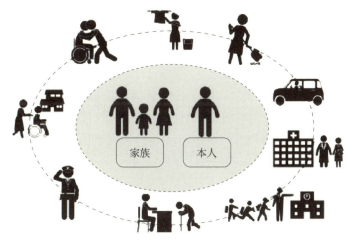

図1 本人ならびに家族を取り巻く多職種連携

い場合，重篤な疾患に移行してしまうケースも生じる。認知症という疾患の状況は個人差があるが，そのほとんどは徘徊や昼夜逆転，見当識障害などの行動障害を伴い，「処遇困難ケース」として扱われている場合が多い。そのため，処遇困難ケースに該当する高齢者は，在宅での介護の限界から施設での生活を余儀なくされている現状も否めない。認知症に対する正しい理解や知識，またその人が望むその人らしい生活について，援助者側が寄り添いながら支援していく姿勢が常に求められている。

　こども，障害者，高齢者など対人援助全般においていえることであるが，支援には医療的な見地，福祉的な見地，社会的背景などの多様なニーズが存在する。それらのニーズについては，多角的視点ならびに専門的な実践の伴った支援が必要である。また，地域での医療・保健サービス，ボランティアや地域での人的かつ物的なフォーマルサービスならびにインフォーマルサービスを最大限に有効活用することで，利用者にとっての支援が確立できる。このことは，多職種での連携と協働が行われているということといえる（図1）。また昨今は，地震や風水害をはじめとする自然災害が多発している。そのため地域での被災者支援には，専門的見地を持つ職種間の多職種連携と協働がより不可欠であるともいえる。

　連携や協働は，支える援助者が支援者の自立した生活の実現のための目標を達成するためのものである。

　多職種協働と連携について，介護保険サービスでの利用者支援から考えてみたい。介護保険制度でのサービスは，ケアマネジメントという手法を用いて要介護

者に提供されることとなっている。

ケアマネジメントの定義を白澤（2002）は、「利用者の生活課題（ニーズ）と社会資源とを調整（コーディネート）あるいは結びつけることにより、地域での生活を継続的に支援していくこと」と定義している。ここでいう調整の役割は、介護支援専門員（以下、ケアマネジャー）が担っている。

ケアマネジャーの役割は、公正中立な立場で利用者への自立した日常生活支援のため、各サービス利用や契約事項など利用者への説明と同意、利用者への適切なサービス提供、地域資源の活用と情報提供、解決すべき課題抽出（アセスメント）、サービス事業者との連携、サービス担当者会議の招集、医療との連携、評価（モニタリング）などがある。

しかしながら、ケアマネジャーだけでは利用者支援は成り立たない。利用者の支援には、それらを遂行するチームの力が必要であり、複数のチームがある目的を持ってひとつのチームを形成し、集団として動いていくことが求められるからである。これは、チームアプローチといわれるものである。

## 2．チームアプローチ

チームアプローチには、以下の特徴がある。

1つ目は、それぞれチームの特性や強みはあるが、課題解決のための共通の認識や目標があることである。対人援助における支援においては、さまざまな視点や知識と技術が必要である。ある課題に対しての解決手段においての対応もそれぞれの強みを活かすことで、より具体的に早期解決が図られる。しかし、それらは同じ共通と認識が根元に存在することが基本となる。

2つ目に相互の関係性は対等であり、また交互に連携と協働を繰り返すことである。チームとチームには優劣はなく、あくまでも支援するという目的に基づいた対等な立場が存在する。また、異職種どうしの強みを活かしながら相互間交流と連携を図っていくことで、より強い力を発揮する。

3つ目に複数の目で見ることで、表出できていない課題の発見が期待できることである。問題や課題は、表出しているものと認識されないものがある。そのため、複数の目で観察し、精査する姿勢が求められる。物事を一方向から見るだけでは判断しづらい事象も複数の視点から見ることは、鳥瞰的な視点ともいえる。全体像や細部にわたり、ありのままの姿が具現化されることで、本来の課題やニーズが明らかになるといえる。

4つ目に専門的見地と技術を伴なった集団で形成されていることである。多職

第13章　福祉・介護分野での多職種共働（IPW）と心理職の位置づけ

種の連携では，それぞれの専門性を活かした取り組みが展開される。それらの専門性は，医療，保健，福祉以外の分野も含まれる。多様なニーズと課題の発見と解決のためには，一つの専門性に特化せずに多角的な視点と支援が必要とされるからである。

### 3．多職種連携と意思決定

利用者・家族は，保健，医療，福祉サービスを利用する際には意思決定を行う。特に介護保険サービスの利用については，説明と同意，意思決定，利用者・家族とサービス事業者間での契約という行為を経て，サービスの開始契約という手続きが発生する。

そのため，専門的見地からケアマネジャーが「○○のサービスが必要である」との助言や提案を行っても利用者・家族は，自らの意思でそれらを「No」といえる。なぜならば介護保険の理念では「利用者主体」，つまり今までの行政主体の措置制度と異なり，自己決定権を利用者自らが持つサービスを選択方式となり，サービス事業者と利用者の対等な関係性のもとでサービスが提供されるようになったからである。

ただし，例外的に利用者自身が成年後見人制度等で自らの意思決定が困難である場合には，後見人が意思決定を担うこともある。

図2に，利用者の意思決定とサービス開始の流れを示す。

次節に，医療福祉的な支援現場における多職種協働の実際と課題を示す。

## III　多職種協働における公認心理師の役割

病院や診療所，クリニックという医療機関においては，何らかの疾病を抱えた患者が通院・入院を行い，治療する場である。

医師，看護師，薬剤師，栄養士，理学療法士，作業療法士などの患者に必要な支援について専門的技術を持ったスタッフが患者の回復に向けてチームで取り組み，また苦痛の緩和とよりよい日常生活のための支援を提供している。

病気や怪我は突然に起こり，患者やその家族の生活を一変させてしまう。そのため，患者とその家族は，身体的苦痛，精神的苦痛，経済的負担，社会的不利などを一挙に抱えてしまうことになる。また，予後不良や治癒が望めない疾患に罹患した場合は，悲嘆の念も大きくなる。苦痛の緩和や心的安寧の支援において，心理職が果たす役割は大きいといえる。

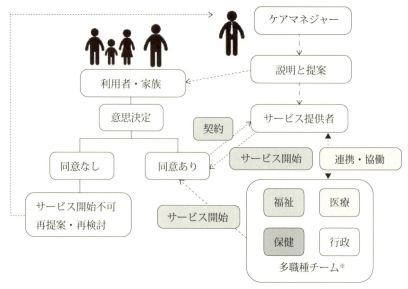

図2 意思決定とサービス開始の流れ（※多職種チームは変容するものであり，チームはこの限りではない）

医療に携わるチームケアの一員として心理職がどのように関わっていくのか，またチーム連携の実際について緩和ケアの場面を一例に考えてみたい。人間は生を受けたときから死というゴールがあることは誰もが平等である。死についての認識は，それぞれ異なるといえるが緩和ケアを受ける患者・家族は，それらに直面することを余儀なくされる。

緩和ケアを受ける患者とその家族への支援では，①患者主体の意志決定を尊重する，②患者とその家族に関わる専門職種(以下，チームケアスタッフ)，患者・家族の最終到達点の確認，③状態の変化に伴ったアセスメントとモニタリング，④悲嘆と喪失へのケア(グリーフケア)があげられる。

### ①患者主体の意志決定を尊重する：アドバンス・ケア・プランニング（ACP；Advance Care Planning）

患者が緩和ケアを受けるということは，死を自らが意識することである。「最期の時まで，どう過ごしたいか」「どのような医療ケアを受けたいと考えているのか」を患者が医師からのインフォームド・コンセントに基づいて決定，また拒否できること，患者主体の意志決定を尊重することが望まれる。しかし，重度の認知症や疾患による意識障害を抱え，自己の意思決定が困難な場合は，本人の想い

を聴いていることであろう家族が代弁することもある。これらについて厚生労働省は，人生の最終段階を迎えた患者やその家族等と医療・ケアチームが，最善の医療・ケアを作り上げるための合意形成のプロセスを示すものとして「人生の最終段階における医療・ケアの決定プロセスに関するガイドライン」を策定し，平成30（2018）年に改定している。現在は，人生会議(ACP)として複数の自治体で啓発活動が取り組まれている。

②関わるチームケアスタッフ，患者・家族の最終到達点の確認
　本人と家族の想いを尊重し，受けとめたチームケア・スタッフは，最終的にどのような到達点を設定すべきであるかを共通認識として確認する必要がある。
　一方で，患者が意思決定した事項に反対する家族も存在する場合もあり，その想いも受けとめることもチームケア・スタッフには大切である。患者とその家族には，共に歩んだ時間や歴史があることを考えるならば，死を受容することは家族にとっては認めたくない事実となる。そのため，患者主体の意思決定に否定的態度をとることもあり得る。その際，チームケア・スタッフは受容と傾聴の姿勢を保持し，寄り添いながら想いを受けとめていくことが求められる。

③状態の変化に伴ったアセスメントとモニタリング
　患者の状況は日々，変化するため，チームケア・スタッフはそれらに応じてアセスメントとモニタリングを行う必要がある。
　特に終末期においては，「患者の置かれている状況を受け止めきれない」，「今の状況がいつまで続くのか」などの先の見えないことについての不安，焦燥感や疲弊が伴う家族も少なくない。そのため現況を観察し，理解すること，またチーム全体としての共通認識や意思の疎通が重要になってくる。医療専門職，福祉専門職，心理職がそれぞれの持つ個別の専門性を活かしながら相互に協働と連携を図ることも必要となる。

④グリーフケア
　患者亡き後，残された家族の悲嘆の念は大きい。患者の意志を尊重した最期を迎えたとしても家族の中には，後悔という自責の想いや揺らぎを抱える場合もある。
　グリーフケアは，喪失と悲嘆回復のケアともいわれており，遺族となった家族が患者の死を時間と共に受け入れたり，今後について考える過程でもある。患者

ならびに家族の支援を提供したチームケアスタッフは，遺族からの発言や想いを聴くことで，チームとしての取り組みやケアについての振り返りの機会となる。これらの支援全般にいえることは，場面場面において個々に感情の揺らぎがあることである。それは当事者である患者並びに家族のみではなく，支えるチームケアスタッフの中にも生じる事象である。

医療福祉現場での心理職の役割は，利用者をはじめとしたインフォーマルな集団ならびに支援側であるフォーマルな集団の相互に寄り添い，傾聴することである。特に緩和ケアや終末期ケアでは，感情の起伏が激しく生じてしまう場面に遭遇することが多い。そのため，専門職であっても冷静な判断が困難な場合が見られる。心理職は，「こころの専門職」として，そうした感情の起伏や揺らぎを静かに受けとめ，耳を傾けていく誠実な姿勢が今後，医療や福祉の現場において必要不可欠な存在として求められる専門職といえる。

◆学習チェック表
☐ 多職種連携の役割について理解できた。
☐ チームアプローチについての役割を理解できた。
☐ 医療福祉現場で求められる公認心理師像についてイメージができる。

より深めるための推薦図書

野中猛・野中ケアマネジメント研究会（2014）多職種連携の技術（アート）―地域生活支援のための理論と実践．中央法規出版．

日本医師会（2015）地域包括ケアと多職種連携―学習用ワークブック．

鷹野和美（2008）チームケア論―医療と福祉の統合サービスを目指して．ぱる出版．

文　献

菊池和則（1999）多職種チームの3つのモデル―チーム研究のための基本的概念整理．社会福祉学，39(2); 273-290.
厚生労働省：人生会議してみませんか．https://www.mhlw.go.jp/stf/newpage_02783.html
高齢者介護研究会報告書（2003）2015年の高齢者介護―高齢者の尊厳を支えるケアの確立に向けて．法研．
厚生労働省：看護師，助産師及び准看護師の名称独占について．http://www.mhlw.go.jp/shingi/2005/05/s0527-14b.html
文部科学省：国家資格について．http://www.mext.go.jp/b_menu/shingi/chousa/shougai/014/shiryo/07012608/003.htm
白澤政和（2002）福祉キーワードシリーズ：ケアマネジメント．中央法規出版, p.2.

# 第14章

# IPW 実践事例報告

川瀬里加子・中村考一・平井裕一・牛山卓也・太田裕子

> **Keywords** チーム医療, 療養病床, 地域包括ケアシステム, グリーフケア, 情報共有, 生活の質（QOL）, 特別養護老人ホーム, 日常生活, ケアプラン, 介護職員, 理念, 行動・心理症状（BPSD）, 関係性, 児童養護施設, 職員間コミュニケーション, 障害福祉サービス, 生活介護, 多職種協働, 生活支援員, 臨床動作法, 母子生活支援施設, 生活場面面接

## I 療養病床でのIPWの実際と工夫（川瀬里加子）

### 1．療養病床での心理職の役割

　高齢者を支える地域包括ケアシステムの中で，療養病床が担う役割は「医療的なケアを必要とするため，自宅や施設での療養が困難な慢性期疾患を抱えた患者への医療・介護の提供」である。筆者は心理職として心理アセスメント，心理療法的アプローチ，家族支援等を担当している。

### 2．チーム医療・多職種で支えていく枠組み

①入院時カンファレンス・経過カンファレンス

　入院当日，多職種（看護師，介護士，ソーシャルワーカー，栄養士，歯科衛生士，理学療法士，作業療法士，言語聴覚士，心理職等）によるチーム医療をスタートするため，ケアカンファレンスを開く。もちろん医療的ケアが最優先される現場ではあるが，患者の平均年齢は86歳であり「いかに老いていきたいか，生きていきたいか」という人生の価値観に着目し，患者の意思を尊重しながらケアプランを作成する。入院当初は，環境の変化により不安を感じる患者も多いため，その点も考慮する必要がある。

　一定期間経過後，当初のケアプランの施行結果を持ち寄り再びカンファレンスを開き，ケア方針を再検討する流れとなる。

②連携の工夫は伝え方の工夫

1）記録し，話すこと

　実際のところ，カンファレンスだけではタイムリーな対応が難しいことも多く，日常業務中あらゆる場面で情報を共有していく必要がある。心理的支援として患者たちのグループワークをしているが，その前には必ず身体状況を看護師に確認する。心理的支援が必要と思われる患者の情報を聞き，活動に誘う。活動中の患者の様子は，カルテやナースステーション内に常置している専用ファイルに記録する。しかし，忙しい業務の中で職員がファイルを手に取って読む時間は限られているので，できるだけ会話でも伝えている。「回想法[注1]で，最初は不安げな様子だったが，故郷の話には盛り上がって楽しげに話していた」とか，「言葉だけじゃわかりにくいようだが，動作で示すと伝わりやすかった」とか，ナースステーション内で話す「いつも表情が暗いAさんがそうなの？」とびっくりしたり，「そういえば，昨日も……」と同様のエピソードが語られたり。会話を通して患者の人となりが多面的に浮かび上がってくると，職員も幅のある対応ができるようになり，結果として，患者の病院での生活の質（Quality of Life；QOL）が向上していくのである。

2）相手の専門性を知る

　心理の専門用語は極力使わずに，相手の職種の仕事に役立つように伝えることがコツだと考えている。そして，そのためには相手の専門性を理解している必要がある。

　就職当初は，心理職が一番患者に寄り添っていると誤解しているところが筆者にはあったように思う。しかし，「天ぷらが食べたい」という嚥下困難な患者の希望を叶えるために栄養士と言語聴覚士が知恵を絞りあったり，点滴をしながらも長年の趣味の生け花ができるよう，看護師が協力してくれたりする姿に触れるにつれ，アプローチの仕方はさまざまだが，それぞれの職種で「患者のQOLの向上」という目標を共有し，協働していると今は思っている。

### 3．今後の課題

　求められる業務は幅広く，レクリエーション行事や家族向け講座の企画運営，病院広報誌の編集作業にも参加している。病院広報誌は，院内だけでなく，ソー

---

注1）高齢者や認知症高齢者を対象とした心理療法。過去の思い出を語り，他者と共有することが，心身の安定をもたらすと考えられている。

シャルワーカーによって地域包括支援センター等地域の高齢者関連施設にも配布されている。市の健康診断時に簡易なもの忘れ検査を行うなど,地域住民の認知症予防・早期治療推進活動にも取り組んでいる。

療養病床は地域包括ケアシステムの中で,看取りの場・ターミナルケアの場としての役割も期待されている。死亡退院時の家族および職員への心理的支援(グリーフケア)は,今後ますます重要となるであろう。

## II　特別養護老人ホームでのIPWの実際と工夫（中村考一）

### 1．はじめに

特別養護老人ホーム（介護保険法上の呼称は「介護老人福祉施設」,以下,「特別養護老人ホーム」に統一）においては,週1回〜月1回程度の非常勤で心理職が配置されているケースが多い。具体的な機能としては①入居時の心理検査の実施,②心理療法（個別・グループ）の実施,③家族の心理教育,④介護職員等のメンタルヘルス対策などが行われている。本項では特別養護老人ホームにおいてこれらの役割を発揮する際の留意点について確認する。

なお,特別養護老人ホームは,主に介護福祉士（ただし,介護職員には,無資格の介護職員も含まれる）,社会福祉士,介護支援専門員,医師,看護師,理学療法士,作業療法士,管理栄養士,栄養士等が勤務しており,連携の対象となりうる。また,現在高齢者分野では「地域包括ケアシステム」（地域包括ケア研究会,2009）の構築が進められており,特別養護老人ホームでの支援は,施設内で完結するのではなく,市区町村行政,地域包括支援センター,社会福祉協議会といった機関や自治会,民生委員,警察,コンビニ,近隣住民等,地域のあらゆる機関・資源との連携が常に模索されていることを理解しておきたい。

### 2．連携における留意点

①特別養護老人ホームの位置づけ・理念を把握する

特別養護老人ホームは,老人福祉法および介護保険法に則って運営される施設である。基本的に入所定員は施設によって差があるが,50名〜79名程度の定員数の施設が多く,原則として要介護3以上で,ADLが著しく低い高齢者や認知症の高齢者が入居している。

特別養護老人ホームは,それぞれ独自の理念を有している。特別養護老人ホームにおいては,理念の浸透のために工夫が払われており,公認心理師として連携

する際も理念を念頭に置くことが求められる。各特別養護老人ホームの理念は，「家庭的な雰囲気の中で日常生活を営む過程を重視する」といった内容もあれば，「利用者はお客様であり，質の高い多様なサービスを提供する」ことに重きを置く内容もある。理念をもとに自らの公認心理師としての専門性や基本的考え方を自分の中で昇華し，その理念を基礎においた多職種連携・協働を図ることで支援目標のずれが回避できる。

②日常生活のアセスメントおよびモニタリング

　特別養護老人ホームは，病院等と比較すると，公認心理師が心理療法等の活動を行う場が日常生活の場に近いという特徴がある。そういった意味では，面接室で問題を抱えた高齢者が来るのを待つのではなく，積極的に高齢者の日常生活の場面に関わりながらアセスメントやモニタリングを行うべきである。例えば，利用者とともに散歩するだけでも，個別の面接場面では見られない利用者同士の関係性が見えるし，施設内にいる時と施設外に出た時の様子の違いなどを把握することができる。これは，自らが実施した心理療法等の成果を生活の場で現認しやすいということでもある。もちろん，そのような日常生活場面での働きかけ自体が特別養護老人ホームで働く心理職の心理支援として重要な意味を持つ。

　また，介護保険施設では対象者に対する介護計画（ケアプラン）を作成することが義務付けられている。施設によっては，作成が形骸化している場合もあるが，どのようなアセスメントに基づき，ケアプランが作成され，どのようにモニタリングされているかを確認することは有益であろう。

③予防的な観点からのアセスメント

　特別養護老人ホームの利用は基本的に長期の利用となり，終の棲家として利用しているケースもある。そのため，高齢者の心理的な問題を解決するために期間・時間・場所を決めて，心理療法等により支援を行うだけでなく，問題が生じる前に予防的な観点で高齢者をアセスメントし，他職種と協働を図る場面が多いと言えるだろう。

　問題の予防のためには，特に介護職員等と高齢者の関係の中から生じる課題をアセスメントすることが重要である。例えば，認知症の人とのコミュニケーションにおいては，介護職員が認知機能や気分・感情を適切に把握してコミュニケーションをとれているとは限らない。心理面接や日常のかかわりの中で認知機能や気分・感情を把握し，認知症の人の発言や行動と結び付けて介護職員等に説明す

ることにより，介護の仕方に変化が現れ，認知症の行動・心理症状（Behavioral Psychological symptoms of dementia：BPSD）の発生を予防できる場合もある。加えて，対応が難しいケースなど必要に応じて，神経心理学的に症状をアセスメントし，他職種に伝えることができるとよい。例えば，無気力状態は心理的な原因だけでなく，前頭葉機能障害の影響や，抑うつの症状としてあらわれている場合もある。心理職は，生理・心理・社会の各側面を総合的にとらえることがその役割であり，医師との連携でその対象者の疾病・障害の最新の診断を入手した上で，顕在化している症状の背景・原因を類推することが大切である。

　また，介護現場ではターミナルケアに取り組む施設もあるほか，認知症の人が「帰りたい」「電話をかけたい」「娘はどこか」，等といった繰り返しの訴えを丁寧に傾聴すること等によるストレスが生じる場合もある。介護職員のストレス対策や心理教育にかかわることが結果として高齢者の心理的な問題の予防になる場面もある。

④アセスメント・モニタリングに際しての介護職等とのコミュニケーション
　個別の心理療法等に関するアセスメントやモニタリングの結果を共有する場合，当該療法等に関する専門知識が必要となる。そのため，他職種とのコミュニケーションを文字による記録のみに頼った結果，連携に齟齬が生じる場合がある。記録に文字だけでなく写真や資料を添付する等の工夫が必要である他，他職種と直接情報をやり取りすることが重要である。特に連携を始めた初期は，他職種に対し「心理療法等の成果と日常生活の変化との関連を説明する」あるいは，他職種と協働して「心理療法等によって本人にどのような変化が生じているか議論する」といった時間をとりたい。また，介入の計画を立てる際も，そのような情報共有に必要な時間を含めて計画を立てる必要がある。そのようなやり取りを通じて，心理職の専門性について他職種の理解も深まるのである。

⑤心理検査や心理療法等の前後の高齢者とのコミュニケーション
　また，ごく基本的なことであるが，心理検査や心理療法で成果をあげることと同等あるいはそれ以上に，高齢者とのかかわりの中で関係性を構築し続けるという姿勢が重要である。しかし，実態として「ちょっと来て，心理療法をしてすぐ帰ってしまって，かえって本人が不穏になった」等，心理療法等の前後で適切な導入および終結が行われないために前後でかえって高齢者を不穏にさせたというエピソードは後を絶たない。心理職として経験を蓄積し，専門性が高まるほど，

心理療法等を行うこと自体が目的となっていないか、関係性を良好に保てているか、「生活」という視点が欠落していないか、振り返りが必要である。

#### ⑥施設外の組織・資源との連携

まず、特別養護老人ホームにおける高齢者の生活が充実したものとなるためには、高齢者が、施設に居住しつつも地域の一員として生活できることが望ましいということを前提として確認したい。そして、心理職の立場から、そのための支援を模索できるとよい。具体的には、まれではあるが高齢者が在宅復帰する場合には、施設ソーシャルワーカーと協働して、地域包括支援センターや訪問介護（看護）事業所、デイサービス、ショートステイ等在宅サービス事業者と密な連携をとって在宅生活を支える準備をすることになる。また、施設が発行する広報誌やお祭り、バザーあるいは健康教育等の後援会のイベントにも心理職が深くかかわることによって、行政をはじめとする地域諸機関、諸サービス事業者に施設を周知する機会にもなる他、家族やボランティアとの連携・協働を生み出す重要な手段にもなる。その他、施設が実施する「認知症カフェ」に心理職がかかわるケースもある。認知症カフェは、本邦の認知症施策の一つとして掲げられている施策の一つであるが、例えば、週1～月1回3～4時間程度、認知症高齢者の介護等に関するテーマでの勉強会を行った後でお茶会を行うといったような取り組みが行われる。カフェには地域に在住する認知症の当事者、家族、近隣住民等が集まり、カフェの自然な雰囲気の中で息抜きをしたり、情報交換を行ったりする。その中で相談事項が生じた場合に、心理職として参加者の相談にのったり、関係する専門職に対して認知症カフェの企画内容や支援方針等に関し、心理職の立場からコンサルテーションが求められる場合がある。

このように特別養護老人ホームに心理職として関与する際には、既存の枠組みにとらわれず、地域に目を向けて柔軟に活動する視点を持つことが求められることを理解しておきたい。

## III 児童養護施設でのIPWの実際と工夫（平井裕一）

私が勤務していた児童養護施設は長閑な丘陵地にあり、病院や障害者施設、養護訓練センター等が配置された静かで生活環境に恵まれた福祉ゾーンに位置する。定員40名の大舎と定員10名の小舎を抱え、3歳から18歳までの児童が生活を行っている。勤務する職員は常勤、非常勤のケアワーカーを中心に心理職、FSW、

里親専門相談員，管理栄養士等，多岐に渡る。

　私が児童養護施設に勤務し始めたのは2008年であった。2006年から児童養護施設の心理療法等担当職員は常勤化が推奨されるようになり，筆者の勤務形態もその流れを受け，非常勤から常勤へと変化した。

　常勤の心理療法等担当職員となると，勤務時間も多くなり，こども同士の関係や職員との関係，施設の内情の理解は進んでいったといえる。しかし，それと同時に周囲から聞こえてきたのは「心理職の人はいったい何をしているのかわからない」という声であった。筆者はこの声に対して非常に困惑した。そもそも，心理職が配置された当初の理由は，こどもたちにセラピーを施すというものであり，セラピー自体は守秘性の高い守られた空間でこどもたちを相手に行っていたものである。ただ，心理療法等担当職員の"等"が示す通り，施設での常勤職員となると，こども達とのセラピーのみならず，勤務する児童養護施設全体に関与していく必要があるということを痛感した。それは，筆者にとっては新たな心理職としての勤務の形を試されているような心境であった。

　そこから，手探りではあるが，心理職として，多種職とどのように連携し勤務していくかということの模索が始まった。まず，私が行ったことは，周囲で勤務する職員とのコミュニケーションである。心理職の勤務については，心理職としての倫理的な制限意識は必要なものの，職務自体の具体的なガイドラインは示されていない状況であった。それは内海（2005）が示す通り，施設の形態や規模，勤務体制，伝統や文化，心理職導入の経緯などによって心理職に求められる役割が左右されることにあると思われる。そのため，心理職としてどう勤務するかということに対し，アンテナを張る必要があった。もちろん，こども達とのセラピーは勤務の中心に置きながらも，セラピー以外の時間は積極的に勤務するさまざまな職種の職員とも関与するように心掛けた。それは，心理職としての専門的なコンサルテーションに留まらず，日常レベルの会話に参加できるようにすることに意味があると私は感じている。もちろん，心理職としての守秘意識を保つことは大切である。情報提供のあり方には十分に気をつけなくてはならない。しかし，日常会話レベルでの情報を共有することで，一緒に関わっているという意識や，感覚を共有することができると実感することは多かった。たとえば，心理療法が進むにつれ，攻撃性や反抗的態度が生じることが多い。ただ，そのことについても，職種間で十分に協議や連携を取ることで，こどもの状態像も共有できるし，「一体，何をしているのか」という心理職に対する疑念も晴れることが多かった。

　そういったコミュニケーションが取れるようになると，心理職としての「見立

て」が生きてくると感じる。心理職としての理解や表現を多職種の職員と共有し，検証を繰り返すことこそ，心理職としての真価が問われる部分であろうと感じる。そして，その「見立て」は施設だけでなく，こども達が関与する学校や地域，今後の処遇などにも影響力をもつようになると感じることが多かった。

　もちろん，心理職の職務はケアワーカーやFSWの職務と重なる部分多い。それによる，意見の相違が生じることも少なくない。ただ，対立や一方的な押し付けにならないよう，チームとして一緒に支援を作り上げる姿勢が求められると感じている。

　今後は，公認心理師制度のもと，児童養護施設でも常勤の心理職の配置は増えるものと考えられる。心理職に対し，多様なニーズがある児童養護という現場で柔軟で専門性を活かした多種職連携のあり方の検討がなされていくことを期待してならない。

## IV　障害者生活介護施設でのIPWの実際と工夫（牛山卓也）

### 1．当該施設の紹介とそこでの心理職の役割

　ここで紹介する施設は，都内A区にある障害福祉サービス事業（生活介護）を行う施設である（以下，B施設とする）。B施設は，A区内に住むさまざまな障がい者に対して，個別または小集団による日中支援を通じ，利用者の生活の質の向上を目指している。臨床心理士・公認心理師である筆者は，そこで，非常勤講師として勤務している。B施設においては，活動の1つとして，利用者に対して，担当となった職員が"臨床動作法"という心理的支援を行う。筆者は，利用者に対して心理的支援を行う職員への指導者的な役割を担う。月に数回，職員が利用者に心理的支援を行う場面に立ち会い，その場での必要な指導や，利用者が帰宅後の事例検討会を取りまとめている。

### 2．施設内での多職種協働

　B施設には，利用者の支援に間接的に関わる間接支援員として，事務職員，看護師，調理師，栄養士が，直接的に関わる直接支援員として生活支援員，看護師が主に勤務している。生活支援員の中には，社会福祉士，介護福祉士，保育士，臨床心理士といった専門的な資格を持つ者もいるが，常勤の職員である場合は，専門的な知識は生かすにしても，資格の有無に関わらず，生活支援員としての職務に当たる。利用者の生活の質の向上という目的のもと，間接支援員と直接支援

員とは基本的には分業をしている。例えば，事務職員は，利用者の事務手続きを担い，看護師は医療的支援を，調理師は調理を，看護師は医療的支援を，生活支援員は利用者のアセスメントや個別支援計画の策定，日中活動の運営等を担う。ただし，もちろん，一人の利用者をめぐって，来園中の医療的なケアが必要な場合は，担当の生活支援員と看護師が協働する。また，必要がある場合は嘱託医が園内で診察を行い，看護師や生活支援員等と情報共有や必要なケアの策定等について協働する。その中にあって，筆者は非常勤の講師であり，専門的な支援（心理的支援としての臨床動作法）を園内で行う場合の指導的役割を担い，主に，生活支援員と協働している。動作法を行う生活支援員とその指導に当たる筆者とが協働することで，心理的支援に対する生活支援員の体験的理解が深まり，利用者の日常生活行動の改善や自信の形成等の心身の成長に寄与している。B施設では，心理的支援が重要視され，新人職員への教育や心理的支援の理解をより深めてもらう目的で，筆者が職員向け研修を行うこともある。

### 3．施設外での多職種協働

施設外での多職種協働としては，利用者の生活スタイルの変化，例えば，親も本人も高齢化し，親との同居が難しくなった場合等に関する実例が挙げられる。その際は，自治体に設置されている相談支援事業所に取りまとめを依頼し，ケアプラン作成のためのケアマネジャーとの連携や独り暮らしの場合は訪問介護員等との連携について等，連携の橋渡しをお願いする。また，職種ということからは離れるが，B施設では，園周辺の地域住民との関係作りのために，園主催のお祭り等を開催して，地域の人たちが利用者とふれあう機会を設けている。心理の資格を持ちながらも常勤職員として働く場合は，これら施設外での多職種協働にも積極的に参加していくことになるだろう。

### 4．今後の課題

これまでも述べてきた通り，心理職であっても非常勤であるのか常勤であるのかによって求められる職務に大きな違いが生じる。特に，心理の資格を持った常勤の生活支援員は，まずは，生活支援員としての職務を全うすることになる。その上で，施設の内外で協働する多職種と心理の専門性を生かしながら仕事をしていく仕方について，考えていかなければならない。筆者の経験を踏まえると，利用者の心身の成長や発達を促す支援において心理的なアセスメントや援助技術は非常に有用であると感じる。よって，協働する多職種に福祉領域における心理職

の専門性について理論的体験的に説明し、より一層の理解を求めていくことが今後の課題となるであろう。

## V 母子生活支援施設でのIPWの実際と工夫（太田裕子）

　母子生活支援施設は児童福祉法第38条に定められた施設である。第二次世界大戦後は母子寮という名で周知されていたが，1998年の児童福祉法改正により母子寮から母子生活支援施設と名前が改められた。当初は戦争で行き場をなくした母とこどもを保護する施設であったが，現在では自立した生活を送れるよう支援する施設となっている。入所理由としては，生活困窮や住宅事情等もあるが，一番多いのが家庭内暴力いわゆるDV被害をうけ，その被害から逃れるために保護される場合である。母子生活支援施設の特徴として，相手が追ってくる可能性を含め，利用者の安全面を考慮し所在地を非公表とする施設も多い。DV被害者として心の傷を負った母子は，原家族からの虐待を中心としたさまざまな問題を抱えており，どのような支援を提供して自立に向けた一歩を踏み出して頂くかが課題となる。

　母子生活支援施設には心理担当職員以外にもさまざまな側面から支援する職員が配置されている。施設全体を統括する施設長，主に母親の就労などの生活面や家事育児の相談を担当する母子支援員，こども達の勉強面での支援や生活指導を行う少年指導員，乳幼児の保育園や幼稚園の手続きの支援や予防接種などの見守りなどを行う保育士。その他被虐待児個別対応職員や調理士を配置している施設もある。

　さまざまな職員が配置される施設の中での心理担当職員は，面接日時・場所という枠を設定しての『心理療法面接』として個別に話を聞くことを行う。しかし，枠以外での接触を一切控えることは難しいし適当ではない。例えば，職場でストレスフルになり帰って来た母親が，愚痴を聞いてもらいたいとする。その場合「次回のカウンセリングでお聞きします」で終わってしまうと，そのストレスを家庭に持ち込み，こどもに当たる場合も出てきてしまう。その際に『生活場面面接』として少し話を聞く。もしくは他職種の職員も関わってもらいクールダウンを行うなど，その場で生じた問題を対処する必要も出てくる。そのため母子生活支援施設の心理担当職員は，枠を十分考慮したうえで，柔軟な対応が求められる。

　柔軟な対応をするために必要となるのが，施設内外の連携と信頼関係である。母

子生活支援施設に入所する際は市区町村の行政機関から支援が必要と認められ入所し，退所する際も行政機関からの承認が必要になる。退所を決めた母子にとって生活した場所を変えることは大きな不安となることが多い。そのため私が施設に在職していた時は支援員におおまかに母子が不安を抱えていることを伝え，支援員からは"なにげなく"母子に声をかけてもらっていた。これはより多くの人に母子の状態を把握してもらうことで支援の幅が広がり，さらに施設外の連携にも繋がり易くするためである。しかしその声掛けも支援員や母子によっては"うっとうしい"と思われることもあった。支援は押し付けであってはならないし，生活の決定権は母子にあることを忘れてはならない。もし退所後に支援が必要となった場合は退所先の役所と連携し，定期的な訪問をしてもらう。もしくは相談窓口を事前に伝えておく。本当に困ったら施設に一報を入れるように伝えるなど，さまざまな支援方法がある。そのため心理担当職員は支援チームの一員として，他職種と信頼関係を築き，助言や他機関との連携を行うことが重要な役割である。また母子が退所した後も教育機関や行政機関など地域のネットワークと繋げることが施設の役割となる。そして困難を抱えた時に声を上げやすい環境を整備し構築することが利用者にとって最善な支援に繋がっていくと考えている。

◆学習チェック表
☐ 地域包括ケアシステムの中の各種臨床現場における心理職の役割を説明できる。
☐ 理念を念頭において連携を図る意義を理解した。
☐ 日常生活に関与しながらアセスメントやモニタリングを行うことの意義を理解した。
☐ 専門職が協働する際の留意点を理解した。

より深めるための推薦図書
　　河合隼雄・山中康裕・小川捷之編（1998）家族と福祉領域の心理臨床．金子書房．
　　日本医療ソーシャルワーク研究会（2018）医療福祉総合ガイドブック2018年度版．医学書院．
　　内海新祐（2013）児童養護施設の心理臨床—「虐待」のその後を生きる．日本評論社．

　　　　文　　献
地域包括ケア研究会編（2009）地域包括ケア研究会報告書—今後の検討のための論点整理．厚生労働省．https://www.mhlw.go.jp/houdou/2009/05/dl/h0522-1.pdf
石井哲夫（2009）自閉症・発達障害がある人たちへの療育—受容的交流理論による実践．福村出版．
河合隼雄・山中康裕・小川捷之編（1998）家族と福祉領域の心理臨床．金子書房．

近藤政晴ら（2007）母と子のきずなパート2―母子生活支援施設は家族を支援します．三学出版．
小海宏之・若松直樹編（2017）認知症ケアのための家族支援―臨床心理士の役割と多職種連携．クリエイツかもがわ．
成瀬悟策（2001）リラクセーション―緊張を自分で弛める方法．講談社．
日本医療ソーシャルワーク研究会（2018）医療福祉総合ガイドブック2018年度版．医学書院．
ニッセイ基礎研究所編（2015）認知症ライフサポート研修テキスト―認知症ケアの多職種協働実践ガイド．中央法規出版．
下山晴彦ら編（2017）特集　公認心理師とチーム医療．精神療法，43(6)．
須藤八千代（2010）母子寮と母子生活支援施設のあいだ―女性と子どもを支援するソーシャルワーク実践．明石書店．
田嶌誠一（2016）その場で関わる心理臨床―多面的体験支援アプローチ．遠見書房．
丹野智文（2017）丹野智文　笑顔で生きる―認知症とともに．文芸春秋．
内海新祐（2005）児童養護施設における心理士の役割．母子保健情報，50; 181-184．
全国母子生活支援施設協議会：ウェブサイト．http://zenbokyou.jp/
全国認知症介護指導者ネットワーク編（2017）実践事例でわかる認知症ケアの視点―21事例から学ぶ対応のポイント．中央法規出版．

コラム

# 性的マイノリティの人々への心理支援
## 性的指向,ジェンダーアイデンティティの理解を基盤に

大賀一樹

　2018年,『広辞苑　第7版』にて国内で初めて「LGBT」という言葉が記載された。しかし多くの人々より「説明が正しくない」として,岩波書店は公式サイトにて説明に誤りがあったことを認め,第2刷を発行した(岩波書店,2018「LGBT」,広辞苑第7版第2刷,に詳しい)。

　広辞苑への記載ひとつを取っても,性的マイノリティを取り巻く概念を正しく理解する必要性は高く,これらは公認心理師の資格試験に出題される可能性もあるだろう。よって本コラムでは最低限の知識と心理的支援についてお伝えしたい。

**性的指向,ジェンダーアイデンティティ,セクシュアリティ,ジェンダー**

1．性的指向とジェンダーアイデンティティ
　内閣府(2023)によると,法律の定義沿って表1にまとめられる。

2．セクシュアリティとジェンダー
　セクシュアリティとは,「性的指向に関するアイデンティティ」のことである。「異性愛(ヘテロセクシュアル)」,「同性愛(ゲイ・レズビアン)」,「両性愛(バイセクシュアル)」,あるいは「無性愛(アセクシュアル,他者に性的欲求を抱かない)」等のセクシュアリティがある。
　一方ジェンダーアイデンティティに関連するジェンダーとは,「社会文化を生きるための性別(社会的性別)」を指す概念である。一般的に,出生時に割り当てられた性別と,ジェンダーアイデンティティは一致しているため,同一性が担保されやすい。一方,トランスジェンダーは,出生時に割り当てられた性別と,ジェンダーアイデンティティが異なる状態の人を指し(性別違和感という),社会的性別とジェンダーアイデンティティの不一致により同一性が保ちづらく,心理的支障や社会生活上の支障を有しやすい。

コラム

表1

| 性的指向<br>(Sexual Orientation) | 恋愛感情又は性的感情の対象となる性別についての指向（＝誰に恋愛または性的感情を向けるか） |
|---|---|
| ジェンダーアイデンティティ<br>(Gender Identity) | 自己の属する性別についての認識に関するその同一性の有無又は程度に係る意識（＝自分が何の性別だと認識しているか） |

（内閣府（2023）「性的指向及びジェンダーアイデンティティの多様性に関する国民の理解の増進に関する法律」を参考に著者作成）

### 性的マイノリティの人々への心理的支援

　実際の相談現場では，基本的解釈はそのままにしつつ，もっと柔軟な姿勢が求められる。例えば，最初自分はレズビアンであると考えていた相談者が，ある時男性とされる人に好意を持ち，バイセクシュアルかもしれないと性的指向が揺れるということもある。また，性的指向とジェンダーアイデンティティがセットで揺れることもあるだろう。例えば，自分がゲイだと思っていた相談者は，女性の服装をすることが好きなだけでジェンダーアイデンティティは男性だと思っていたが，もしかしたら自分は女性としての生活を望んでいるのかもしれない，という相談である。この時，支援者はつい性の在り方を確定させる方向づけをしてしまいがちだ。大事なのは，本人の語りを重視すること，共にそのプロセスを一緒に味わっていくことだろう。この意味において，性的指向やジェンダーアイデンティティは本人のアイデンティティに深く関りつつも，固定的であったり画一的ではない。性的指向とジェンダーアイデンティティは「人権課題」であるという視点を持ち，「どのような性的指向であっても，どのようなジェンダーアイデンティティであっても人権的に尊重する」という基本的態度が必要だろう。

　また，相談者は，心理的安全性が相談現場の中で作られているという確信を持てないと，状況整理することが難しい。心理的安全性を高めるためには環境調整も必要であり，①性的マイノリティの人々が相談を安心して受けられることを明示（最近は支援者であることを示すレインボーフラッグ等の設置，バッジを身に着ける人もいる），②支援者側の使う言葉をジェンダーニュートラル（例えば「カメラマン」は「フォトグラファー」，「スポーツマン」は「アスリート」等，すでに実践されているものは多数ある）に置き換える，等の習慣も必要だろう。

# コラム

## 保育所や幼稚園での「不適切保育」に対して私たちができること

原口喜充

**不適切保育とは** こどもの育ちや保護者の子育てを支えるはずの保育所等（本稿では，保育所，幼稚園，認定こども園を指す）において，「不適切保育」があったというニュースが度々報道されるようになりました。2022年の冬頃から始まったこれらの報道では，保育者（本稿では，保育士，幼稚園教諭，保育教諭を指す）によるこどもに対する暴言・暴力や人権を蔑ろにする関わり（暗い部屋に閉じ込める，吐くまで給食を食べさせる等）を指して「不適切保育」という用語が使われました。このような関わりは，こどもの心身を傷つけ，トラウマを植え付けるものであり，本来あってはなりません。

報道を受けて，保育現場は「保育所・認定こども園等における人権擁護のためのセルフチェックリスト」（全国保育士会，2017）等を用いながら，自園の保育を見つめ直し，適切な保育・望ましい保育について改めて考えました。一方で，上述のチェックリストにおける「『良くない』と考えられるかかわり」や報道内での「不適切保育」が指す行為の幅は広く，保育者にとっては不適切保育の範囲がわかりにくく，伸び伸びと保育ができない状況もありました。

そのような状況を受け，令和5（2023）年5月にこども家庭庁により「保育所等における虐待等の防止及び発生時の対応等に関するガイドライン」が作成され，不適切保育の定義がなされました。このガイドラインでは「不適切な保育」（報道などでは「不適切保育」という用語が用いられることが多いが，本ガイドラインでは「不適切な保育」という用語になっている）は，「虐待等と疑われる事案」と定義され，それより広い概念として「人権擁護の観点から望ましくないと考えられるかかわり」があることも整理されました。

**不適切保育を巡る保育者の心理：卒業生の語りから** 保育者養成校の教員をしている筆者のもとに，保育士2年目の卒業生から連絡がありました。話を聴いてみると，1歳児クラスの担任をしている中で，園児に対してイライラするようになり，手を挙げそうになってしまったということです。彼は以前より，不適切保育なんてもってのほかだと思っていたため，そんな風になった自分がショックで，

コラム

　保育士を続けてよいものか思い悩んでいました。さらに話を聴いていくと，担任としてこどもの育ちを支えたいという強い想いが見えてきました。また，男性保育士に対する保護者の目，経験豊富なパート保育士との力量差，もう1年目でないことなど，多方面のプレッシャーを感じているようでした。1歳児の対応にも苦慮しており，安全のためにはこどもたちから目も離せず，心身共に疲弊しているところもありました。なお，学生時代は穏やかで優しく，こどもが好きだというまっすぐな想いを持っていました。

　本来であれば，保育者はこどもや保育に対しての前向きな想いをもっています。「不適切保育をしたい」という理由で保育者になった人はいないはずです。しかし，心身の疲労やストレスが重なり，保育もうまくいかないと，想いが空回りして不適切保育につながりかねない行為や心理が現れてしまうことがあります（原口，2016）。

　**保育者の心理支援を重視したコンサルテーション**　筆者はキンダーカウンセラーという立場で，保育現場で働いています。スクールカウンセラーの保育現場版とも言えますが，大きな違いとしてこどものカウンセリングを行いません。そのため，保育者とのコンサルテーションがより重要になります。コンサルテーションでは，上述の学生のように，不適切保育につながりかねない行為やネガティブな感情が見られる状態の保育者と話をすることが，案外少なくありません。筆者は，まず保育者の話を傾聴するようにしています。すると，保育者の困り事だけでなく，本当はどういう保育を行いたいのかが伝わってきます。保育者の心の揺れや葛藤に配慮しながら，保育者の想いが保育に反映される形を一緒に考えていくと，保育者は前向きに取り組むことができ，成長にもつながります（原口，2022）。不適切保育やそれにつながりかねない保育は，決して肯定することはできません。しかし，心理士である我々は，保育者を共感的に理解することが可能です。保育者を責めるのではなく，保育者の味方になって支え，その人らしい保育を行えるような支援が望まれます。

　　文　献

原口喜充（2016）日々の保育における担任保育者の保育体験─保育者の主観的体験に注目して．保育学研究，54(1); 42-53.

原口喜充（2022）キンダーカウンセリングにおいて保育者としての想いに着目する意義．心理臨床学研究，40(4); 289-299.

こども家庭庁（2023）保育所等における虐待等の防止及び発生時の対応等に関するガイドライン．

全国保育士会（2017）保育所・認定こども園等における人権擁護のためのセルフチェックリスト：「こどもを尊重する保育」のために．

# 索　引

### A-Z
ASD →自閉スペクトラム障害
BPSD →行動・心理症状
DV（domestic violence）→ドメスティック・バイオレンス
QOL →生活の質
RO →オリ

### あ行
愛　着　26, 43, 97, 109, 113, 116-121, 191, 193
アウトリーチ　21, 22, 69, 74, 81, 82, 84, 96, 127, 131, 136, 157, 158
アルツハイマー型認知症　59, 61, 140, 141, 146
遺族支援　152, 161
ウェルビーイング　11, 14, 17, 23, 39, 103
追い込まれた末の死　152, 161
親子関係
　―再構築支援　120, 123, 131, 137
　―の調整　69, 76, 78, 80, 84

### か行
外国にルーツをもつこども　102
介護職員　207, 209-211
介護負担　62, 64, 181, 182, 193
家族会　153, 181, 185, 186
家族支援　66, 71, 74-76, 79, 85, 152, 154, 156, 157, 164, 181, 184, 186, 193, 207, 218, 231
環境づくり　119, 151, 166, 175
関係性　42, 51, 54, 66, 92, 103, 118, 120, 121, 132, 137, 158, 187, 191, 202, 203, 207, 210-212
帰国子女　104, 105
虐　待　18, 20-22, 25-29, 32, 35-40, 43, 46-49, 51, 52, 54, 55, 64, 68, 71, 87, 89, 96, 97, 109, 110-117, 119, 121-127, 129, 131-134, 161, 189, 193, 216, 217, 221, 222, 227
共感疲労　181, 187-193
共感満足　181, 187, 190, 191
グリーフケア　204, 205, 207, 209
グループホーム　32, 116, 140, 145, 168, 171, 199
ケアプラン　63, 133, 169, 207, 210, 215
ケアマネジメント　37, 195, 199, 201, 202, 206
ゲートキーパー　152, 161, 163, 164
権利擁護　17, 26, 114, 124, 166
行動・心理症状（BPSD）　53, 59, 61, 62, 68, 142, 143, 146, 147, 150, 185, 207, 211
高齢者福祉関連法　53
子育て支援　25, 28, 29, 37, 38, 123-130, 133, 134, 138, 139
こども家庭センター　109, 118, 123, 125, 128, 133, 138, 139
こどもの最善の利益　23
コミュニティ・ケア　23, 37, 38
コンサルテーション　21, 75, 114, 116, 126, 131, 136, 166, 212, 213, 222

### さ行
里親委託　23, 26, 109, 111, 115, 120, 129, 135
里親支援センター　123, 138, 139
支援者支援　155, 181, 187-193
ジェンダーアイデンティティ　219, 220
自己決定　17, 166, 203
自殺対策基本法　152, 160, 161
自殺予防　152, 159, 161, 162, 164, 165, 230
児童家庭支援センター　123, 136, 138
児童虐待防止法　18, 26, 27, 47, 109, 123, 125
児童心理治療施設　20, 109, 118, 119, 137,

197
児童相談所 20, 24-28, 38, 81, 109, 111, 112, 116-123, 131, 134, 135, 137-139, 199
児童発達支援 69, 70, 76, 83, 84
児童福祉施設 24-26, 28, 109, 111, 115, 117, 118, 122, 131, 135-138, 199
児童福祉法 12, 15, 17, 18, 24-26, 70, 76, 109, 111, 112, 120, 123-125, 128, 129, 131, 133-135, 137, 138, 196, 199, 216
児童養護施設 20, 26, 28, 38, 39, 97, 114-117, 120, 122, 129, 130, 135-137, 190, 199, 207, 212-214, 217, 218
自閉スペクトラム症（ASD）69, 71, 75, 80, 81, 83-85, 95, 183, 186
社会的孤立 152, 154
社会的養護 23, 25, 26, 38, 122-124, 137-139
社会福祉 11-17, 19, 21-24, 31, 36, 37, 39, 54, 63, 64, 67, 68, 71, 82, 84, 89, 158, 196, 198, 206, 209, 214
就労支援 23, 30, 33, 35, 94, 131, 154, 156, 174-178
障害者の地域移行 23, 32
障害受容 166, 170, 183
障害福祉サービス 76, 83, 85, 158, 164, 169, 207, 214
情報共有 207, 211, 215
障害者総合支援法 17, 24, 30, 69-71, 164, 166-169, 171, 172, 174
職員間コミュニケーション 207
女性相談支援センター 44, 92, 123, 132
自立支援 14, 15, 17, 18, 23, 24, 30, 32, 33, 36, 39, 41, 86, 87, 90, 92-94, 110, 130-132, 137, 138, 152, 154, 158, 165, 167, 168, 200
心的外傷後成長 181, 187, 190, 193
心的外傷体験 109, 113, 121
心理教育 38, 40, 44, 45, 48, 51, 64, 115, 118, 120, 128, 156, 181, 185, 209, 211
生活介護 70, 145, 168, 207, 214
生活課題 53, 68, 202
生活困窮 32, 33, 36, 39, 86, 87, 90-94, 96-101, 131, 152, 154, 161, 165, 186, 216
生活困窮者自立支援制度 33, 36, 39, 152

生活支援員 168, 207, 214, 215
生活支援の重視 11, 18
生活の質 16, 207, 208, 214
生活のしづらさ 166, 169, 170
生活場面面接 188, 207, 216
生活保護 12, 14, 15, 24, 33-35, 37, 39, 86-91, 94, 96-98, 101, 160, 164, 169
精神保健福祉法 166, 167, 170, 174, 180
性的指向 124, 219, 220
性的マイノリティ 219, 220
セルフヘルプ・グループ 181, 186
専門職 5, 16, 19, 31, 36, 38, 63, 84, 121, 179, 186, 195, 196, 199, 204-206, 212, 217

た行
多国籍化 102
多職種協働 4, 63, 136, 195, 200, 201, 203, 207, 214, 215, 218
多職種連携 11, 21-23, 182, 184, 187, 195, 196, 201, 203, 206, 210, 218
多様性 96, 99, 152-154, 190, 192, 220
地域自殺対策緊急強化事業 152, 163
地域包括ケアシステム 53, 56, 207, 209, 217
チームアプローチ 22, 195, 200, 202, 206
チーム医療 207, 218
チームケア 195, 204-206
中核症状 53, 59, 61, 142, 143, 150
当事者運動 23, 30
特別養護老人ホーム 54, 144-146, 207, 209, 210, 212
ドメスティック・バイオレンス（DV, domestic violence）34, 38, 39, 41-45, 47, 51, 52, 86, 92, 97, 98, 100, 123, 124, 131, 132, 134, 164, 191, 200, 216
トラウマ 20, 22, 40, 42, 45-48, 51, 52, 109, 113, 114, 119, 122, 132, 133, 181, 187-191, 221
ーケア 40, 114

な行
ニート 33, 86, 88, 94, 95, 100
二次受傷 40, 46
二次的トラウマティック・ストレス 181,

187-189
二次被害 40, 46, 50, 51
日常生活 48, 49, 51, 54, 56, 58, 65, 76, 88, 92, 94, 103, 104, 116, 129, 140, 142, 145, 148, 198-200, 202, 203, 207, 210, 211, 215, 217
乳児院 26, 28, 109, 117, 118, 129, 130, 135-137, 199
乳幼児健診 69, 127
認知機能検査 53, 57, 68, 143
認知機能障害 47, 61, 65, 140, 142, 148, 149
認知症 13, 18, 20, 35, 36, 48, 53-57, 59-65, 67, 68, 99, 101, 140-151, 181, 182, 185, 186, 189, 193, 200, 201, 204, 208-212, 218
認知症基本法 35, 53, 56
ネグレクト 26, 48, 49, 55, 109, 112, 118, 120, 122
ノーマライゼーション 14, 15, 17, 23, 30, 44, 45

は行
パーソンセンタードケア 53, 62, 68
配偶者暴力相談支援センター 44, 51, 92, 123, 132
売春 86, 96-98, 100, 131
発達障害 17, 20, 21, 24, 29-31, 49, 51, 69-71, 74-77, 79-85, 95, 105, 116, 122, 134, 155, 158, 186, 193, 217, 227, 230, 232
発達障害者支援センター 69, 74, 75, 77, 79, 80, 81
被害者支援 40, 52

ひきこもり 21, 33, 36, 38, 71, 86, 94, 95, 100, 152-158, 160, 164, 165, 171
ひとり親家庭 24, 29, 123, 128, 130, 131
貧困 12, 14, 19, 22, 23, 33, 37, 86-90, 92-94, 96-101, 124, 130
ファミリーマップ 69, 71-73
福祉心理学 4, 11, 18-22, 38, 71, 99, 107, 157, 163
不適切保育 126, 221, 222
ペアレント・プログラム 69, 74-76, 84, 85
包括的な支援 152, 154, 161
暴力被害 4, 40, 52, 186
ホームレス 32, 34, 35, 86, 87, 92-94, 100
母子生活支援施設 34, 39, 100, 123, 129-132, 200, 207, 216, 218

や行～
ヤングケアラー 86, 94-96, 124, 133, 181
ユニットケア 140, 145, 146
養育機能 109, 113
要保護児童対策地域協議会 109, 121, 123, 133
リアリティ・オリエンテーション（RO）65, 140, 149
理念 11-15, 17, 22, 24, 26, 33, 48-50, 56, 63, 87, 99, 111, 124, 161, 162, 171, 175, 200, 203, 207, 209, 210, 217
療養病床 207, 209
臨床動作法 95, 101, 185, 207, 214, 215
連携 11, 21-23, 25, 31, 36-38, 56, 71, 75, 76, 81, 84, 109, 111-114, 116, 117, 122, 127-129, 136, 137, 139, 154, 162-164, 166, 173, 177, 181, 182, 184, 185, 187, 195, 196, 199-206, 208-218

# 付録
## 大学及び大学院における必要な科目

○大学における必要な科目
A．心理学基礎科目
　①公認心理師の職責
　②心理学概論
　③臨床心理学概論
　④心理学研究法
　⑤心理学統計法
　⑥心理学実験
B．心理学発展科目
（基礎心理学）
　⑦知覚・認知心理学
　⑧学習・言語心理学
　⑨感情・人格心理学
　⑩神経・生理心理学
　⑪社会・集団・家族心理学
　⑫発達心理学
　⑬障害者・障害児心理学
　⑭心理的アセスメント
　⑮心理学的支援法
（実践心理学）
　⑯健康・医療心理学
　⑰福祉心理学
　⑱教育・学校心理学
　⑲司法・犯罪心理学
　⑳産業・組織心理学
（心理学関連科目）
　㉑人体の構造と機能及び疾病
　㉒精神疾患とその治療
　㉓関係行政論
C．実習演習科目
　㉔心理演習
　㉕心理実習（80時間以上）

○大学院における必要な科目
A．心理実践科目
　①保健医療分野に関する理論と支援の展開
　②福祉分野に関する理論と支援の展開
　③教育分野に関する理論と支援の展開
　④司法・犯罪分野に関する理論と支援の展開
　⑤産業・労働分野に関する理論と支援の展開
　⑥心理的アセスメントに関する理論と実践
　⑦心理支援に関する理論と実践
　⑧家族関係・集団・地域社会における心理支援に関する理論と実践
　⑨心の健康教育に関する理論と実践
B．実習科目
　⑩心理実践実習（450時間以上）
　※「A．心理学基礎科目」，「B．心理学発展科目」，「基礎心理学」，「実践心理学」，「心理学関連科目」の分類方法については，上記とは異なる分類の仕方もありうる。

○大学における必要な科目に含まれる事項
A．心理学基礎科目
①「公認心理師の職責」に含まれる事項
　1．公認心理師の役割
　2．公認心理師の法的義務及び倫理
　3．心理に関する支援を要する者等の安全の確保
　4．情報の適切な取扱い
　5．保健医療，福祉，教育その他の分野における公認心理師の具体的な業務
　6．自己課題発見・解決能力
　7．生涯学習への準備
　8．多職種連携及び地域連携
②「心理学概論」に含まれる事項
　1．心理学の成り立ち
　2．人の心の基本的な仕組み及び働き
③「臨床心理学概論」に含まれる事項
　1．臨床心理学の成り立ち
　2．臨床心理学の代表的な理論
④「心理学研究法」に含まれる事項
　1．心理学における実証的研究法（量的研究及び質的研究）
　2．データを用いた実証的な思考方法
　3．研究における倫理
⑤「心理学統計法」に含まれる事項
　1．心理学で用いられる統計手法
　2．統計に関する基礎的な知識
⑥「心理学実験」に含まれる事項
　1．実験の計画立案
　2．統計に関する基礎的な知識
B．心理学発展科目
（基礎心理学）
⑦「知覚・認知心理学」に含まれる事項
　1．人の感覚・知覚等の機序及びその障害
　2．人の認知・思考等の機序及びその障害
⑧「学習・言語心理学」に含まれる事項
　1．人の行動が変化する過程
　2．言語の習得における機序
⑨「感情・人格心理学」に含まれる事項

1. 感情に関する理論及び感情喚起の機序
2. 感情が行動に及ぼす影響
3. 人格の概念及び形成過程
4. 人格の類型，特性等

⑩「神経・生理心理学」に含まれる事項
1. 脳神経系の構造及び機能
2. 記憶，感情等の生理学的反応の機序
3. 高次脳機能障害の概要

⑪「社会・集団・家族心理学」に含まれる事項
1. 対人関係並びに集団における人の意識及び行動についての心の過程
2. 人の態度及び行動
3. 家族，集団及び文化が個人に及ぼす影響

⑫「発達心理学」に含まれる事項
1. 認知機能の発達及び感情・社会性の発達
2. 自己と他者の関係の在り方と心理的発達
3. 誕生から死に至るまでの生涯における心身の発達
4. 発達障害等非定型発達についての基礎的な知識及び考え方
5. 高齢者の心理

⑬「障害者（児）心理学」に含まれる事項
1. 身体障害，知的障害及び精神障害の概要
2. 障害者（児）の心理社会的課題及び必要な支援

⑭「心理的アセスメント」に含まれる事項
1. 心理的アセスメントの目的及び倫理
2. 心理的アセスメントの観点及び展開
3. 心理的アセスメントの方法（観察，面接及び心理検査）
4. 適切な記録及び報告

⑮「心理学的支援法」に含まれる事項
1. 代表的な心理療法並びにカウンセリングの歴史，概念，意義，適応及び限界
2. 訪問による支援や地域支援の意義
3. 良好な人間関係を築くためのコミュニケーションの方法
4. プライバシーへの配慮
5. 心理に関する支援を要する者の関係者に対する支援
6. 心の健康教育

（実践心理学）
⑯「健康・医療心理学」に含まれる事項
1. ストレスと心身の疾病との関係
2. 医療現場における心理社会的課題及び必要な支援
3. 保健活動が行われている現場における心理社会的課題及び必要な支援
4. 災害時等に必要な心理に関する支援

⑰「福祉心理学」に含まれる事項
1. 福祉現場において生じる問題及びその背景
2. 福祉現場における心理社会的課題及び必要な支援
3. 虐待についての基本的知識

⑱「教育・学校心理学」に含まれる事項
1. 教育現場において生じる問題及びその背景
2. 教育現場における心理社会的課題及び必要な支援

⑲「司法・犯罪心理学」に含まれる事項
1. 犯罪・非行，犯罪被害及び家事事件についての基本的知識
2. 司法・犯罪分野における問題に対して必要な心理に関する支援

⑳「産業・組織心理学」に含まれる事項
1. 職場における問題（キャリア形成に関することを含む。）に対して必要な心理に関する支援
2. 組織における人の行動

（心理学関連科目）
㉑「人体の構造と機能及び疾病」に含まれる事項
1. 心身機能と身体構造及びさまざまな疾病や障害
2. がん，難病等の心理に関する支援が必要な主な疾病

㉒「精神疾患とその治療」に含まれる事項
1. 精神疾患総論（代表的な精神疾患についての成因，症状，診断法，治療法，経過，本人や家族への支援を含む。）
2. 向精神薬をはじめとする薬剤による心身の変化
3. 医療機関との連携

㉓「関係行政論」に含まれる事項
1. 保健医療分野に関係する法律，制度
2. 福祉分野に関係する法律，制度
3. 教育分野に関係する法律，制度
4. 司法・犯罪分野に関係する法律，制度
5. 産業・労働分野に関係する法律，制度

㉔「心理演習」に含まれる事項
（略）

㉕「心理実習」に含まれる事項
（略）

執筆者一覧

中島　健一（なかしまけんいち：愛知学院大学心身科学部心理学科）

大迫　秀樹（おおさこひでき：九州女子大学人間科学部人間発達学科）
片岡　玲子（かたおかれいこ：立正大学心理臨床センター）
米田　弘枝（よねだひろえ：元 立正大学心理学部）
加藤　伸司（かとうしんじ：東北福祉大学総合福祉学部福祉心理学科／認知症介護研究・研修仙台センター）
白石　雅一（しらいしまさかず：宮城学院女子大学教育学部教育学科）
松﨑　佳子（まつざきよしこ：広島国際大学心理科学研究科）
増沢　高（ますざわたかし：子どもの虹情報研修センター）
下垣　光（しもがきひかる：日本社会事業大学社会福祉学部福祉援助学科）
徳丸　享（とくまるあきら：立正大学心理学部臨床心理学科）
大塚ゆかり（おおつかゆかり：山梨県立大学人間福祉学部福祉コミュニティ学科）
長野　恵子（ながのけいこ：西九州大学名誉教授）
利光　恵（としみつめぐみ：西九州大学子ども学部心理カウンセリング学科）
藤岡　孝志（ふじおかたかし：日本社会事業大学社会福祉学部福祉援助学科）
城戸　裕子（きどゆうこ：愛知学院大学心身科学部健康科学科）
川瀬里加子（かわせりかこ：医療法人清和会新所沢清和病院）
中村　考一（なかむらこういち：社会福祉法人浴風会認知症介護研究・研修東京センター）
平井　裕一（ひらいゆういち：愛知学院大学心理臨床センター）
牛山　卓也（うしやまたくや：社会福祉法人嬉泉）
太田　裕子（おおたひろこ：愛知学院大学心理臨床センター）

コラム：
松本真理子（まつもとまりこ：名古屋大学名誉教授）
松丸　未来（まつまるみき：東京認知行動療法センター）
大賀　一樹（たいがかずき：日本女子大学ダイバーシティ委員会アドバイザー）
原口　喜充（はらぐちひさみ：近畿大学九州短期大学）

監修　野島一彦（のじまかずひこ：九州大学名誉教授・跡見学園女子大学名誉教授）
　　　繁桝算男（しげますかずお：東京大学名誉教授・慶應義塾大学）

編者略歴
中島健一（なかしまけんいち）
愛知学院大学心身科学部心理学科・大学院心身科学研究科心理学専攻教授，公認心理師・臨床心理士
九州大学大学院教育学研究科博士後期課程教育心理学専攻を修了。九州大学教育学部附属障害児臨床センター助手，日本社会事業大学社会事業研究所専任講師，厚生省老人保健福祉局老人福祉専門官，日本社会事業大学教授を経て，2015年より現職。2002年4月〜2004年3月までは高齢者痴呆介護研究・研修東京センター副センター長も併任。社会福祉学博士。
主な著書：『認知症高齢者の心理劇「感ドラマ」』（ミネルヴァ書房，2015），『高齢者動作法』（誠信書房，2012），『ケアワーカーを育てる「生活支援」実践法』（中村考一との共著，中央法規出版，2005），『痴呆性高齢者の動作法』（中央法規出版，2001），『高齢者のこころのケア』（長野恵子らとの共著，小林出版，1999），『新しい失語症療法：E-CAT』（中央法規出版，1996）ほか多数

---

公認心理師の基礎と実践⑰［第17巻］

福祉心理学　第2版

2018年8月31日　第1版　第1刷
2025年3月25日　第2版　第1刷

監修者　野島一彦・繁桝算男
編　者　中島健一
発行人　山内俊介
発行所　遠見書房
製作協力　ちとせプレス（http://chitosepress.com）

〒 181-0001 東京都三鷹市井の頭 2-28-16
TEL 0422-26-6711　FAX 050-3488-3894
tomi@tomishobo.com　https://tomishobo.com
遠見書房の書店　https://tomishobo.stores.jp/

印刷・製本　モリモト印刷

ISBN978-4-86616-212-6 C3011

©Nojima, K., Shigemasu, K., & Tomi Shobo, Inc.　2025
Printed in Japan

※心と社会の学術出版　遠見書房の本※

遠見書房

**チーム学校で子どもとコミュニティを支える**
教師とSCのための学校臨床のリアルと対応
（九州大学名誉教授）増田健太郎著
不登校・いじめ・学級崩壊・保護者のクレームなど，学校が抱える問題に教師やSCらがチーム学校で対応するための学校臨床の手引き。援助が楽になる関係者必読の一冊。3,080円，A5並

**離婚・別居後の共同養育実践マニュアル**
別れたふたりで子育てをするためのケーススタディ 30　　しばはし聡子著
離婚した元夫婦がふたりで子育てに関わる方法やコツを伝える一冊。著者は，離婚後の共同養育を模索した経験を持ち，現在は共同養育を手助けする「りむすび」を立ち上げています。1,870円，四六並

**そもそも心理支援は，精神科治療とどう違うのか？**──対話が拓く心理職の豊かな専門性　（東京大学名誉教授）下山晴彦編
公認心理師の誕生で，心理支援のアイデンティティは失われてしまった。そんなテーマから生まれた対談集です。信田さよ子，茂木健一郎，石原孝二，東畑開人，黒木俊秀など。2,420円，四六並

**天才の臨床心理学研究**──発達障害の青年と創造性を伸ばすための大学教育
名古屋大学創造性研究会（代表 松本真理子）編
ノーベル賞級の「天才」研究者たちの創造性の原点とは？　才能をつぶすのも，広げさせるのも大学教育にかかっている現在，天才たちの個性と周囲のあり方を考えた1冊です。2,200円，四六並

**学校における自殺予防教育のすすめ方［改訂版］**
だれにでもこころが苦しいときがあるから
窪田由紀・シャルマ直美編
痛ましく悲しい子どもの自殺。食い止めるには，予防のための啓発活動をやることが必須。本書は，学校の授業でできる自殺予防教育の手引き。資料を入れ替え，大改訂をしました。2,860円，A5並

**よくわかる 学校で役立つ子どもの認知行動療法**
理論と実践をむすぶ
（スクールカウンセラー）松丸未来著
ブックレット：子どもの心と学校臨床（7）子どもの認知行動療法を動機づけ，ケース・フォーミュレーション，心理教育，介入方法などに分け，実践的にわかりやすく伝えます。1,870円，A5並

読んで学ぶ・ワークで身につける
**カウンセラー・対人援助職のための面接法入門**
会話を「心理相談」にするナラティヴとソリューションの知恵　　龍島秀広著
初心者大歓迎の心理相談面接のコツをぎゅっと凝縮した一冊を刊行しちゃいました。お仕事，うまく出来てますか？　空回りしてません？　1,870円，四六並

心理療法・カウンセリングにおける
**スリー・ステップス・モデル**
「自然回復」を中心にした対人援助の方法
若島孔文・鴨志田冴子・二本松直人編著
3つの次元で進める心理支援法スリー・ステップス・モデルを詳しく解説した1冊。個人でもコミュニティでもさまざまな場面で活用できる。2,860円，A5並

**オープンダイアローグとコラボレーション**
家族療法・ナラティヴとその周辺
浅井伸彦・白木孝二・八巻　秀著
オープンダイアローグを多方面から見てみることで，オープンダイアローグと，その周辺の支援理論，哲学などを解説し，オープンダイアローグ実践のための基本をまとめたものです。3,080円，A5並

**エンカウンター・グループの理論と実践**
出会いと成長のグループ体験を学ぶ
（九州大学名誉教授）野島一彦著
エンカウンター・グループを50年以上にわたって実践と研究を牽引してきた著者による論集。グループのダイナミズムや特長を描き出し，理論と方法を余すところなく伝えます。3,080円，A5並

価格は税込みです

※心と社会の学術出版　遠見書房の本※

### 事例で学ぶ生徒指導・進路指導・教育相談
中学校・高等学校編　第4版
　　　長谷川啓三・佐藤宏平・花田里欧子編
思春期特有の心理的課題への幅広い知識や現代社会における家庭の状況等の概観，解決にいたったさまざまな事例検討など，生きた知恵を詰めた必読の1冊が第4版になりました。3,080円，B5並

### ダイアロジカル・スーパービジョン
リフレクションを活用した職場文化のつくりかた
カイ・アルハネンほか著／川田・石川・石川・片岡監訳
本書は，スーパービジョン文化とオープンダイアローグ哲学との合算で，リフレクションからダイアローグを育て，チームビルドや職業人生の確立にどう生かすかをまとめた。3,080円，A5並

### 心拍変動バイオフィードバック
こころを「見える化」するストレスマネジメント技法
　　　（愛知学院大学教授）榊原雅人編著
心を"見える化"し，自律神経の調節機能を向上させるストマネ技法・心拍変動バイオフィードバック。この第一人者である編者らの一冊。3,080円，A5並

### 心理アセスメントの常識
心構えからフィードバックまで基礎と実践の手引き
　　　（東海学院大学教授）内田裕之 著
心構えから行動観察，ロールシャッハ，バウム，SCT，知能検査，質問紙等のアセスメント手法のコツ，解釈，バッテリー，フィードバックまで，心理アセスメントの教科書です。2,200円，四六並

### 家族理解のためのジェノグラム・ワークブック
私と家族を知る最良のツールを学ぶ
　　　　　　　I・ガリンドほか著／柴田健監訳
本書は，ステップ・バイ・ステップで学べるジェノグラム（家族樹）作りのワークブック。プロが行う家族支援サービスでの活用だけではなく，家族を知りたい多くの方にも。2,750円，A5並

### 思春期心性とサブカルチャー
現代の臨床現場から見えてくるもの
　　　（島根大学教授）岩宮恵子 著
子どもたちとの心理カウンセリングを重ねる中，話題に出てくる「サブカル」とその背景から見えてきた，いまどきの子どもたちの真の姿を思春期臨床の第一人者が読み解く一冊。1,980円，四六並

### 描画連想法──ラカン派精神分析に基づく描画療法の理論と実践
　　　（中部大学准教授）牧瀬英幹 著
紙を交換する新しい描画療法「描画連想法」。この技法について，多くの事例を交えながら理論から実践まで語り尽くした一冊。スクィグルや風景構成法についての論考も収録。3,080円，A5並

### 週1回精神分析的サイコセラピー
実践から考える
　　　　　　　髙野　晶・山崎孝明編著
多くの臨床家の知見と工夫に満ちた本書は，週1回の精神分析的サイコセラピーの現在の到達点。精神分析的な志向をもつ臨床家ばかりではなく，多くのサイコセラピスト必読の書。4,290円，A5並

### AIはどこまで脳になれるのか
心の治療者のための脳科学
　　　（京都大学名誉教授）岡野憲一郎 著
AIと意識と心の問題に，精神分析と脳科学の分野を横断する臨床家・岡野憲一郎が挑む。不思議な症例や最新の脳科学研究から脳と心のメカニズムを明らかにし人間存在に迫る。2,420円，四六並

### 社会的事件の法社会学──日本の伝統社会とグローバルな法のはざまで
　　　（前 横浜桐蔭大学教授）河合幹雄 著
2023年に急逝した法社会学者・河合幹雄。社会の闇と法の接点を探求し，2011年から亡くなる前年まで寄稿し続けた社会事件についての思索・考察をまとめた一冊。1,980円，四六並

価格は税込みです

※心と社会の学術出版　遠見書房の本※

遠見書房

**全巻刊行！完結！**

## 公認心理師の基礎と実践　全23巻

監修（九州大学名誉教授）**野島一彦**・（東京大学名誉教授）**繁桝算男**

最良の実践家・研究者による公認心理師カリキュラムに沿った全23巻のテキスト・シリーズ！各2,200〜3,080円

❶公認心理師の職責　◇　野島一彦（九州大名誉教授）／❷心理学概論　◇　繁桝算男（慶応義塾大）／❸臨床心理学概論　◇　野島一彦ほか／❹心理学研究法　◇　村井潤一郎（文京学院大）ほか／❺心理学統計法　◇　繁桝算男ほか／❻心理学実験　◇　山口真美（中央大）ほか／❼知覚・認知心理学　◇　箱田裕司（京都女子大）／❽学習・言語心理学　◇　楠見 孝（京都大）／❾感情・人格心理学　◇　杉浦義典（広島大）／❿神経・生理心理学　◇　梅田 聡（慶応義塾大）／⓫社会・集団・家族心理学　◇　竹村和久（早稲田大）／⓬発達心理学　◇　本郷一夫（東北大）／⓭障害者・障害児心理学　◇　柘植雅義（筑波大）ほか／⓮心理的アセスメント　◇　津川律子（日本大）ほか／⓯心理学的支援法　◇　大山泰宏（放送大）／⓰健康・医療心理学　◇　丹野義彦（東京大）／⓱福祉心理学　◇　中島健一（愛知学院大）／⓲教育・学校心理学　◇　石隈利紀（東京成徳大）／⓳司法・犯罪心理学　◇　岡本吉生（日本女子大）／⓴産業・組織心理学　◇　新田泰生（神奈川大）／㉑人体の構造と機能及び疾病　◇　斎藤清二（富山大名誉教授）ほか／㉒精神疾患とその治療　◇　加藤隆弘（九州大）ほか／㉓関係行政論　◇　元永拓郎（帝京大）［名前は筆頭編者，全巻刊行済］

**ダイアロジカル・スーパービジョン**
リフレクションを活用した職場文化のつくりかた
カイ・アルハネンほか著／川田・石川・石川・片岡監訳
本書は，スーパービジョン文化とオープンダイアローグ哲学との合算で，リフレクションからダイアローグを育て，チームビルドや職業人生の確立にどう生かすかをまとめた。3,300円，A5並

**動作法の世界：動作法の基本と実践①**
**動作法と心理臨床：動作法の基本と実践②**
大野博之・藤田継道・奇恵英・服巻豊 編
動作法の入門から，他のアプローチとの異同，心理学的な位置づけ，スポーツ動作法，発達障害，思春期，PTSD，身体障害，さまざまな場面で生きる動作法を描く。
① 2,420円／② 2,750円（共に四六並）

シンリンラボ
Clinical Psychology Laboratory

〈フリーアクセス〉〈特集＆連載〉心理学・心理療法・心理支援に携わる全ての人のための総合情報オンライン・マガジン「シンリンラボ」。https://shinrinlab.com/

**N:ナラティヴとケア**

ナラティヴがキーワードの臨床・支援者向け雑誌。第16号：ナラティヴの政治学──対人支援実践のために（安達映子編）年１刊行，1,980円

価格は税込みです